OVER KUNST & KULTUUR
(deel 1)

**IK HEB ME IN HET BEGIN VAN MIJN KUNSTENAARS CAR-
RIÈRE GEWELDIG AANGESTELD OMDAT IK GELEZEN HAD
IN BOEKEN OVER KUNST DAT HET ZO HOORDE. WIST IK
VEEL ALS SIMPELE JONGEN VAN DE VLAKTE...**

*Ik zou ook nooit met een zwarte met een bochel, een klompvoet, een ver-
zakte heup, natte benen en ongeneeslijke venerische ziekte samen willen
leven. Je krijgt gelijk de hele stam Sambos uit Zambesi kwakend over huis
die met hun brede bekkens en grijnzende monden -maatje bananen over-
dwars- je koelkast leeg vreten en zuipen om daarna het apparaat van zes
hoog over het balkon naar beneden te kieperen en de brandende kolen-
haard uit de muur te rukken want dat zijn ze gewend dankzij die sloten
ontwikkelingshulp van de alles mag sekte hulp/gulp verleners/maatschap-
pij uitbeners.*

*We weten toch wat ze zeggen op de Amsterdamse terrassen: 'Read my
lips! Eén neger is als kachelpijp een schouwspel, twee betekent kermis en
drie oorlog'. Ik bedoel er helemaal niks raksisties of faksisties mee van
huis uit, dus de links draaiende melkzure mejuffrouwen van in de overgang die de dnakzij nachtzweten en druipkutteren de houdbaarheids da-
tum al lang hebben overschreden, kunnen zich voortaan tegen mij koest
houden en niet gelijk naar een centrum voor discriminatie lopen. Niks zelf
doen is het devies van de multi culti nieuwkomer. Laat het die blanke varkens maar lekker op knappen.*

Uit wat voor gezin kom je?

Mijn grootvader? Een tamelijk raadselachtige man. VVD stemmer. Zeer
gereserveerd. Een succesvolle zakenman met dertien huizen, een make-
laardij en een fabriek van bouwmaterialen. Hij zweeg doorgaans. Bij hem
vergeleken ben ik een open boek. Ik mocht hem wel tutoyeren. Mijn moeder was afwezig vanaf mijn kleutertijd. Ik was nog geen anderhalf toen ze
mij weg gaf aan de grootouders. Daar werd ik dagelijks ingepeperd dat ik
niet een gewenst persoon was binnen de familie. Ik heb daar lang veel last
van gehad. Een schuldgevoel dat je er niet mocht zijn. Dat ging zo ver dat
ik voor mijzelf dingen kocht en me dan schuldig voelde. Mensen die in
een normaal gezin zijn opgegroeid kunnen zich dat niet voorstellen.
Hoewel ik een jonger zusje heb, heb ik altijd het gevoel gehad dat ik enig
kind was. Ik heb in veertig jaar haar twee maal een half uurtje gesproken.

2

Ze heeft iets tegen mij of tegen mijn kunstenaarschap. Leidt een moeizaam, treurig leven. Ze zegt zelf dat haar leven altijd kut is geweest. Waarschijnlijk is mijn beroep als beeldend kunstenaar haar een doorn in het ook. Ze kiest groen links, dan weet je het wel. Mijn familie had geen enkele culturele belangstelling. Gelezen werd er niet. In musea kwamen ze nooit.

Het manipuleren van situaties gaat me trouwens steeds makkelijker af. Het verbaast me weleens dat er politiek correcte links draaiende melkzure verkeerd uitgepakte Gut-menschen zijn die denken dat de wereld om hen en hun weinig verheffende ideetjes draait en alles en iedereen naar de verdommenis moet worden geholpen door Europa te ondermijnen met hun leugens en bedrog. Die maken een ernstige vergissing. Ik noem ze altijd de neo-NSB-ers. Potentiële landverraders.

Pas na de kweekschool begon ik het leven wat aangenamer te vinden. Ik heb me in het begin van mijn kunstenaars carrière geweldig aangesteld omdat ik gelezen had in boeken over kunst dat het zo hoorde.

Dateert uit die periode de karakterisering poseur ?

Ja, ik was in het begin min of meer een artistieke aansteller. Vond dat ik moest uit drukken wat ik allemaal was. Nu, dat was als je begint niet zoveel, maar toch. Dus moest ik er wat aan toevoegen. Ik liep uitgedost met zwarte kleding en eeen coltrui met daar op Saint Tropez waar ik nooit geweest ben. Gewoon doen in kunstenaars- of burgermanskringen is nooit erg mijn fort geweest. Ik wilde ten koste van alles opvallen.
Ik ben mijn angsten en paranoia volledig kwijtgeraakt, kies voor White Power, al speelt racisme nog altijd geen belangrijke rol in mijn leven. En weet je wat het gekke is met religie?
De mensen die mij het meest pijn hebben gedaan waren joods, orthodox rooms katholiek of stijl gereformeerd. Fijn gelovige mensen, fatsoensrakkers, nog fijner dan poppenstront. Hoe zou dat toch komen?
Ik heb veel vrouwen in mijn leven gehad, maar waren ze gereformeerd, dan gaf dat steeds verschrikkelijke problemen en wilde ik er zo snel mogelijk van af. Dumpen zoals ik zelf gedumpt ben. Ze lulden me de oren van mijn hoofd af. Extreem linkse totaal los geslagen juffrouwen met een kut die openbaar toegankelijk was heb ik nooit belangstelling voor kunnen opbrengen. Relteven. Takkenwijven. Ik vind nog steeds dat een beha be-

reid behoorlijk meisje haar kut niet als een zak tum tummetjes ziet om uit te leuren en voor Jan en Alleman om mee te geuren.

Ik zou ook nooit met een zwarte samen willen leven. Je krijgt gelijk de hele stam over huis die je koelkast leeg vreten en zuipen want dat zijn ze gewend dankzij die sloten ontwikkelingshulp.
Niks zelf doen. Laat het die blanke varkens het zelf maar op knappen.

Christenen zeulen in historisch opzicht altijd een zware last met zich mee.

Ja, lik me reet; ik ook. Wie niet? Ik denk dat al mijn rare afwijkingen, gekke gedragingen, sadomasochistische biseksjuwelen lingerie fetisisjistische hang naar het bizarre en merkwaardige ondernemingen daar mee te maken hebben.
Ik ben we een overlever als ik mijn zelf denkende behahaha aan heb, anders niet dan ben ik een saai mietje.
Het grootste compliment dat je mij kunt geven is zeggen dat ik Auschwitz zou overleven of zoals Isis zegt; met jou zou ik een wereldreis durven maken. En met Isis zou ik dat ook aandurven.
Ik heb soms weleens het gevoel dat mijn blik van bevreemding die mij overal achter volgt steeds prangender wordt als ik in de spiegel kijk en mijn ogen sluit want dan ben ik er plotseling niet meer.
Steeds vaker moet ik collegaatjes dingen uitleggen eer ik tot de kern van de zaak kan komen. Het is af en toe wel leuk om levenslessen en voorlichting over het kunstenaarsplantsoen te geven, maar het wordt stom vervelend als je dat de hele dag moet doen.
Dat vinden ze ook al gauw arrogant en elitair. Maar doen alsof ik een gewone jongen ben, ligt me niet, want dat bén ik niet.

Hoe begint een gedicht of stuk proza voor jou?

Soms alleen maar met een rock song. Als ik een regel heb, weet ik altijd meteen waar die zou moeten staan. Ik weet ook precies hoe het wordt. Ik denk nooit halverwege: het moet toch maar een natuur pannekoek met spekjes worden. Dat staaft mij ook in mijn al vaker geuite opmerking als huis- tuin- en keukengenie dat een kunstwerk eigenlijk al bestaat, dat ik er al eerder een glimp van heb opgevangen. Kosmisch dus. Plato. En zo. Ik maak vaak aantekeningen. Pas als het gedicht of verhaal echt af is, ga ik achter het oesterbord…nee, toetensbord van mijn laptop zitten en schrijf het achter elkaar op. Bloed op haar laptop. Blood on the tracks.

Geen schrift met driehonderd verschillende versies laat staan tientallen.

Nee, geen drie honderd en dat is maar goed ook. Hooguit een dozijn. Dat is interessant voor gepensioneerde gefrustreerde Neerlandici met hun geneuzel: die komma stond eerst hier, nu daar.
Ik hoef niet te weten dat een dichter ooit eerst heeft geschreven: a dirty mind is a joy for ever.
De uiteindelijke versie is aanzienlijk beter.
Al die energie die in corrigeren gaat zitten kunnen we beter besteden aan het fatsoenlijk verzorgen van ons kapsel. De ziekte van Hedel; meer haar op mijn lul dan op mijn schedel. Ja, dan maar op weg naar de kutkapper die ook wel eens iets anders wil.
Scheiding in het midden. Middle of the road'.

EXTO INTERVJOE MET FRED VAN DER WAL

kunst 01 April 2012

EXTO INTERVJOE MET FRED VAN DER WAL MRT. 2012 DOOR RIAN VAN NIEUWKERK

Fred van der Wal Disciplines:
olieverf/tekening/fotografie/collage/tekstschrijven

site: http://www.fredvanderwal.nl/

Fred wordt geïnspireerd door fotos en dan vooral door de foto realisten uit de zeventiger jaren en de pop-art kunstenaars.

Als uitgangspunt heeft hij altijd een lijntekening die hij met behulp van een beamer (vroeger dia projector of episcoop) op het papier/doek projecteert. Vroeger deed hij alles uit de hand, hetgeen, zijns inziens, intussen een behoorlijk achterhaalde en ouderwetse manier van doen is.

Diverse recente werken nemen voor hem een belangrijke plaats in. Maar de grote tekeningen, waaronder een zelfportret met bijl als gevaarlijk man, twee meter groot bij 90 cm en zes maanden werk, is toch wel favoriet. Helaas is daar geen foto van.

Wel van een laatste andere tekening van een meter hoog. Fred: "De reden is dat mijn werk na 1996 pas zijn vorm heeft gevonden in eigen beeldtaal, daarvoor niet, dus van 1966 tot 1996 eigenlijk te veel naar alle kanten uitgewaaierd binnen het realistische genre, dus ben ik een laatbloeiertje!"

In 1965 begon hij als zelfstandig beeldend kunstenaar en profileerde zich een jaar later al door middel van teksten en foto's, boeken en catalogi, magazines en weblogs.

Reken daar de exposities in galeries en via kunstenaarsverenigingen als Arti et Amicitiae te Amsterdam, Pulchri Studio te Den Haag, Nederlandse vereniging van Tekenaars, Le Groupe te Nevers en de International Pencil

Artist Association bij, en de opmerking dat hij nogal aan de weg timmert verwordt tot een understatement.

Ook hier en op Dump je Kunst is werk van Fred te vinden.

Daarnaast gaan diverse van zijn recente werken binnenkort dan ook naar New York voor een expositie in Salmagundi Club, Fifth Avenue.

Lesgeven zit zeker niet in zijn bloed en het exposeren bij galeries doet hij bij voorkeur niet, vooral vanwege het steeds hogere percentage aan provisie wat gerekend wordt.

Wel heeft hij een eigen galerieruimte aan huis waar hij zelfstandig en zich distantiërend van nabije collegae zijn gang gaat. Steeds afgewezen door Friese kunstenaarsclubs, - kunstwebsites of - subsidies voor catalogi en exposities is hij gewoon doorgegaan want het contact met zijn roots is hij nooit kwijt geweest.

Want daar waar er geen ruimte voor hem is/was in de gesloten garde in het noorden des lands, "ze vinden dat Amsterdammers een grote bek hebben. Nou, dat is dus ook zo!", aldus Fred, heeft hij met zijn collega's in Amsterdam en Den Haag een goede band.

Ik vroeg hem naar de behoorlijke lijst op zijn site met allemaal 'hoogtepunten' uit z'n leven voorzien van jaartal (alsook het legio aantal woonstekken). Afgezien van het feit dat dát hem ongetwijfeld vormt en heeft gevormd als mens, was ik ook benieuwd in welk opzicht dat hem als artiest bepaald heeft.

Fred: "Moeilijk aan te geven. Wel was ik liever wat meer geworteld in een dorp of stad, aan de andere kant heb ik het na een jaar of vier, vijf wel gezien in een plaats en wil dan weer verhuizen. Eigenlijk wel gek. Verder denk ik nooit zo erg veel na over mezelf, en doe liever dingen, maak gemakkelijk contact met mensen in diverse kringen, van de sportschool (tot 1995 karate, boksen, fitness) tot en met hbo en academisch nivo. Zelden praat ik over eigen werk met kennissen en houd helemaal niet van er over op te scheppen. Behalve op weblogs, ha!"

Ziet hij van bepaalde gebeurtenissen de invloed op zijn werk terug?

Fred: "Nou en of! Ik was ontzettend verlegen tot ik de kunst ontdekte als medium om je waar te maken. Een compensatie middel? Vast wel!"

Is zijn werk in zoverre dan ook een uitlaatklep geweest? Of te wel: is hij een schopper gebleven/geworden of heeft hij de oneerlijkheid van het leven kunnen integreren in zijn bestaan?

Fred: "In de familiekring en op Arti geld ik als een zich niet opdringerig manifesterende en ook niet luidruchtige kunstenaar. Wat de oneerlijkheid van het leven betreft: ik heb heel veel geluk gehad, persoonlijk, financieel, relationeel en in mijn werk, maar we willen altijd meer, meer, meer... zo zijn de mannen. Verder een grote hekel aan ruzie. Kunsthistoricus Huub Mous schreef eens; in de omgang vriendelijk en behulpzaam, op papier (weblogs e.d. maar ook in druk) een monster. En daar moest ik me toch om lachen! Ik ben afgelopen jaren voor van alles uitgemaakt op weblogs; gekenmerkt als pervert, gestoord, schizoïde, paranoïde, leugenaar. Het geeft veel vreugde."

De zelfportretten nemen ook een plek in op zijn site. Ik vroeg hem naar zijn reden.

Fred: "We zijn zelf het gemakkelijkste model en super goedkoop ook. Zo geduldig. Ik heb ook portretten (al dan niet in opdracht) voor anderen ge-maakt."

Vernissages van exposities waar zijn werk getoond wordt, worden graag door hem bezocht alwaar hij, aldus Fred: "te veel drinkt, maar altijd de be-scheiden, wereldvreemde, mensenschuwe artiest blijft, die niet graag in het centrum van de belangstelling staat bij feesten en partijen.

Men noemt mij in journalistieke Friese kringen 'De zieligste kunstenaar van Friesland'. Dan weten we het wel!"

Dat maakte mij echter nieuwsgierig dus ik vroeg hem naar het waarom. Het bleek een grapje te zijn van journalist Singelsma, om dat boven een artikel te zetten. Fred, niet gespeend van enige zelfspot moedigde aan om

dat dan ook echt te doen te doen, maar dat de journalist zag er bij nader inzien toch maar vanaf. "In ieder geval", aldus de kunstenaar, "heeft het tot veel vermaak tijdens dat interview geleid."
Exposities organiseert hij soms zelf en soms wordt dat geregeld zoals bv bij zijn deelname aan "Dutch Scenes" in Salmagundi, New York (mei/juni 2012) of in de zalen van Pulchri en Arti.

Mailen is voor hem een groot goed als het gaat om aan de weg te blijven timmeren en gekend te zijn.

Dat, samen met zijn site bij exto, opgezet door de eveneens bij exto bekende kunstenares Isis Nedloni bevalt hem zeer goed. Misschien komt er nog eens een site voor zijn fotografisch materiaal.

Heb je nog een vraag aan Fred? Stel deze hier.

Rian van Nieuwkerk

bekeken x 91

INTERVIEW EXTO.NL MET FRED VAN DER WAL AANVRAAG

Kunst | 14 Maart 2012

INTERVIEW EXTO

door Rian, zie ook fredvanderwal.exto.nl

Ha Fred,

'k stel voor te beginnen met een vragenlijst, dat werkt het makkelijkst.

We ontvangen graag een word-bestand in bijlage of de antwoorden in de mail ingevuld.

Uit de door jou gegeven antwoorden maak ik een verhaal.

Daarnaast zouden we van jou graag een paar fotos ontvangen, van jezelf 1 en bv. 2 of 3 van je werk, waarbij een link naar de afbeelding op je site het makkelijkste werkt.

Wanneer ik e.e.a. van je terug heb stel ik aan jou nog een andere vraag over een bepaald werk of iets wat me opvalt uit je verhaal.

En je krijgt gelijk het interview te zien zodat je kunt checken of alles juist is 'vertaald'.

 Mocht je je er niet in kunnen vinden (we gaan er natuurlijk voor dat je het top vindt) mag je publicatie weigeren.

Je bent toegestaan het interview ook elders te plaatsen maar met vermelding van schrijver en een linkje naar exto.

We moeten een beetje doorwerken want het interview met jouw is gepland op de 30e.

Misschien dat je uiterlijk 19e de eerste serie antwoorden kunt sturen?

Hieronder dus de vragenlijst die als uitgangspunt fungeert en ik zie je reactie graag tegemoet.

Met vriendelijke groet,

Rian

Vragenlijst voor de kunstenaar:

1. Algemene informatie:

Naam : Fred van der Wal 30-10-1942, Renkum

Woonplaats: SintAnnaparochie/ Couloutre, Bourgogne

Opleiding: Ateliers '63

Discipline: olieverf/tekening/fotografie/collage/tekst schrijven

2. Inspiratie en werkwijze

wie of wat inspireert jou in je werk:

fotos/de foto realisten uit de zeventiger jaren/pop art kunstenaars

Werk je volgens een bepaalde methode:

Ik ga altijd uit van een lijntekening die ik mbv een beamer en vroeger dia projector of episcoop op het papier/doek projecteer. Vroeger deed ik alles uit de hand . De ouder wetse manier dus. Totaal achterhaald. Omslachtig. Eén fout en je kunt uren werk weg gooien. Liever wil ik dat voorkomen.

3. uitgelicht

welk werk is voor jou belangrijk/neemt een speciale plek in?

Een of meer recente werken

(ook wij zullen nog een werk kiezen om vragen over te stellen)

4. Hoe profileer je jezelf

Ik profileer mijzelf vanaf 1966 in teksten en fotos, boeken en catalogi, magazines, weblogs, exposities in galeries en via kunstenaarsverenigingen als Arti et Amicitiae te Amsterdam, Pulchri Studio te Den Haag, Nederlandse vereniging van Tekenaars, Le Groupe te Nevers en de International Pencil Artist Association

5. Ben je fulltime kunstenaar of heb je ook nog werkzaamheden buiten de kunst – zo ja: welke? Geef je les/workshops?

Full time artist sinds 1965. Ik verbouwde huizen en had er een vijftal in eigendom die ik verhuurde. Ik beoefen tot 1995 karate en nu nog steeds fitness.

6. Sta je op markten en/of word je door een galerie vertegenwoordigd?

Geef geen les, daar ik niet voor schoolmeester in de wieg ben gelegd, dat laat ik over aan de collegaatjes die bij moeten beunen en sappelen.
Sta nooit op markten, exposeer niet   bij voorkeur in galeries, vragen te veel aan percentage en het zijn veelal fakers en phonies. Heb eigen galerieruimte aan huis. Bemoei me niet of nauwelijks met de collegaatjes in Friesland, wel in Amsterdam en Den Haag. De Friese kunstenaars zijn nogal een besloten groepje waar een ex-Amsterdammer niet tussen komt. Ben altijd afgewezen door Friese kunstenaarsklups, Friese kunstwebsites of Friese subsidietjes voor catalogi en exposities.

7. Ben je lid van een kunstgroep of collectief, hoe uit zich dat?

Zie antwoord op de vraag 4.

8. Hoe profileer je jezelf.

Bezoek altijd de openingen van exposities waar ik exposeer. Drink dan soms te veel maar blijf immer de bescheiden, wereldvreemde, mensenschuwe artist die niet graag in het centrum van de belangstelling staat bij feeesten en partijen. Men noemt mij in journalistieke Friese kringen "De zieligste kunstenaar van Friesland". Dan weten we het wel!

9. Organiseer je je eigen exposities of wordt dat voor je geregeld?

Soms zelf, soms wordt dat geregeld zoals mijn deelname aan "Dutch Scenes" in Salmagundi, New York mei/juni 2012 of in de zalen van Pulchri en Arti.

Op welke manier breidt jij je netwerk uit?

Forward mails, persoonlijke mails. Zonder veel effect overigens.

5. Exto

Hoe ben je bij Exto terecht gekomen (en hoe bevalt dat?)

Hoe weet ik niet meer maar het bevalt heel erg goed. De bekende kunstenares Isis Nedloni heeft tot alle tevredenheid de pagina voor mij gemaakt

6. Fungeert je extosite als hoofdsite of is het extra.

Alhoewel ik overweeg een eigen site voor mijn fotowerk te gaan openen. Absoluut als hoofd site

Ben je wel eens op het extoforum? (dit is meer info voor ons)

Eigenlijk nooit. Realiseerde me niet dat het bestond, maar zal me oriënteren. Geloof wel dat het forum zin heeft.

bekeken x 106

AAN GEWOON DOEN DOEN IK DUS NIET WANT ALS IK GEK DOE, DOE IK AL GEWOON GENOEG...(DEEL 1)

11 Augustus 2012

De vele poses van Fred van der Wal door Lolle Lockeveer

Webloggers die ik volg en zeer waardeer zijn Marije M. en de jonge po-
wete Lien waar ik veel van verwacht. Laat dat even gezegd worden!
Hij is een veel gelezen weblogger in Nederland. Zijn teksten worden soms
zonder veel kennis van zaken bekritiseerd en soms geciteerd door anderen. Hij is wie hij is en zegt zichzelf overal mee te nemen.
De draagbare kunstenaar weet als geen andere hoe oefening kunst baart.
Een kunstenaar zonder baard is géén kunstenaar, weet hij als geen ander
en dat moderatrice Martine R. hem bij de eerste, hoffelijke gedachte uitwisseling per mail bekende dat zij niet hield van mannen met baarden,
maar wel in het Sodom en Gonorrhoe van de IT kwam, nam hij voor kennis geving aan want hij hield zelf ook niet van mannen met baarden en al
helemaal niet van de IT.
Fred van der Wal: romanticus in Huize Heart Break Hotel, gelegen in een
achtergasse, haaks staande op Lonely Street, dat wel, maar dat is lekker
rustig, weet hij als geen ander. Eénpersoonskamer. Uitzicht op een blinde
muur. Silence is golden en dan beslist niet met Tears on my pillow maar
wel Lipstick on your collar.
Connie Francis dus, die na een verkrachting door een zwartmens niets
meer van seksjuwaliteit moest hebben en zich daarmee lanceerde als het
zusje van Connie Krikken, die inderdaad niet kon krikken, omdat haar
vagina nimmer open was gegaan gelijk een roos die eeuwig in de knop
blijft. Ontknoppen dus.
Wie is toch die Fred van der Wal vraagt menigeen zich af in zijne colère.
Daar kunnen wij kort over zijn. De man van rijm, rust, reinheid en regelmaat. Maar ook: de alcoholicus, de romanticus, de poseur, de schilder, de
dichter en de prozaïst.
Ik heb het gevoel dat de blikken van bevreemding der onnozele halsen, de
loonslaven die mij overal achtervolgen, steeds dwingender en menig maal
beklemmender worden voor een eenvoudige kunstartiest.
Het zal de schimmelgeest van het schommelende tijdsgewricht wel wezen,
verzucht hij en pakt een dure bolknak uit een houten doos.

Als het geen Davidoff van vijfentwinig eurootjes het stuk is bij de Magnum roze Sjampie heeft onze ras artiest een slechte dag.

De lege sigarendozen zendt hij per vrachtboot naar de Derde Wereld waar stam oppperhoofden als Ali Ben Maf Maf samen met zijn Turkse Troela Hoela Hop Hop de geur van de Westerse rijkdommen mee kan opsnuiven. Toevallig heb ik niets met een allochtone snoes met d'r kroezende poes in een burnoes. Wel vind ik dat een ieder een dak boven zijn hoofd moet hebben, genoeg te bikken en scholing moet krijgen. Schaamhaar dient te krullen.

Aan verafgoding van de zwart mens doe ik niet zoals onder modieus linkse mensen usance is. Voor dat verpolitiekte soort Gutmenschen is blank de verkeerde kleur. Voor mij niet. White Power.

Neen, neen en nog eens neen, zegt hij als wij het over zijn toekomst hebben die achter hem ligt.

Ik heb na ons zoveelste gesprek in Arti et Amicitiae aan het Rokin geen seconde zitten denken: wat zal ik als kunstartiest nog meer doen met mijn veel bewogen leven? Doorgaan met bewegend te leven als een bewogen beweger of een pas op de plaats? Reflectie?

Breed armgebaar: Ik begeef mij als artiest met mijn pikhouweel op de ongebaande paden in de jungle van het nacht onbewuste, het onbegrip, denk even na als ik aan de van eenvouds verlichte waatren sta, neem een aanloop, pak de polstok en ja hoor: de jump in het ongewisse en daarbij trek ik in het duister bij de afsprong ook nog gauw even mijn mini jupe uit bij die dubbele salto met schroef, om mijzelve geheel en al bloot te geven in mijn werk, mijn behahaha èn in mijn leven als je een zachte landing maakt. De mens achter de kunst artiest dus. Het is geen man die geen dameslingerie dragen kan.

AAN GEWOON DOEN DOEN IK DUS NIET WANT ALS IK GEK DOE, DOE IK AL GEWOON GENOEG…(DEEL 2)

11 Augustus 2012

De vele poses van Fred van der Wal door Lollelutje Lockeveer

Even later: Weet je trouwens dat mensen dat soms écht denken? Toen mijn eerste weblogs en daarna deelname aan bundels bij een Belgische Uitgever verschenen, kreeg ik van mijn mij onbekende bejaarde moeder een haat brief met de woorden: Heb je zelf niet door dat dit een nood-kreet van een mislukte pychopathologische patates jongen van de kale vlakte is?
Volgens haar goot ik volgens deze tot de roomskatholieke dwaalleer be-keerde mevroj mijn existentiële nooddruft gelijk een trosje bittere drui-ven van de gramschap (hoe schoon gezegd, hoe juist gezien, hoe diep door leefd) in een stuk proza, ging vervolgens als de vanger in het graan naar-stig op zoek naar publiek, dat er niet zou zijn, daarna naar een obscure uitgever, zond de first draft per poststuk in, corrigeerde het retour script, verbeterde de drukproeven met de hand, bracht veranderingen in de tekst aan en zond het vervolgens de wereld in.
Zeg nou zelf met je kop onder lijn elf, dat is toch vrij omslachtig manier voor een noodsein dat op rood staat?
Dan kun je beter voor de trein springen met een zak over je kop of opteren voor het serial killerschap.
Ik heb dat mens die zich mijn moeder noemt sinds 1944 niet meer gezien toen zij mij af stond aan de grootouders.
Ze zal onderdehand wel lawaaje zijn en de madeliefjes van uit haar kist naar omhoog drukken.
Een mens moet toch wat. Post mortem porno poetsen bakken. Nee, dan nog liever naar de poffertsjekraam in Groningen op de Grote Markt.
Gewoon jezelf bij je strot ophangen in het trapportaal aan een waslijn of een overdose nemen is aanmerkelijk eenvoudiger.
Geamuseerd: Nee, dat slaat geen moment op de verhalenbundel "Eigen brood boven al" van Rochul Wiegedoodt. Arme Reet Rochul met zijn on-zichtbare bochul, ik vind het adembenemend akelig om zijn weblog-bij-drages te lezen.

16

Het is zo armetierig. Zo bloedeloos. Humorloos. Politiek correct. De aanhangers van die opvatting zijn saai en voorspelbaar.

We leven weliswaar in een cultuur waarin hele volksstammen volkomen onbenullige mensen met psychische problemen nog op hun sterfbed geïnterviewd willen worden tot aan hun laatste snik als de brokken in hun keel steken en de ogen reeds breken, de kaarsjes aan het voeteneinde ontstoken, als het stevig gaat kieren, maar dit was toch wel erg zielig.

Ik heb schrijven nooit gezien als een vorm van zelfhulp voor de ranzige gulp. Schrijven is vooral een kwestie van vorm èn van inhoud. En van visie.

Ik geloof dat het een schrijver was die zei: Die boerenlul die daar uit zijn elfde vinger staat te sijken in de plantenbak van Huize Hemelrijk, daar gaat misschien wel heel wat meer door heen dan er door Sartre gegaan is, maar Sartre schreef: De hel is de ander en die man komt na kantoor thuis en zegt tegen zijn vrouw: Wat een klotedag! Geef mij maar een keil, pop! En daarna geeft ie haar een pak ros omdat ie van de afdelings chef op zijn sodommieter heeft gehad en hij zich ergens op uit moet leven. Vrouwen die geslagen worden door hun mannen zijn gelukkige huisvrouwen. Je moet je per slot van rekening ergens op uit leven als gefrustreerde kantoor pik tot je laatste snik.

Ben je tevreden met de erkenning die je krijgt?

De kritieken zijn altijd goed geweest en worden de laatste jaren nòg steeds beter. Ze kunnen niet meer om mij heen. Ik zou het alleen wel aardig vinden als er eens flinke culturele prijzen, stipendia en reisbeurzen mijn kant op kwamen zonder dat ik daar om moet vragen en dan bedragen van zes cijfers voor de komma. In mijn hele kunstenaarsloopbaan heb ik twee maal een slechte kritiek gehad; de eerste keer van een zwaar brillende pukkelige student kunsthistorie (Rudi Hodel) die alleen maar Fries sprak en voor de Leeuwarder Courant stukjes mocht schrijven, maar op staande voet ontslagen werd vanwege fraude en in een weblog belachelijk gemaakt door de vrijetijds poweet Rommert Boonstra nav een incident dat hij uit lokte. Ikwas daar trouwens niet onschuldig aan en had et uitgelokt. Ik blijf dan beleefd, maar die meneer komt er dus nooit meer in. Smakeloos was het om te lezen hoe hij het stervensproces van zijn echtgenote mee koketteerde op facebook. Als je niets te vertellen hebt grijp je naar dit soort middelen…

AAN GEWOON DOEN DOE IK DUS NIET WANT ALS IK GEK DOE, DOE IK AL GEWOON GENOEG…(DEEL 3)

11 Augustus 2012

De vele poses van Fred van der Wal door Lolle Lockeveer

Mijn successen worden me door kunstbroeders niet altijd in dank af genomen, heb je wel eens gezegd.

Mijn werk en persoon roepen vaak grote agressie op bij minder getalenteerden, voornamelijk in Friesland, Groningen en Drente. Zo weet ik bijvoorbeeld dat mijn   werk nooit genade zal vinden in de ogen van de bekende Friese kunstenaar Lollepot Lokkebeer uit Lutjelollum, Paeke Potlacher of Henk Holysloot biss Helmantel in Westeremden, die mij met zijn galeriehouder Loek Brons en manager drs, Hans van Seventer ooit eens verdacht van het stelen van tientallen van Helmantels schilderijen. Wat willen we ook?
Helmantel en van Seventer twee stijl gereformeerden en Loek Brons een ex-Jezuïetische monnik. Zijn wijf Miep Brons handelaarster in pornografie waarmee zij de kunsthandel van haar man financierde.

Remco Ekkers is een heel vriendelijke Neerlandicus/dichter, de bekende schrijver van het in de literatuur kritiek geprezen kinderboek Kipje Tok en Deel 2: Kipje Tok legt een ei en deel 3. Kipje Tok zit op eieren.

Als ik fysische geografie had gestudeerd en voor mijn lol geschilderd en geschreven, was ik gelukkiger geweest, zou genieten van algemeen respect en had ik heel wat vrijetijds critici een slecht geweten bespaard. Niet voor niets haal ik de slogan van multi miljonair Bob Zimmermann graag aan: there's no succes like failure and failure is no success at all. Deze poweet van het protest bezit 16 huizen en dat zegt mij wel genoeg.

Kun je je plaats beschrijven in het Nederlandse kunstenaarsplantsoen?

Ik héb daar geen plaats in. Ik was in Kennemerland rond de mid sixties een hele tijd iemand die er nog moest komen en door Haarlemse kunstenaars èn ambtenaren cultuurzaken plus huisvesting zo veel mogelijk ben tegen gewerkt en toen ging ik in 1967 terug naar Amsterdam en ineens was ik iemand waar van tijd tot tijd tegen aan moest worden geschopt door dezelfde collegaaatjes.

Er is een tussenfase overgeslagen en misschien is dat in mijn hele leven wel zo. Ik ben altijd gelijk in het diepe gegooid of vrijwillig gegaan. Dat vormt je tot een sterke persoonlijkheid waar niemand om heen kan. Een monument. Een enorme steen des aanstoots die de volkeren moeten heffen doch zich deerlijk aaan zullen verwonden.

Om in topografische termen te blijven; ik zie het toch bij mijn collegaatjes, de grond is schraal en de scherpe rotspunten steken door het zand. Mumbo Jumbo and a lot of debris.

Je schrijft: Wij zijn – vergoord en vergeild het gelaat doorgroefd door jaren kunstenaarsleed en generaties miskenning, het vlees gemarineerd in de sterke drank. Het neus tussenschot door gerot door de coke. Hoe oud vóél je eigenlijk als vieze oude man?

Ik vermoed dat ik nog steeds stil sta op zeventienjarige leeftijd en dat is de enige garantie voor het kunstenaarschap. Een andere is er namelijk niet. Het eeuwige, jolige studentengevoel is er nog steeds. Breekfeest. Ondertafel revoluties. Elkaar bepotelen. Dijen opvrijen. Uitgenodigd worden door aantrekkelijke paren, de heer des huizes dronken voeren en in mekaar rammen, zijn portefeuille rollen, antieke tafeltjes met een karate schop door midden slaan, in de open haard of de piano gaan staan pissen tot het vuur sissend uit gaat, de vrouw des huizes voorover douwen op de glazen salontafel, met haar kop in de houten bak zoute pindas, de dochters naaien en zoonlief de geneugten van de tegennatuurlijke wijze van omgaan via achterwaartse achteruit oefeningen in de mannenkut doen smaken -zet 'm effe in zijn achteruit-, weer terug naar mevroj het zout van haar huid likken, wezenloos buitengaats binnenwaarts beffen tot ze mateloos begint te miauwen en dan de beuk er in, de stormram naar binnen, de genotsroede, de vleestoren van Babel, de lust springveer, waardoor je ze laat miauwen in een onverstaanbare taal vol geile klaarkom keelklanken die van onderen uit hun k*t lijken op te wellen, esoterisch gewauwel dat klinkt als Aaaaarggghhh…grrrrrr…. rabierelull! Maak daar maar eens sjokola van met je woordenboek. Ik ben daarom chaotisch. Zelfs de inrichting van mijn ateliers wijst daar nog op. Allemaal boeken, papieren, slordig neergekwakte materialen.

Ik vind dat je zó van tussen de klamme zure lappen in je kamizooltje achter je werktafel moet kunnen stappen. Wat een kamizooltje is? Vraagt u dat mij? Nu? Kledingstuk voor vrouwen. Verg. Engels, camisole, a loose jacket worn by women dressed in negligée.

Iemand over de kamizool kappen of trekken. Afrossen dus.

Dat is wel zo makkelijk wanneer je bezoek hebt met wie je iets tezamen zou willen doen op welk vlak dan ook en dan heb ik het vooral over Pim Pam Pet of Mens erger je niet. Anders wordt het gauw te nadrukkelijk als je meteen een dame bij haaar borsten grijpt en recht op de bek pakt.

Moet je weer helemaal je verzameling sadomasochistische fotos te berde brengen.

Vreselijk toch.

Dat ik binnenkort zeventig ben, vind ik volstrekt onwaarschijnlijk. Ik ben mij heel lang de jongste blijven voelen in ieder gezelschap terwijl dat al lang niet meer het geval is. De kans om jong te sterven, is inmiddels verkeken.

De nostalgie naar het verleden?

Ik heb gotsijdanck een negentiende-eeuwse opvoeding gehad bij mijn verbitterde groot ouders. Opgegroeid in Amsterdam, dat was toen niet meer dan een dorp. In Amsterdam waren ze decennia verder dan in de Friese dorpen want daar leefde men toen nog in de achttiende eeuw.

Omdat plat Amsterdams spreken bij ons thuis in het chique Amsterdam zuid niet werd aangemoedigd, had ik het gevoel er maar half thuis te horen bij mijn klasgenoten. Men zegt dat ik een buitengewoon verlegen jongetje was op de lagere school.

Mijn zwijgzame grootvader was een succesvol zakenman. Liberaal, dat is wel een prettig soort geloof.

Ze vallen je er niet echt mee lastig. Voor een toekomstig kunstenaar wel handig, want je komt al vroeg in aanraking met de onrechtvaardige vrijheid van het kapitalisme. Maar als kind geen leuke positie, het kleinzoontje van de succes aanhangers met vaak een beperkte intelligentie.

Ervoer je het als een isolement?

20

Ik ervóér het niet als zodanig, het wás gewoon zo. je moet dingen zien zoals ze zijn. Ik was een buitenbeentje. Het heeft zich uiteindelijk wel ten goede gekeerd. Dat overweldigende isolement heeft me naar het kunstenaarsplantsoen gedreven.

Er waren helemaal geen lotgenoten? '

Ach, er was altijd nog wel een andere bleekscheet die er buiten lag, zoals mijn maatschappelijk totaal mislukte schoolvriend K. B., overleden in 2006 op 62-jarige leeftijd.
Maar op de lagere school ben ik wel uiterst ongelukkig geweest. Ik begon pas te leven op mijn 24-e en dat is wel erg laat.
Mijn grootvader zei dan niet troostend: later kom jij pas tot je recht. Hij zei niks. Het bleef een aculturele boerenkinkeltroep.

MET ENIGE REGELMAAT KRIJG IK VAN ACADEMISCHE "KUNSTLIEFHEBBERS" VERWIJTEN OVER MIJN POLE-MISCHE STUKKEN BETREFFENDE DE CULTURELE COLLE-GAATJES…(DEEL 1)

11 Augustus 2012

Met enige regelmaat krijg ik van zelf verklaarde, soms hoog geschoolde of academische "kunstliefhebbers" verwijten over polemische stukken die ik schreef over de beeldende kunst, de literatuur of de fotografie en hun beoefenaren.

Deze kunstminnaars zijn over het algemeen niet of fragmentarisch geïnformeerd en doorgaans aanhangers van het Rembandt-Vermeer-Van Gogh syndroom.

Een cultuurhistorisch-sociologische afwijking, bedacht door romantische kunsthistorici, goed gesalarieerde museumdirecteuren, half geïnformeerde journalisten, zolderkamerdichters en gevoed door teksten van het door 't fonds der letteren onderhouden staatssubsidie schrijvers.

Zoals wij al bij voorbaat kunnen bedenken niet de meest betrouwbare, onafhankelijke bronnen.

In de literatuur vanaf de tachtigers met van Deyssel als belangrijk voorman wat betreft het schrijven van ironische en scherpe (scheld) kritieken is de trend van polemiseren over literatuur voor goed gezet, met als waardige erfgenamen Ter Braak/DuPerron en na de oorlog W F Hermans met vele jaren later als guitige offspring de neuzelende decadent Gerrit Komrij.

Merkwaardig genoeg is polemiek grotendeels beperkt gebleven tot de literatuur en menen kunstminnaars en – minnaressen dat het verboden zou moeten worden om kritiek over beeldende kunst èn kunstenaars te schrijven door een kunstenaar als Fred van der Wal, menen een aantal ex- Vk-bloggers, zoals wij weten niet het meest vredelievende soort dat op de aarde rond loopt.

Een provinciale opvatting om niet over kunst te mogen schrijven. Het dictaat van de academisch geschoolde museum directies is hier mogelijk debet aan.

De Friese kunsthistoricus drs. Huub Mous, die nooit heeft kunnen promoveren, meent zelfs dat een beeldend kunstenaar een randdebiele, doofstomme, half- of ongeschoolde dient te zijn, omdat de partieel gestoorde beeldende kunstenaar slechts in beelden zou kunnen denken, net als de Neanderthaler.

Mous weet als half automaat waar hij over praat: menig halfgeschoolde randdebiele talentloze kunstenaar en kunstenares heeft op aanvraag een lovend stukje van onze Friese kunst historicus mogen ontvangen.

Nu zagen veel beeldende kunstenaars in de jaren zestig en zeventig er uit als analfabete holbewoners van de ijstijd in hun haveloze hippie outfits, met de verplichte haardracht van ongewassen baarden en haren tot op de billen, dus de veronderstelling ligt voor de hand.

De idee dat een kunstenaar als edele wilde en onbegrepen ongeschoolde moet worden gezien is een achterhaalde misvatting, alhoewel de Limburg-se kunstartiest K. Buikie Bokito een rond wandelend bewijs lijkt voor deze opvatting.

Vanaf 1968 sprak ik regelmatig museumdirecteuren, conservatoren, hoog-leraren kunst historie, afgestudeerde kunsthistorici van de VU en de UVA, studenten kunsthistorie, dus enige ervaring met het academisch gevormde kunst tuig heb ik wel. In een van onze voormalige huizen woont nu de ge-pensioneerde kunsthistoricus Dr. G. Birtwistle, Jorn kenner, die tenmin-ste één stuk grafaiek van laatst genoemde in huis heeft hangen dat hoogst waar schijnlijk een vervalsing van de hand van GeertJanJansen is.

In het informatieve boekje "De gijzeling van de beeldende kunst" van kunst critica Riki Simons wil ik graag even citeren:
De kunstwetenschapper (kunsthistoricus) en de conservator hebben zich-zelf laten uit roepen tot profeet onder de profeten. Zo werd de weten-schapper ten slotte zelf een nieuw soort kunstenaar.

Fred van der Wal: Jhr. Sandberg met zijn abstracte scheur, knip en plak-werkjes die een kleuter niet misstaan zouden hebben is daar een aardig voorbeeld van.

Riki Simons: Nu is de komst van een nieuwe museum directeur al ge-noeg. De run op de nieuwste stromingen, die iedere nieuw directeur on-derneemt om zijn eigen naam en ambtsperiode te kunnen verbinden aan eigen "ontdekkingen", leidt tot een haastig "vlag planten"bij kunstenaars die nauwelijks nog de academie hebben verlaten. (En tot het naar de kelders verbannen van de oogst van zijn voorganger). In 1968 sprak ik conservator drs. de Groot van het Arnhems Gemeentemuseum in galerie Mokum Amstel 186 over het beleid van het museum.

De schilders van Galerie Mokum tentoonstelden hun werken begin 1969 in het museum.

Het was de eerst naoorlogse overzichtstentoonstelling van Jonge Nederlandse realisten.

Een belangrijke mijlpaal waar ook mijn werk prachtig werd gepresenteerd op aparte dieprood gekleurde schotten, tot grote woede van de schilder Teun Nijkamp, die een prominente plaats eiste tijdens de opening vaan de tentoonstelling.

Hij zou "wraak" op mij nemen omdat ik beter hing, verkondigde hij.

Conservator de Groot, volgens schilder Chris van Geest een rond wandelende varkenskop, vertelde hoe na de realisten tentoonstelling als museum directeur Mekkink met pensioen ging alle "rotsooi van Willink, Koch en Hynckes naar de kelders van het museum zou verdwijnen".

Onder "rotsooi" verstond de conservator schilderijen van de Magisch realisten Willink, Koch , Schuhmacher, Ket en Hynckes. Schilderijen die nu tegen het miljoen op brengen.

MET ENIGE REGELMAAT KRIJG IK VAN ACADEMISCHE "KUNSTLIEFHEBBERS" VERWIJTEN OVER MIJN POLEMISCHE STUKKEN BETREFFENDE DE CULTURELE COLLEGAATJES...(DEEL 2)

11 Augustus 2012

Riki Simons zegt in haar boekje ….

Zo worden Nederlandse kunstenaars soms al tijdens hun eindexamen geboekt voor een museum tentoonstelling.

Fred van der Wal: Een eerste jaars leerling van Ateliers '63 werd in 1968 via een van zijn relaties uitgekozen voor de jeugdbiennale te Parijs. Hij zou worden weg gestuurd van de academie vanwege gebrek aan talent. Daarna probeerde hij het op de Rietveld academie waar hij na een jaar het voor gezien hield omdat hij niet "over"ging naar de tweede klas.

Conservators van het Stedelijk Musuem liepen rond in de gangen van Ateliers '63 en kozen kunstenaars uit die met onzinnige projecten bezig waren zoals Sjoerd Buisman (verlepte bloemetjes in een vaas zonder water op eeen stuk formica geplakt, Axel van der Kraan die een aquarium in een T-V toestel had neer gezet, een jongeman die de plestik objecten van Pieter Engels epigoneerde.
Hij was begonnen met Jerry Keizer na te schilderen, daarna Peter Struycken, objecten te imiteren van Pieter Engels, Jeroen Henneman, de minimale kunst van Rückriem nog eens dunnetjes over te doen, de zogenaamde fundamentele schilderkunst na te kalken.
Bijna vanzelfspreken raakte deze ex- HBS a leerling die tien (!) jaar over het Coornhert lyceum deed na twee mislukte acdemische studies die bij elkaar vier maanden duurden in het staatsgesubsidieerde percentage opdrachten circuit verzeild en scoorde met zijn flauwe kul abstracties een slordige 9 ton per jaar.
Enige jaren eerder werd hij na een periode van contraprestatie inkomsten waarbij hij flink zwart verdiende door de inkomsten van zijn toenmalige echtgenote niet op te geven, lid van een commissie percentage opdrachten die hem één middag per twee weken kostte en twintig mille per jaar opleverde. Een verantwoordelijke job waarbij de leden van de commissie

25

voornamelijk elkaar opdrachten verstrekten. Amsterdams kunstleven beviel deze ex-dorpeling uit Bennebroek buitengewoon goed.

Riki Simons: Opportunisme en vluchtigheid gaan hierbij hand in hand. Sinds een aantal directie wisselingen bij Nederlandse musea en instellingen wordt daar van de Jonge Italianen, Jonge Amerikanen en Jonge Duitsers uit de jaren tachtig weinig meer vernomen. Het enige dat we zeker weten is dat ze niet meer jong zijn.

Fred van der Wal: In mijn 47 jarige loopbaan als kunstenaar heb ik wat modestromingen voorbij zien trekken. Het lijkt de prêt à porter in Parijs wel.

In de jaren zestig tierde in Haarlem het post abstract expressionisme welig. De gesubsidieerde dames en heren kunstenaars liepen in met verf besmeurde overalls rond te paraderen door de Grote Houtstraat om gezien te worden.
Het slome Haarlemse, brave publiekje had er diep respect voor.

Zelf behoorde ik tot de Nieuwe Figuratie en kreeg in Haarlem geen ingang in het kunstenaars plantsoen. Mijn aanvragen voor een atelier, woonruimte, lidmaatschap van kunstenaars verenigingen, lidmaatschap BBK, een aanvraag voor de BKR werden door de Haarlemse pvda apparatsjik Visser c.s. categorisch afgewezen.

Begin Mei 1967 vestigde ik mij in Amsterdam en bij gebrek aan relaties in de hoofdstad kende ik enkele jaren van absolute armoede.

Mijn New Fig werken paste slecht in het expositiebeleid van Galerie Mokum dat liever commercieel werk eposeerde van Teun Nijkamp (poppenmoedertjes, dooie vogeltjes met de pootjes omhoog, akwarellen op papiertjes ter grootte van een afgescheurd stuk plee rol), Chris van Geest (Magritte epigoon), Cornelis Doolaard (Melle imitator), Wout Muller (Melle epigoon), Clary Mastenbroek (Leonor Fini epigoon) en begin jaren zeventig Henk Helmantel (epigoon 17-e eeuwse stillevens en kerkinterieurs in de stijl van Saenredam).

Ik zag zognaamde Nieuwe stromingen voorbij trekken als Land Art waarbij kunstenaars stukken land omploegden op "artistieke wijze", hopen zand, briketten en aarde in het Stedelijk Museum op de grond kwakten, zalen met glas scherven geëxposeerd en afgebeeld in dure catalogi, de flauwe kul van de conceptuele foto- en videokunst, het "Nieuwe expressionisme", de "installatiekunst, de environment kunst waarbij interieurs van burgermans woningen het museum werden binnen gesleept compleet met canapés en schemerlampen, Popart, Hyperrealisme, Happening, Fluxus, Performance, Fotorealisme, Performance optredens van flauwe kul kunstenaars die op psychopatische paljassen en droefgeestige druiloren leken.

Het kunstenaarsplantsoen lijkt de modebeurs van Parijs wel met elk jaar nieuwe kleurtjes en leuke dessins, elkaar steeds sneller opvolgend.

De Londense kunsthandelaar Jimmy McMullan zei in 1969 tegen mij: jullie jonge kunstenaars, ik kan er niet van op aan, het ene jaar maken jullie soort figuratief werk, het volgende jaar weer abstract.

Ik verzekerde hem dat ik mijn leven lang de figuratie trouw zou blijven. "Ja,ja, dat zeggen jullie allemaal en volgend jaar maken jullie weer iets anders dat in de mode is", zei hij pessimistisch.

Het gesprek begon mij snel te vervelen en ik verbrak verder contact met de in de alcohol doordrenkte, weinig betrouwbaar ogende galeriehouder.

Riki Simons: De generatie Amerikaanse kunstenaars van Gober en Kelley, nog niet zo lang geleden de jonge sterren van het Musuem Boijmans en beiden veertig jaar oud "hebben hun beste tijd gehad". Dat zei de nieuwe directeur (…) van Boijmans in zijn eerste interview in een (…) dagblad.

Fred van der Wal: Niemand in Nederland weet wie Gobert en Kelley zijn, maar dat schijnt bij voorbaat al niet nodig te zijn. Het dictaat van de museum directeur is het enige dat telt. Niemand vraagt om verantwoording of argumentatie, zo stelt Riki Simons.

In 1971 sprak ik de jonge conservator drs. J. van Geest tijdens de opening van een tentoonstelling realistsiche schilders waar ik mijn werk exposeerde in Aemstelle.

Hij zei: Jullie komen er in museaal opzicht niet meer aan te pas. Er is kort geleden een vergadering van musseum directeuren en conservatoren geweest waarbij is vast gesteld voor de komende derig jaar waar we ons op gaan richten.

We kiezen voor abstract expressionisme, conceptuele kunst en op Mondriaan gerichte abstractie. Realisme ligt politiek slecht. Jullie zullen het voortaan met galerietjes moeten doen waar je jullie schilderijen aan het publiek kunnen laten zien. Realisme is niet links genoeg om mee te tellen.

MET ENIGE REGELMAAT KRIJG IK VAN ACADEMISCHE "KUNSTLIEFHEBBERS" VERWIJTEN OVER MIJN POLEMISCHE STUKKEN BETREFFENDE DE CULTURELE COLLEGAATJES... (DEEL 3)

11 Augustus 2012

Riki Simons: De ex-cathedra mening van de (fred van der wal: academisch geschoolde) museum directeur is het enige dat telt en niemand heeft de euvele moed om een verantwoording of argumentatie te verlangen. Daarmee is de beeldende kunst onderworpen aan een oncontroleerbare autoriteit.

Fred van der Wal: Met enige regelmaat kreeg ik van zelf verklaarde, soms hoog geschoolde of academische pseudo-"kunstliefhebbers", (doorgaans niet geïnformeerde lezers die mij nb. van leugens betichtten tav mijn mededelingen over mijn eigen werk), voornamelijk "krities" ingestelde, niet door enige kennis op het gebied van de beeldende kunst gehinderde, ex-Vkbloggers, verwijten over polemische stukken, die ik schreef over de beeldende kunst, de literatuur of de fotografie en hun beoefenaren.
De academici meenden dat het niet "fatsoenlijk" zou zijn om kritisch over kunst en kunstenaars te schrijven.

Sinds het begin (1965) van mijn beeldend kunstenaarschap was het mij duidelijk dat het dictaat van de nieuwe profeten van de kerk van de moderne kunst, de museum wereld, bepaalde wie in hun ogen (tijdelijk) van belang waren voor een museale presentatie.
Deze profeten, museum directeuren, conservatoren, publicisten en recensenten -geheel anders dan de avant garde kunstenaars van vroeger-genieten een royale maandelijkse wedde, een vakantiegeldje, een kilometer vergoeding, ruime vakanties, snoepreisjes per businessclass naar het buitenland op kosten van de belastingbetaler en als kers op de taart een uitstekende pensioenregeling.

In haar al eerder genoemde boekje toont Riki Simons op heldere wijze aan hoe de na oorlogse toegenomen subsidiëring van de beeldende kunst leidde tot het aankopen van een massieve hoeveelheid trash wat kunst betreft.

Al eerder heb ik vermeld dat minder dan 8 procent van de decennia lang aangekochte kunstwerken uit de BKR behoren tot de rijks ICN collectie waarin terecht meer dan 50 van mijn werken in vertegenwoordigd zijn. Onbetekenende Friese kunstenaars als P. Z. beweerden na mijn vermelding van dit controleerbare feit dat zijn werken eveneens in deze collectie aanwezig zijn.

Een mail van het ICN leerde mij dat hij liegt om indruk te maken op zijn Friese collegaatjes.

De ex-Vkbloggers die dat betwijfelden heb ik een kopie gestuurd van enkele formulieren die mijn werken in de rijkscollectie beschrijven.

De overige 92 % van het op staatskosten aangekochte werk van mijn collegaatjes is als onbelangrijk gedumpt op veilingen of weg gegooid. Geruime tijd geleden vermeldde ik de prijs van een schilderij van ex-contraprestatieschilder de aan de Rijks academie te Amsterdam lang geleden "afgestudeerde" Limburger R. Krudzlo op een achteraf veiling. Ik moest even glimlachen toen ik het resultaat las.

Eén euro.

In elk geval minder dan verf en linnen van het onooglijke doek hebben gekost.

In totaal gaat het aantal en de beschrijving van mijn kunstwerken in de rijks ICN collectie om een 17 A-viertjes waarvan ik er twee publiceerde en vervolgens de verlichte, academisch geschoolde ex-Vkbloggers vroeg of ik de rest ook diende te publiceren.

Ik voegde er aan toe dat indien één van hen mij op een leugen zou betrappen in cv of lijst tentoonstellingen zij een schilderij uit mochten zoeken.

Het antwoord van één van hen was dat zij mijn schilderijen véél te slecht vonden om iets uit te zoeken.

Hetgeen een niet geïnformeerde arrogante ex-Vkblogger mag vinden van mij want het glijdt als water langs een vette eend af.

Ik verhoogde mijn edelmoedige bod tot duizend euro als de hoog geleerde met zichzelf zeer ingenomen progressief denkende academisch geschoolde heren een misleidende medeling in mijn cv konden aantonen.

De hoog van de toren blazende academici zwegen zoals te verwachten viel massaal.

De Franse beeldende kunstwereld is een merkwaardig fenomeen. Op provinciaal nivo wordt er heel veel georganiseerd en er is ruime belangstelling onder het publiek in tegenstelling tot het Hollandse publiekje dat uitsluitend in foeballuh en RTL 4 is geïnteresseerd.

De kwaliteit van het gepresenteerde op beeldend gebied is wisselend in de Bourgogne en specifiek wat de Nièver betreft verschilt het daarin niet van welke provincie dan ook in Holland. Provincialisme en gebrek aan kwaliteit als internationaal verschijnsel gaan doorgaans hand in hand.

Riki Simons beschrijft hoe de Franse kunstwereld in meerdere opzichten het kwadraat is van de Nederlandse situatie.
Zij beweert dat Frankrijk een arrogante, obsessief bemoeizuchtige overheid heeft, die in tegenstelling tot de Nederlandse buitengewoon centralistisch werkt.
Een klimaat waarin een nog arrogantere "kunstwetenschap" kan putten uit een onbeperkt aantal filosofen.
Ik woon nu tien jaar in Frankrijk in één van de armste gebieden, de Nièvre. Nooit heb ik iets gemerkt van een een overheidsbemoeienis die verder gaat dan in Nederland normaal is.

MET ENIGE REGELMAAT KRIJG IK VAN ACADEMISCHE "KUNSTLIEFHEBBERS" VERWIJTEN OVER MIJN POLE-MISCHE STUKKEN BETREFFENDE DE CULTURELE COL-LEGAATJES...(DEEL 4)

kunst 11 Augustus 2012

Fred van der Wal: Met enige regelmaat kreeg ik van zelf verklaarde, soms hoog geschoolde of academische pseudo-"kunstliefhebbers", (doorgaans niet geïnformeerde lezers die mij nb. van leugens betichtten tav mijn me-dedelingen over mijn eigen werk), voornamelijk "krities" ingestelde, niet door enige kennis op het gebied van de beeldende kunst gehinderde, ex-Vkbloggers, verwijten over polemische stukken, die ik schreef over de beeldende kunst, de literatuur of de fotografie en hun beoefenaren.

De academici meenden dat het niet "fatsoenlijk" zou zijn om kritisch over kunst en kunstenaars te schrijven.

Na 1965 was Parijs als internationaal kunstcentrum niet meer van belang. Als jonge kunstenaar rond 1963 keek ik naar schilders uit Londen en New York. Pop Art zette de toon. Een frisse, nieuwe wind, die in de na-dagen van het belegen abstract expressionisme weg vaagde.
De massale aanwezigheid van abstract werkende staatsgesubsidieerde contraprestatieschilders die voor de BKR even snel een doekie in elkaaar klatsjten in een half uurtje ten behoeve van de overheids aankoop rondes leverden hun werk vaak nog nat in alsof ze huis schilders waren. Alleen het hand geschilderde kartonnen bordje Nat ontbrak ter toelichting. In Haarlem en Amsterdam sprak ik wel eens schilders van deze zoveelste garnituur.
De nieuwe stroming Pop Art, New Fig en de Nederlandse Nieuwe Figura-tie betitelden zij als "faksistisch" en "kapitalistisch".
Zij waren "links" dus maakten zij abstracte schilderijen, beweerden zij. Menig maal werd ik door de collegaatjes uitgemaakt voor SS-er omdat mijn werk een Europese variant van de Amerikaanse pop art zou zijn met een invloed van het surrealisme, die meer in lijn lag met hetgeen in Enge-land op dat gebied werd gemaakt dan met de New Yorkse Pop schilders, die uitblonken in grote Billboard-achtige formaten.

Zo waardeerde ik in hoge mate het werk van de Engels kunstschilder Peter Blake en het vroeg werk van Lucian Freud, die pas rond 2005 in Nederland onder de kunstenaars grote bekendheid verwierf met zijn slordig geschilderde doeken in een modderig palet.

Op het moment dat de prijzen voor een Lucian Freud de pan uit rezen bekeerde menig Nederlandse kunstenaar zich tot zijn expressionistische schildertrant. Nederlandse kunstenaars zijn te vaak de Japanners van Europa; groot in namaak.

Freud volgde de slecht raad van Francis Bacon op door goedkope, grove, vakensharen kwasten te gaan gebruiken, een gebrekkig hulpmiddel voor een slordige toets en als zodanig uitsluitend gericht op effectbejag.

De zeer begaafde Engelse schilderes Jane Whiteridge die in de Bourgogne woont en werkt exposeerde haar werken op een tentoonstelling waar Blake aan mee werkte. Ik ben in het bezit van 4 werken van Jane en ben van plan er op korte termijn nog één aan te schaffen.

Een groot en centraal gelegen land als Frankrijk met een rijke kunsttraditie en grote aantrekkingskracht op kunstenaars, tot aan de tweede wereldoorlog een metropool heeft geen internationaaal bekende kunstenaars.

Volgens Riki Simons een direct gevolg van een overheids inmenging met grote kunstbudgetten, uitbesteed aan en ondergebracht in een overheid systeem van aankopen en exposeren, ondersteund door een enorme hoeveelheid kunstfilosofen.

Toen ik in Amsterdam tot 1978 woonde ontmoette ik zomer 1976 twee jonge kunsthistorici in opleiding, doctoraal studenten van de VU ter mijner huize.

John Vrieze, de latere , nu al weer geruime tijd overleden directeur van het COBRA Museum en de naar Nederland gekomen Paul Clowney, zoon van een Amerikaanse fundamentalistische predikant.

Via het CCSC waren zij naar aanleiding van een interview met mij in weekblad De Tijd opmerkzaam gemaakt op mij en mijn werk.

Vrieze en Clowney bereidden een ontwerpschets voor een christelijke academie voor en vroegen mij om medewerking en stelden een vacature voor aan de academie vrij schilderen die ik zou mogen vervullen.

Ik stemde daar in toe in de veronderstelling dat ik volledige steun zou krijgen van degenen die in de voorbereidings- en benoemings commissie plaats gingen nemen waaronder de Groningse toen nog fundamentalistisch christelijke tekenleraar Jan van Loon. Daar vergiste ik mij in.

De ontwerpschets van Paul Clowney had de arrogante Jan van Loon in de "onderste la" gegooid en het voorstel om mij te benoemen had hij afgewezen, zoals hij mij glimlachend mede deelde. Hij had zo zijn eigen vrindjes. Ik zei er niets op.

Regelmatig had ik met de christen Paul Clowney contact. We kwamen bij elkaar over huis, namen Paul en Tessa mee naar Arti et Amicitiae in de veronderstelling dat vriendschap met fundamentalistische christenen mogelijk was.
Hierin vergiste ik mij schromelijk en achteraf gezien speelde een zekere naïviteit wellicht een rol en de wens de vader van de gedachte dat Christenen als "broeders onderling" het beste met elkaar voor hadden.

MET ENIGE REGELMAAT KRIJG IK VAN ACADEMISCHE "KUNSTLIEFHEBBERS" VERWIJTEN OVER MIJN POLEMISCHE STUKKEN BETREFFENDE DE CULTURELE COLLEGAATJES...(DEEL 5)

11 Augustus 2012

Fred van der Wal: Met enige regelmaat kreeg ik van zelf verklaarde, soms hoog geschoolde of academische pseudo-"kunstliefhebbers", (doorgaans mij niet goed gezinde , niet geïnformeerde lezers die mij nb. van leugens betichtten tav mijn mededelingen over mijn eigen werk), voornamelijk "krities" ingestelde, niet door enige kennis op het gebied van de beeldende kunst gehinderde, ex-Vkbloggers, verwijten over polemische stukken, die ik schreef over de beeldende kunst, de literatuur of de fotografie en hun beoefenaren.
De academici meenden dat het niet "fatsoenlijk" zou zijn om kritisch over kunst en kunstenaars te schrijven.

Ik stelde in 1976 mijn atelier in de tweede Nassaustraat belangeloos ter beschikking van de fijn christelijke Paul Clowney toen hij een illustratie opdracht voor een aardige som geld mocht vervullen. Het betrof een kaart van de sterrenhemel ten behoeve van een astrologische uitgave.
Ik vroeg hem hoe hij deel nemen aan een astrologisch project als christen kon verantwoorden.
Hij vond het een "goeie vraag" , had het er zelfs "moeilijk mee gehad als christen en het in gebed voor de Heire der Heirscharen" gebracht en ja hoor, de lezer vermoed het al, de Heire had hem persoonlijk toestemming gegeven omdat het flink wat geld opleverde.
Achter het christelijk kruis staat nu eenmaal in historisch opzicht voor velen de dollar en geld maakt recht wat krom is, zoals ik na de jaren zestig in fundamentalistische kring mocht ervaren.

Hoe ging het verder met de ogenschijnlijk arme doctoraal student Paul Clowney en zijn medestudente Tessa, dochter uit een adelijke, Engelse familie, die naar berichten van drs. John Vrieze "half Engeland bezitten"?

Beiden woonden in een bouwvallige, halve woning aan de Nieuwe Teer-tuinen, die nu al lang is afgebroken en vervangen door saaie nieuwbouw waar de Nederlandse architectuur in uitblinkt.

Toevallig kwam ik op bezoek bij Paul en Tessa toen de ouders van Tessa op bezoek waren. De Rolls Royce met chauffeur stond om de hoek gepar-keerd. Zij een barones, hij de Australische ambassadeur te Londen.
Het was vlak voor het vertrek van Paul en Tessa naar Londen waar ze een betere toekomst tegemoet hoopten te gaan. Een baan als christelijke los geslagen jongeren begeleider was Paul in Londen al aangeboden.
Ik maakte een weinig geslaagd grapje door tegen Paul in aanwezigheid van zijn schoonouders te vragen waarom ze naar Engeland gingen, een onderontwikkeld land "well fit for suitable cases of psychiatric treatment". De barones regeerde met een op bekakte toon uitgesproken "Pardon?"
Het leek mij beter om een andere keer terug te komen. Ik heb niet zoveel met de adel.
De afstudeer scriptie voor zijn doctoraal kunsthistorie aan de VU van Paul betrof een studie van de pre-rafaëlitische school van kunstschilders, een 19- e eeuwe stroming die prachtige schilderijen heeft voortgebracht en ten tijde van de jaren zeventig zo goed als vergeten.
Zijn scriptie was in een dusdanig voor een Nederlandse professor onlees-baar, hoogdravend Engels gesteld dat deze in eerste instantie werd afge-wezen.
Het pleit niet voor de talenkennis van deze VU wetenschapper.
Dertig jaar later woonde ik een college aan de UVA bij over de tegenstel-ling romantiek-realisme die geheel in het Engels werd gegeven. De tijden veranderden weer eens.
Persoonlijk ben ik nog steeds van mening dat het conflict romantiek-rea-lisme het hoofdthema is van de moderne beeldende kunst.

Enkele maanden later na het laatste bezoek aan Paul en Tessa Clowney aan on huis aan het Galileïplantsoen 102 Amsterdam Watergraafsmeer vertokken zij naaar Londen. Zij hadden voor weinig geld een Edwardian mooi huis kunnen kopen met een serre waar een druivenrank groeide.
In 1977 bezochten wij ze in Londen en waren niet welkom.
Paul lag de hele dag te sleutelen aan zijn motor, pretendeerde geen tijd voor ons vrij te kunnen maken en Tessa liet ons met weinig enthousiasme

Londen zien. We verbleven in een aardig guesthouse en genoten elke dag van een stevig Engels ontbijt.

Het bezoek was een deceptie. Nog één keer kregen wij een geboortekaartje van hun zoon Benjamin waarop we een speelgoedbeertjes stuurden.

Ik belde Paul nog een keer.

Het gesprek brak hij af met de vraag of mijn echtgenote en ik nu ons haar groen hadden geverfd.

Hetgeen ik ontkende omdat ik geen modes achterna liep. Ik begreep dat het een omzichtige manier was van de fundamentalistsch christelijke Paul om verder contact af te houden, hetgeen geschiedde.

Kort daarna studeerde hij af aan de VU. Onze aanwezigheid werd niet op prijs gesteld tijdens het afstudeerfeestje te Amsterdam.

Kenmerkend gedrag voor het fundamentalistische groepje christenen dat rond prof Rookmaaker, aanhanger van de vrijgemaakt gereformeerde art. 31 kerk was en de fanatieke evangelist Dr. Francis Schaeffer uit Zwitserland.

MET ENIGE REGELMAAT KRIJG IK VAN ACADEMISCHE "KUNSTLIEFHEBBERS" VERWIJTEN OVER MIJN POLEMISCHE STUKKEN BETREFFENDE DE CULTURELE COLLEGAATJES ...(DEEL 6)

11 Augustus 2012

Fred van der Wal: Met enige regelmaat kreeg ik van zelf verklaarde, soms hoog geschoolde of academische pseudo-"kunstliefhebbers", (doorgaans mij niet goed gezinde , niet geïnformeerde lezers die mij nb. van leugens betichtten tav mijn mededelingen over mijn eigen werk), voornamelijk "krities" ingestelde, niet door enige kennis op het gebied van de beeldende kunst gehinderde, ex-Vkbloggers, verwijten over polemische stukken, die ik schreef over de beeldende kunst, de literatuur of de fotografie en hun beoefenaren.
De academici meenden dat het niet "fatsoenlijk" zou zijn om kritisch over kunst en kunstenaars te schrijven. De strevers naar consensus onder alle omstandigheden. De volgzame meepraters en napapegaaiers. Waardige pvda stemmers.

Zomer 1976 was één van de meest hete en droge zomers die ik sinds 1947 mee maakte.
Het was het jaar waarin ik veel tentoonstellingen had en sindsdien nooit meer zoveel werken verkocht als in de 70-er jaren.
De ex-Vietnam veteraan Clowney, die ik inAmsterdam ontmoette, nodigde mij uit om een week van "christelijke kunstenaars" bij te wonen in Zwiggelte of all places.
De eigenaar van de kunst boerderij gaf lessen waterverf aan de akademie Minerva.
Achteraf bleken het geen kunstenaars te zijn op twee na, die uitgenodigd waren, maar tekenleraren en leerlingen van de opleiding tot tekenleraar.
Ze waren tegenstanders van de BKR verklaarden ze en wilden eigenlijk niet met mij praten.
De organisatoren Jan van Loon en de boemelstudent Hans van Seventer, een wegens wanprestatie ontslagen medewerker van de EO, organiseerden de week die gevuld was met lezingen, inktzwarte filosofische beschouwingen en loodzware Bijbelstudies waar de calvinisten van de vrijgemaakt

gereformeerde kerk. Verkondigd werd dat de mens tot alle kwaad was geneigd en voorbestemd voor de hel.

De eerste avond zocht de eeuwige student (4 afgebroken studie richtingen) Hans van Seventer om de toon te zetten ruzie met mij. Ik was in die tijd nog lid van de EO en paste om die reden niet in het stijl gereformeerde gezelschap, verklaarde hij fijntjes.

Ik was razend na nog een paar beledigingen en deelde de organisatoren mee dat ik de volgende ochtend zou vertrekken.

Mijn echtgenote haalde mij over om toch te blijven.

Onze dochters waren idolaat van de ponies die op het boeren erf stonden.

Ik besloot omwille van onze kinderen tegen wil en dank dan maar te blijven ondanks mijn weerzin tegen de zware calvinisten en besloot er maar het beste van te maken.

Een week was zo voorbij. Daarna zou ik ze toch nooit meer zien.

De organisatoren hadden bezwaar tegen de make up van mijn wederhelft die lipstick en eyeshadow gebruikte.

Voor ons als Amsterdammers was make up een normale zaak.

"Alleen zondaressen en dochters van den Boze blanketten het gelaat om de God vrezende mannen te verleiden" vernam ik. Een opvatting die mijn begrip te boven ging.

Paul Clowwney werd ter verantwoording geroepen door de organisatoren dat hij zonder toestemming vooraf mij had uitgenodigd. Zij raadden hem met klem aan zich te distantiëren van mij "om des Heren wil".

De rest van de week ontweek hij mij.

"Wat heeft duister immers met het eeuw'ge licht te maken", riep van Seventer vertwijfeld uit als mijn naam ter sprake kwam.

"Gewoon op zijn tijd een kaarsje aan steken, want Gij zult uw licht niet onder de korenmaat verstoppen", raadde ik hem aan.

"Kaarsen? Dat hoort bij de Roomse afgodendienst" antwoordde hij snedig.

Hij wist dat mijn echtgenote rooms katholiek was, dus die moest afgeseken worden.

Discussie, afsijken, veroordelen en afkatten is standaard procedure onder de gereformeerden, begreep ik.

Ik kocht zoals gewoonlijk op zaterdag een Volkskrant, NRC, een Parool en een plaatselijk dagblad.

Misprijzend beweerde van Seventer dat ik "verslaafd aan de media was, zoals Rudi Dutschke het noemde".

Oho, lachte ik "luister je als gerefomeerde glimpieper naar de geestelijke vader van de Rote Armee Fraktion? Mag een krant lezen nu ook al niet meer? "

"Der Rudi is ten diepste een ware christen en wie de krant leest is in de greep van de Satan. Jij behoort tot de wereld en de wereldheerser is de Boze. Rudi heeft het beste voor met de mens!" sputterde hij tegen.

"Vandaar dat ze hem een kogel door zijn kop hebben geschoten. Die Duitsers weten wel wat ze doen met oproerkraaiers. Een nekschot. Net als in de dagen van weleer!" repliceerde ik.

Hans gaf het als vrome jongen op en heeft de hele week geen woord meer tegen mij gezegd.

Mijn oudste dochter Misja haalde verleden maand juli 2012 haar herinneringen op aan die week.

"Het leken gotsamme wel de middeleeuwen daar bij die halluve zolen in Zwiggelte. Lange ruwhouten tafels, wrakke banken en het eten uit die houten monnikskap nappen was niet te vreten. Gewoon om te kotsen. Wat deden jullie daar in Gotsnaam als Amsterdammers bij dat zootje boerenhufters?"

Ik had er geen antwoord op.

In de gang stond een kratje goedkope hoofdpijnpils. Om kalm te blijven pakte ik regelmatig een pijpje. Ik legde afgepast geld neer zoals afgesproken.

Waterverver Jan van Loon kwam naar mij toe en vroeg argwanend of ik eigenlijk wel betaalde voor de pils.

"Tot op de laatste cent" verklaarde ik naar waarheid. Hij geloofde er niets van.

MET ENIGE REGELMAAT KRIJG IK VAN ACADEMISCHE "KUNSTLIEFHEBBERS" VERWIJTEN OVER MIJN POLEMISCHE STUKKEN BETREFFENDE DE CULTURELE COLLEGAATJES… (DEEL 8)

11 Augustus 2012

WIE IS RIKI SIMONS? BELANGRIJKSTE CRITICA VAN HET VADERLANDSE KUNSTENAARSPLANTSOEN…

Fred van der Wal: Met enige regelmaat kreeg ik van zelf verklaarde, soms hoog geschoolde of academische pseudo-"kunstliefhebbers", (doorgaans mij niet goed gezinde, niet geïnformeerde lezers die mij nb. van leugens betichtten tav mijn mededelingen over mijn eigen werk), voornamelijk "krities" ingestelde, niet door enige kennis op het gebied van de beeldende kunst gehinderde, ex-Vkbloggers, verwijten over polemische stukken, die ik schreef over de beeldende kunst, de literatuur of de fotografie en hun beoefenaren.

De academici meenden dat het niet "fatsoenlijk" zou zijn om kritisch over kunst en kunstenaars te schrijven. De strevers naar consensus onder alle omstandigheden. Waardige pvda stemmers.

DE KUNSTWERELD IS AL DECENNIA LANG EEN FILIAAAL VAN DE OVERHEID COMPLEET MET HIELEN LIKKENDE PALADIJNEN ONDER DE KUNSTENAARS DIE NAAR DE PIJPEN DANSEN VAN AMBTENAREN

Een paar weken geleden was ik met Misja en Sjaalmans in Haarlem. We liepen de kringloopwinkel De Schalm binnen. Ik vond er een paar boeken die niet meer dan een euro of twee kostten.
Op de slecht gestemde piano in de zaak speelde ik een boogie. Ik liep door naar achteren waar de afdeling boeken is gevestigd. Ik vond er het een en ander.
Een boek over de BVD, een boekje over de Kennemerduinen door Dr. E. C.M. Roodenburg waar ik nog les van kreeg aan de DCK, Koepellaan 8, in de grote witte villa vlak tegen het Bloemendaalse bos aan.

Het belangrijkste boekje dat ik in De Schalm vond was "De Gijzeling Van De Beeldende Kunst" uitgegeven door Meulenhoff, 1997, van de hand van Riki Simons, een publiciste die ik al geruime tijd volg en haar non conformistische visie op het bestel der kunsten, in het bijzonder de Beeldende Kunst, graag volg, alhoewel ik op sommige punten haar visie niet consistent vind en te kritiekloos gebaseerd op de algemeen aanvaarde rode kunsthistorische lijn in de kunsthistorie van de twintigste eeuw.

In elk geval is zij één van de zeer schaarse publicistes die niet mee huilt met de cliché-kunstwolven in het moderne kunstbos.

Riki Simons doorliep de kunstacademie te Tilburg en volgde post graduate opleidingen aan twee academies te Londen.

Vanaf het begin van de jaren '80 publiceert zij over hedendaagse kunst. In NRC Handelsblad, indertijd in het nu al lang verdwenen Avenue, Money, Intermediair en Esquire.

Op de achterflap van haar kritiese boek "De Gijzeling Van De Beeldende Kunst" stelt zij duidelijk dat de kunst in het slop zit. Verzamelaars in Holland zijn er niet n het jongere publiek interesseert zich niet voor kunst. Dat ligt aan het aanbod. Het wordt bepaald door "kunstwetenschappelijk" geschoolde museumdirecteuren en ambtenaren, die met allerlei regelingen en subsidies de dienst zijn gaan uit maken in de kunstwereld van nu. Zij cultiveren voor alles hun eigen onmisbaarheid, goed gesalarieerde positie, uitstekende pensioen en snoepreisjes naar vooral de VS op kosten van de belastingbetaler.

Riki toont aan hoe kunstwereld een filiaal van de overheid werd. Ontoegankelijke kunst van een wereldvreemd karakter werd de geïnteresseerde opgedrongen, die zich afwendde van door ambtenaren georganiseerde tentoonstellingen waar één of twee bezoekers vaker regel dan uitzondering waren.

Eindelijk waait er een nieuwe wind door kunstenaarsland en wordt er in bescheiden mate geknabbeld aan de honderden miljoenen die de gesubsidieerde kunstsector nog steeds op strijkt en een kleine groep van profiteert.

In de inleiding van haar boek beschrijft Riki Simons kort een bondig hoe de overheid de zogenaamde vernieuwende, ware kunst als overheidszaak aan zich getrokken heeft en zichzelf met zijn ambtenaren apparaat de hoofdrol meent te vervullen als opponent van het door dit soort ambtenarij verafschuwde publiek.

Wie daar anders over denkt wordt betiteld als reactionair, burgerlijk, dom, bekrompen en conservatief.

Lange tijd sinds de tsunami van abstracte en expressionistische slechte schilders, epigonen, veelal afkomstig van de Rijksacademie, maar ook van andere academies in de jaren vijftig, zestig, zeventig en tachtig werd   de voorkeur voor traditioneel schilderen en beeldhouwen beschouwd als "rechts" met directe verwijzingen naar het utopistisch realisme van de Nazis en "links" met de obligate museum vookeur voor   abstractie, concept- en performance "kunst".

ACHT BOEKEN TUSSEN 2009 EN 2013 WAAR FRED VAN DER WAL IN FIGUREERT!

kunst | 11 Augustus 2012

1. Januari 2009 kwam "Schrijversblokkade", de eerste 181 paginas A4 bundel verhalen van Fred van der Wal uit bij Uitg. World Wide Association Of Writers, België

2. Februari 2009 bij uitg. Francastic een verzameling reproducties in boekvorm van Nederlandse kunstenaars

3. Augustus 2009 powezieverzamelbundel "Tegenlicht" bij Uitg. Writeshistory, België

4. Augustus 2009 Jubileumboek Nederlandse Kring Van Tekenaars.

5. Okt. 2010 "Bitterkoekjes", bij Uitg. Writeshistory, België

6. Maart 2011 "A black page in Art", tekeningen Fred van der Wal, in eigen beheer

7. April 2011 "Staat de verwarming aan?" Uitg. Writeshistory, België

8. April 2011 "Strooptocht op kousenvoeten", Uitg. Writeshistory, België (aangekondigd maar nooit gepubliceeerd)

9. Aug. 2012 " Verhalenbundel 5", Uitg. Writeshistory, België

10. Aug. 2012 "Verhalen- en gedichtenbundel 6", Uitg. Writeshistory, België

11. Aug. 2012 "Poëziebundel 11", Uitg. Writeshistory, België

In voorbereiding:

Juni 2013 "Het jaar dat de jasmijn twee maal bloeide", uitg. Uniboek. (terug getrokken door de auteur, nooit gepubliceerd)

Fred van der Wal schreef van kindsbeen af verhalen. Hij onderhoudt 4 weblogs met verhalen, fotos, jeugdherinneringen en reproducties van eigen werk. Het vroege werk van 1960-1967, verhalen, collages, schilderijen en tekeningen werd door zijn opvoeders vernietigd toen hij voor de kunst het huis mei 1967 uit werd gezet en op de bonnefooi zonder een rooie cent naar Amsterdam trok waar hij tien jaar tevoren uit was vertrokken.

Bij een in het atelier van Fred van der Wal in 1981 gestichte brand ging een groot aantal collages en een kostbare designbank verloren. Toevallig was de artiest deze dag afwezig.

Inmiddels hield onze onstuitbare artiest tussen 1966 en 2009 meer dan 300 groeps- en eenmanstentoonstellingen.

Hij is lid van de kunstenaarsverenigingen Arti et Amicitiae te Amsterdam sinds 1972, Pulchri Studio te Den Haag sinds 1974, Groupe Nevers in de Bourgogne sinds 2004, De Nederlandse Kring Van Tekenaars sinds 2007. Het Stedelijk Museum te Amsterdam heeft 9 werken van hem in eigendom en het ICN (Instituut Collectie Nederland) 59. Naar het prente-kabinet van het Rijksmuseum te Amsterdam zijn 13 werken uit de ICN collectie van de kunstenaar overgedragen

De Dieuwke Bakker Galerie Mokum Collectie kocht najaar 2005 een tekening van Fred aan voor 1500 euro, de hoogste prijs tot nu toe. Zijn door de BKR aangekochte werken dragen het kenmerk BCW (Bijzondere Culturele Waarde) en worden niet verkocht.

Het werk van Fred van der Wal werd tusssen 1978 en 2009 geboycot door de Friese over heden, galeries en provinciale expositieruimtes. Een tegenstander sinds 1978 van het werk van Fred van der Wal is de Friese ex-consulent beeldende kunst drs. Huub Mous.

Fred van der Wal werd voor een aantal Noordelijke kunstenaars initiatieven en verenigingen zonder opgave van redenen geweigerd. In 2005 en 2009 werd onze kunstschilder nog geweigerd voor de kunstclub Fria, een vereniging die in dertijd bij hem thuis werd opgericht in 1985. In 2010 werd de kunstenaar geweigerd voor de Bildtse kunstenaarsvereniging en het Portret schildersgenootschap.

Wellicht is zijn Amsterdamse afkomst de oorzaak van de provinciale tegenwerking. De timide, doch zelf bewuste kunstenaar, die door de tentoonstellings organisator Harald K. de 'Bonte Hond van Friesland' werd genoemd, lijkt ondanks alles toch bescheiden gebleven en lust een aardig glaasje, trekt zich dan ook op geniale wijze gaarne terug in zijn ateliers in Couloutre in de Bourgogne of in Sint Annaparochie te Friesland.

DRS. HANS VAN SEVENTER NOEMDE MIJN WERK RUBBISH...

11 Augustus 2012

(…) een brief uit 1983 van Hans doktorandus van Es die mij in dit hand geschreven dokument zonder verdere uitleg beschuldigde van het vervaardigen van harde pornografie.

Pedante wijsneus H.v.S. beweerde dat mijn werk tekenen uit de hel waren. Hij noemde mijn werk zelfs rubbish in een brief die ik in mijn archief heb! Zelf weet ik nog steeds van niets.

Vrome Hans van de sekte Nederlands Gereformeerde kerk weet alles beter! Zelfs wie wel en niet in de hel thuis hoort!

De fletse reprodukties vervaardigd door Hans drs. zijn eenmanszaakje Art Visit LTD., grossier in plaatjes van bloemen tuiltjes, kerkinterieurs, slecht geschilderde zwangere luchten of stillevens van gebutste potjes en pannetjes in de trant van de zeventiende eeuw en andere ikonen van een regressief idealisme, bij de ongeschoolde arbeidersklasse populaire onderwerpen waar niemand zich een buil aan kon vallen, leken voornamelijk op de per post vaak ongevraagd toegestuurd gekregen onooglijke aanzichtkaarten van leden van de vereniging van mond-, voet- en klauwzeer schilders en andere bevlogen al of niet rand debiele kunstzinnige teringlijders en gefrustreerde tekenleraren die niet kun nen tekenen met uitzicht op een riante WAO uitkering of de VUT, zoals het gereformeerde, arrogante non-talent; de al lang AOW gerechtigde befbaard Jan v. Loon uit Drenthe, die zoals van Es stellig beweerde tegen iedereen die het maar horen wilde "zo graag met sexualiteit experimenteert" door het akademie model van dat Groningse kunstschooltje in de gangkast op te neuken.

Ik ben wel eens naar een echte kunstenaarsbijeenkomst geweest waar in tegenstelling tot het onsmakelijke, stoffige bekrompen vrijgemaakt gereformeerde gezelschapje rond onze nog oneindig veel fijner gereformeerde Ha doktorandus van Es echte kunstenaars rond liepen zoals Dibbets, van Elk en nog enkele andere Amsterdamse beroemdheden waaronder Zuyderland, waar ik in 1971 bij op atelier bezoek zou gaan, indien een jaloerse Bennebroekse kontraprestatie kunstenmaker van BBK '69 met leugens en laster over mij het niet onmogelijk had gemaakt dit voornemen uit te voeren.

De opening van de tentoonstelling van Dibbets was een feit en iedereen zat geschaard rond de knusse formicatafeltjes in de foyer van het S.M. te

Amsterdam, behalve de kunstenaar zelf die eenzaam en verloren voor zijn uitgeknipte en kundig met gluton aan elkaar geplakte vakantie fotootjes van grassprietjes stond te wachten op de dingen die al of niet zouden komen.

Er liepen gewichtig doende langharige, luidruchtige lui met verrijdbare televisiekameras aan dikke kabels die over de grond lagen en mikrofoons rond als of het de crew van een Roman Polanski film betrof.

Interviewers door de menigte schoten als konijnen die aan iedereen dezelfde afgezaagde vragen stelden, zoals "Wilt U als kunstenaar soms ook het schilderij maken dat alle schilderijen overbodig maakt?" of "met welke schilder of welk schilderij zou U de kachel eens graag aan willen maken?"

Daar antwoordde ik uiteraard toen al naar waarheid op: "Henk Helmantel! Eerst zijn schilderijen de oven in en daarna Babsbobs billebabs (zijn echtgenote) met zijn misjpogem en hij er achter aan!"

Als in de dagen van Dachau toen de verbrandingsovens nog loeiden, de hens er in, mensenvet en kutspek houdt het vuur brandende…Zou ik als Ariër in die hoogtijdagen van weleer in het Derde Rijk mijn zwarte uniform met de runentekens van de elite troepen van het derde rijk, de S.S. en het dreigende doodskop in signe op mijn hoerapet orgasties genietend als nekrofiel eerst de gouden kronen waanzinnig lachend één voor één uit hun verstijfde dankzij de vele folteringen in een verstarde pijngrimas wijd open staande bekken vol braakziek builenbal (alsof ze posthuum woordeloos bleven gillen) breken met een nijptang om daarna als thuisvlijt lampen kappen te maken van hun getatoeëerde huid, ventielslangetjes van hun tepels en manlijke geslachtsdelen en zeep van hun bil-tiet – en schaamheuvelvet? Of zou ik daar geen deel aan nemen? Ik weet het niet. Twijfel is de grond van mijn bestaan.

"Waarom wilt U niet alleen de schilderijen van Helmantel maar ook zijn halve familie er achter aan in het vuur werpen?" was de op strenge toon gestelde wedervraag van de zwaar brillende lullig ogende leptosome nep- en namaak investigative journalist die net het New Journalism van Tom Wolfe c.s. had ontdekt. Niet allesweter Jeroen Snel deze keer maar een ander griffermeerd lulletje rozewater van hetzelfde laken en pak.

"Omdat er over dertig jaar een moment zal komen dat deze zwaar dialekt sprekende Groningse schilder en zijn promotor in kombinatie met de huidige onderbroekenkoning, maar geslaagde doktorandus Loek Brons en het Nieuwsblad van het Noorden er mij van zullen beschuldigen meer dan dertig schilderijen van het genie van Westeremden te hebben gejat, terwijl ik nog geen appel bij de groenteman weg neem of ik moet vandaag nog lolbroek Hans van Seventer heten en geen Fred van der Wal!" verkondigde ik als paragnosties begaafde jonge man met grote stelligheid.

"Als iemand dan kan bewijzen dat ik ooit een schilderij van Helmantel gestolen heb eet ik het gedragen slipje van Mathilde Willink als hoofdmaaltijd met huid en haar op en haar bustehouder, jarretetelgordel en nylons als toetje met spuitslagroom!" voegde ik er aan toe als lingeriekenner.

Iets walgelijkers en afstotender kon ik op dat moment niet bedenken.

Ik vond Mathilde Willink zo afstotend en weerzinwekkend dat ik op de opening van mijn eenmans tentoonstelling in Galerie Bouma te Amsterdam 1976 haar niet eens te woord wilde staan. Overigens droeg Mathilde Willink geen nylons opgehouden door een jarretelgordel maar panties zonder slipje er onder zoals ze mij om onopgehelderde reden zelf liet zien. Ik kon er nog geen sjokola van maken! Als ik ergens een hekel aan heb zijn het panties.

VOLGENS MIJ TOTAAL ONBEKENDE FRIESE KUNSTENAARS VAN VERENIGING FACIT ZOU IK STENEN DOOR ANDERMANS RAMEN HEBBEN GEGOOID, OVERAL GEROYEERD ZIJN EN EEN BEDREIGING VOOR HET LEVEN VAN DE FRIESE COLLEGAATJES ZIJN...

kunst | 05 April 2012 |

...IK MOEST ER HARTELIJK OM LACHEN!

Mijn aanvragen voor lidmaatschap van een Friese kunstenaarsvereniging zijn sinds 1978 categorisch afgewezen. Erkend door het Centrum Beeldende Kunst "Keunstwurk" ben ik niet, want ik maak er geen deel meer van uit sinds verleden week. Diverse malen werd mijn nam uit de kaartenbak gehaald van Keunstwurk door Friese collegaatjes of een vrouw van een Fries collegaatje. Het betekende/betekent wèl dat ik soms jaren lang geen deel kon/kan nemen aan exposities georganiseerd door het centrum beeldende kunst.

Onlangs werd een tweede aanvraag voor het lidmaatschap van de Franeker kunstenaars vereniging Facit van zowel mij als mijn echtgenote afgewezen op grond van geruchten van stenen gooien door andermans ramen, geroyeerd zijn en levensbedreigend gedrag tov collegae zoals mij achteraf is mede gedeeld.
Het zou 't bestuur van Facit hebben gesierd als zij vóór de afwijzing van als lid mij hadden opgeroepen om de laster die nu al decennia lang in Friesland de ronde doet met feiten te kunnen weerleggen.
Dat is niet geschied.
Het duidelijk vooringenomen bestuur nam aan dat de oudere kunstenaar(s) die mij -om onbekende redenen- niet in de vereniging wil(len) hebben de waarheid spraken.
Eén van de namen die anti-Fred van der Wal zijn flitste door mij heen. Ik had hem zelfs een paar keer met zijn beroepswerkeloze vriendje uitgenodigd voor een etentje bij ons thuis. Onder het diner stelde hij mij voor dat ik voor hem zou poseren in dameslingerie.
Ik merkte op dat mij dat geen goed idee leek. Het was de laatste keer dat hij door ons werd uitgenodigd.

Ik ontving een niet met naam ondertekende mail waarin stond dat ik vanwege "de geschiedenis (?) van mij bij een andere kunstenaarsvereniging,
het bestuur van Facit, na uitvoerig beraad, heeft besloten uw beider aanvraag niet te honoreren".

Ondertekend door Bestuur kunstenaarsvereniging Facit.

Ik ken geen "geschiedenis" bij een andere vereniging of men moet doelen
op de oprichting van kunstenaarsvereniging Fria die ter mijner huize geschiedde uit onvrede onder Vrije Kunstenaars vanwege misstanden bij de
WVC aankopen in 1983 en 1984 waar gelden frauduleus waren besteed en
onderling verdeeld.
Ik werd secretaris van de Fria club en besteedde veel tijd aan de organi-
satie. Mijn kosten in 1985 te weten 700, – werden niet uitbetaald daar de
penningmeester met de kas er vandoor was naar het Vere Oosten.
Moest kunnen vonden de bestuursleden van Fria en "jullie wonen toch in
een groot huis en hebben genoeg geld" voegde een bestuurslid mij toe.
Daar maakte ik geen punt van.
Het was nu eenmaal zo.
Niet iedereen woonde in een wrakke hut ergens bij de dijk.
Wel protesteerde ik tijdens een bestuursvergadering van Fria toen onder
druk van de Friese BKR kunstenaars de voorzitter van Fria buiten een
leden vergadering om de statuten ging veranderen opdat BKR gebruikers
plosteling ook lid konden worden.
Daar was Fria statutair niet voor opgericht.
Ik besloot af te treden als secretaris en deelde dat het bestuur schriftelijk
mee.
Een kopie stuurde ik naar de Leeuwarder Courant die mijn vrijwillige af-
treden publiceerde in een artikel, dat ik nog in mijn bezit heb. Tevens trad
mijn echtgenote uit solidariteit af als pvv. secretaris.
Van een royement zoals per gerucht een latere voorzitster van Fria (de
pyknische gehaktbal babyface verukkelijk Gerhild Toth) jaren lang ver-
spreidde om mij te beschadigen is geen sprake.
De lasterlijke aantijging werd klaarblijkelijk overgenomen door de bestuursleden van Fria, waarvan bestuursleden annex varkensboer Frits
Stauthamer, Chris Fokma en de onlangs overleden Ger van Norden. Eind
1985 kwam ik van Norden tegen in Amsterdam. Hij zei letterlijk: we hebben je niet meer nodig en binnenkort hebben wij overal vertegenwoordig-

51

ers in Friese commissies, dan kun jij het wel vergeten. Je komt in Friesland niet meer aan de bak, daar zullen we voor zorgen. Ik haalde mijn schouders op, wenste hem succes en liep door.

In 2007 publiceerde drs. Huub Mous -niet bepaald een grote vriend van mij- een weblog onder de titel "Ostracisme in Friesland" waarin hij de onterechte uitsluiting van mij en boycot van mijn werk door overheid en collegae in Friesland aan de kaak stelde.

Een paar dagen geleden kwam de niet persoonlijk ondertekende afwijzing op de aanvraag van mij en mijn echtgenote per mail binnen waarin gesuggereerd werd dat ik mij niet zou kunnen handhaven als lid van een kunstenaarsvereniging. Ik stuurde de volgende mail aan de bestuursleden:

Geacht bestuur,

Sinds 1972 ben ik lid van Arti et Amicitiae te Amsterdam, sinds 1974 Pulchri Studio te Den Haag, sinds 2007 Nederlandse Kring Van Tekenaars en sinds 2004 Le Groupe Nevers.
Mijn tentoonstellingen vanaf 1966: Nederland, België, Engeland, VS, Frankrijk, Duitsland en Zweden.
Mijn echtgenote is lid van een Franse beeldhouwers vereniging Societé des Plasticiens de la France.
Deze gegevens bevestigen de kwaliteit van ons beeldend werk voldoende.
Wij vragen U ten tweede male om een lidmaatschap van Facit,
met een collegiale groet
Fred van der Wal
Bernardina Bosse

Een antwoord per mail van Norman Kentie (voorzitter Facit) en Gerlof Smit (beeldend kunstenaar) ontving ik dd 2 Apr 2012. Ze wisten niet hoe het verder moest en stelden een ontmoeting voor omeen en ander uit te praten.
Mijn echtgenote voelde daar wel wat voor.
Ik stemde met enige tegenzin met het voorstel in. De ontmoetingsplaats zou De Stadsherberg in Franeker worden rond acht uur. We waren er om kwart voor acht.

De twee bestuursleden waren er al. We maakten kennis en gingen op een rustig plekje zitten. Duidelijk werd vanaf het begin gemaakt dat de afwijzing bij voorbaat al definitief was want als het bestuur van een Friese vereniging iets had besloten dan had het bestuur ook iets besloten, stelden zij vast.

Grote glazen Heineken vergoedden veel.

De aantijgingen tegen mij weerlegde ik moeiteloos. Bovendien heb ik de bewijzen voorhanden en kon ze overleggen.

Het gesprek duurde een uur.

De voorzitter vond mij een buitengewoon negatief en pessimistische persoon, zoals hij verklaarde. Waarschijnlijk kon hij zijn antipathie tegen mij nauwelijks onderdrukken.

De sfeer was lichtelijk gespannen.

Het afscheid was koel.

We reden naar huis. Het gesprek was zinloos geweest concludeerden we in de auto. De openheid was misschien wel fake. De opmerking van de voorzitter van Facit tegen mij dat Hitler ook van dieren hield nav een gesprek over onze vier katten waar wij zeer op gesteld zijn viel bij mijn echtgenote erg slecht. Ik zei: Wat valt er te verwachten van zo'n pvda mannetje?

Thuis nam ik nog een paar glazen Gato Negro en verstuurde aardig beschonken laat in de nacht de volgende mail aan bestuurslid Gerlof Smit:

Hallo Gerlof,

Het was best een vrolijk avondje. We accepteren moeiteloos en sans rancune dat we niet acceptabel zijn als leden voor de vereniging. Er zullen geen ramen sneuvelen. Stenen gooien doe ik nooit. Ook nu niet! Je kunt rustig slapen!

groetjes

Fred van der Wal

We zullen waarschijnlijk nooit meer iets van ze horen.

De volgende ochtend bij het ontbijt had ik een korte nabeschouwing over de vorige avond met mijn echtgenote.

"Het gebrek aan acceptatie van jou ligt aan een verschil in cultuur tussen Amsterdam en Friesland. Daarbij komt dat wij niet in een wrakke, gammele hut wonen en een groot huis in Frankrijk hebben. Het is allemaal ja-

loezie en dat je werk nu Naar New York gaat kunnen ze helemaal niet hebben!" veronderstelde zij.
Ik beaamde die conclusie.
In elk geval hoefde ik de glazen pils niet af te rekenen bleek en dat was het voornaamste pluspunt van de avond.

Like 3 bloggers vinden deze post leuk.

This entry was posted on april 5, 2012 at 7:30 am and is filed under levenskunst, schilderkunst. You can follow any responses to this entry through the RSS 2.0 feed. Je kunt een reactie achterlaten; of een trackback van je eigen site. Bewerk dit bericht.

7 Reacties naar "VOLGENS MIJ TOTAAL ONBEKENDE FRIESE KUNSTENAARS VAN VERENIGING FACIT ZOU IK STENEN DOOR ANDERMANS RAMEN HEBBEN GEGOOID, OVERAL GEROYEERD ZIJN EN EEN BEDREIGING VOOR HET LEVEN VAN DE FRIESE COLLEGAATJES ZIJN…"

Wim Duzijn zegt: april 5, 2012

Als je er bij wilt horen moet je kunnen 'vergeten en vergeven' FRED. Negatief uitgedrukt: 'stroop smeren'. En ja… als je eerlijk bent zul je toch moeten toegeven dat er in al jouw literaire bijdragen nauwelijks met de stroopkwast wordt gewerkt…. Toch???

francois15 zegt: april 5, 2012

Het wordt wellicht tijd dat je Friesland laat afdrijven en je in Limburg gaat vestigen

fredvanderwal zegt: april 5, 2012

Wim,Wim,Wim
Als de waarheid geweld wordt aangedaan en laster verwisseld wordt met de harde realiteit vinden ze mij op hun weg en blijft slechts het trancedentale zuur over dat alles weg vreet wat onzuiver is. Als dat niet etherisch is en ook nog astrologisch bepaald weet ik het ook niet meer.

fredvanderwal zegt: april 5, 2012

Ik krijg met enige regelmaat anonieme mails van: (collegaatjes?) sodom-mieter toch op naar Frankrijk, kullootzak. Hoe graag zou ik niet tussen die Liemburgse vloaien willen hokken maar alleen als ik naast Krulsla een mooie woning kan betrekken in Valkenburg en ook nog bij hem in Spanje maanden lang mag wonen, anders doe ik het niet en zijn wijf moet mij dan overvloedig Belgische bieren inschenken anders zwaait er wat en moet ik Krul voor mij laten knielen waarop hij Mijn meesterschap erkent en dan als loon klappes met mijn riem krijgt op die dikke bolle POPO van um. Dat frist aardig op!

fredvanderwal zegt: april 5, 2012

 En de verleden tijd van Krulsla is toevallig wel Krulsloeg. Dat slaat alles! Vandaar dus!

ISIS zegt: april 5, 2012

DEAR BEEST

HET IS TOCH
TE GEK VOOR WOORDEN
DAT DIT NOG KAN GEBEUREN.

DE VERENIGING STOELT ZICH OP RODDELS
DIE JE AL JAREN ACHTERVOLGEN
HET IS NET ZOALS HET ONSMAKELIJKE BANGA LIJSTJE
OOK ZO'N RODDELRUBRIEK VOL SMAAD EN AANTASTING
VAN DE INTEGRITEIT ENER PERSOON....

ALS ER IEMAND NIET AGRESSIEF IS
DAN BEN JIJ HET WEL......

ALLEEN WAAROM MAILDE JE MIJ DE JE EGA WEL WERD
AANGENOMEN.....EN STAAT ER HIER VERVOLGENS DAT OOK
ZIJ IS AFGEWEZEN?

GELUKKIG OVERWINT DE LIEFDE ALLES TOCH?

EN IS HET MAAR EEN PEULEN SCHILLETJE IN ONS
BESTAAN...ZO'N AFWIJZING VAN EEN PROVINCIALE CLUB
DIE ZICH BEZIG HOUD MET DE OVERNAME VAN JARENLANGE
RODDELS...HETZES....
IN PLAATS VAN TE KIJKEN NAAR DE KUNST VAN DE
KUNSTENAAR....
HET IS SCHANDALIG DAT DIT SOORT DINGEN GEBEUREN!
WANT HET IS GESTOELD OP SPECULATIES EN HETZES UIT HET
VERLEDEN....
WAT ENER ERNSTIG BEKROMPEN GEBIED...IS HET ZGN
CULTUUR GEBIED VAN FRIESLAND.......

IK HAD ALLANG JURIDISCHE STAPPEN ONDERNOMEN
OM DIT ONTIEGELIJKE LANGDRADIGE KLEINZIELIGE GEDOE
VAN DE CLUPS ALDAAR VOORGOED UIT DE WERELD TE
HELPEN.....

DAAR IS HET VOOR.. DE JURIDISCHE WEG........
OM ONRECHT TE BESTRIJDEN.....

fredvanderwal zegt: april 5, 2012

Jahaha BANGA BANGA BOCKELULL ZEG IK MAAR ALTIJD
EN DE REST IS FLAUWE KUL
EERST WAREN/ZIJN WE ALLEBEI AFGEWEZEN ZONDER
VERDERE MOTIVATIE
VANWEGE LASTER DOOR DERDEN
IK WEET OOK WIE DAAR DE HOOFDMOTOR VAN IS
EEN OUWE LUL VAN TEGEN DE 100 DIE MET ZIJN
BILLENMAAT ERGENS HOKT
DIE AL JAREN TEGEN MIJ KRAST VANUIT ZIJN K*TDORP
AFFIJN EEN K*T IS GEEN KONIJN ZEG IK MAAR ALTIJD
EN LAAT IE FIJN ZIJN
MAAR GENOEG GEL*LD

GISTERAVOND DRAAIDE TWEE BESTUURSLEDEN PLOTSELING
BIJ WAT I. BETREFT DUS DIE ZAL WEL LID WORDEN MAAR
DAAR MOET WEER OVER VERGADERD WORDEN EERST
EN DAN KRIJG IK WEL DE TWEEDE OF DERDE AFWIJZING OP
GRONDEN VAN BEELDEND ONBEKWAAM ZIJN
OF OP PUSSOONLIJKE GRONDEN DAT IK EEN ADOLF HITLER
ZOU ZIJN
OF GESTOORD, ZIEK, ZWAK EN OOK NOG MISSELIJK
OF ALLES TEGELIJK EN OOK NOG PSYCHOLOGIATRISCH
JE WEET HOE DAT GAAT IN PROVINCIALE KUNSKRINGEN
GEZELLIG DUS EN OOK NOG LEUK
SOMS WALG IK ER VAN
HET PROVINCIALE
STIEKEME
ACHTERBAKSE
EN DENK IK GEWOON VAN SMEER HET MAAR ALLEMAAL
AMME L*L

bekeken x 104

ACADEMICI HEBBEN DOORGAANS GEEN VERSTAND VAN KUNST NOCH VAN LITERATUUR

kunst | 27 Februari 2012

ACADEMICI HEBBEN DOORGAANS GEEN VERSTAND VAN KUNST NOCH VAN LITERATUUR

Onlangs vernam ik het op niets en niemendal gebaseerde oordeel van de een of andere mij onbekende Fries die soms onbeholpen Nederlands schrijft, deelwoorden waar een d hoort te staan een t neer zet hetgeen mijn lachlust op wekt.

Herkenbaar was hij in elk geval in al zijn doorgaans zure, ontrechte kritiese op- en aanmerkingen op mijn weblogs, ondanks zijn doorzichtige pogingen om via een proxyserver of zelfs onder mijn eigen naam en avatar op frauduleuze wijze mij anonieme beledigingen te doen toekomen.

Het kenmerkt de achterbakse, gluiperige Friese manieren, die mij nu al sinds 1978 bekend zijn en waar ik weinig prijs op stel als rondborstige ex-Amsterdammer.

De door mij bedoelde doorsnee academicus bekommert zich niet om geldende spellingsvoorschriften. Hij vindt daar in zijn gelijke met de doorsnee ex-rijksakademie leerling afdeling vrije schilderkunst uit het nabije verleden die te vaak na een basis opleiding zes jaar lagere school een abominabel Nederlands schrijft.

Beiden hebben maanden lang gepoogd mij tevergeefs van Wikipedia af te krijgen, doch dit terzijde om een verwerpelijke mentaliteit en slecht karakter aan te geven .

Behorende tot de pseudo intellectuele elite menen de vertegenwoordigers van de academische klasse zich oordelen aan te kunnen meten over zaken waar zij geen verstand van hebben.

Menig gefrustreerde academicus meent zich met kunst en/of literatuur te moeten bemoeien. Doorgaans niet met opzienbarende resultaten.

De twintigste eeuwse beeldende kunst heeft geresulteerd in een devaluatie van de kunst en marginale positie van de   beeldende kunstenaar waardoor academische sluipwespen de kans krijgen om zich te mengen onder de vertegenwoordigers van het kunstenaarsplantsoen. Doorgaans met weinig succes.

Wat de literatuur betreft stelde de nadenkende Neerlandicus Wllm Kalb een zeer goede vraag:

Wllm Kalb zegt: 14/02/2012

Blijft de vraag wat 'real writers' zijn. Succesvolle romanschrijvers? Copywriters? Tijdschrift redacteuren, makers van boodschappenlijstjes?

Fred van der Wal zegt: 14/02/2012

Wllem stelde de vraag naar aanleiding van een weblog van een niet nader te noemen academicus waarin werd gesteld dat webloggers géén schrijvers zijn. Ik moest daar als veelvuldig schrijver van teksten om glimlachen. Mijn weblogs worden nu eenmaal gelezen. Op Basic Publishing bereik ik binnenkort de 300000 downloads en daar ben ik uiteraard niet weinig trots op.
Het is een niet te beantwoorden vraag welke teksten tot de literatuur kunnen worden gerekend.
Behoort een waarschuwingsbord "Hoogspanning Levensgevaar" of "Verboden Toegang Voor Onbevoegden" tot de literatuur?
Daar valt over te twisten.
Existentialisten zullen zeggen dat literatuur tot handelen moet dwingen en aan die eis voldoen beide teksten

Fred van der Wal zegt: 14/02/2012

Zestigers als Vaandrager en Sleutelaar met hun soms spitsvondige objet trouvé literatuur en minimalistische copywriters proza & powezie zouden beide teksten goed keuren.

(Opgelet lezer! Het & teken wordt hier niet willekeurig gebruikt. De kenner kan u de reden mededelen)
Behoort de Boeketreeks tot de literatuur? Of een talentloos verhaal over een voetbal wedstrijd?
In alle gevallen is het niet mogelijk de grens te trekken tussen literatuur en non-literatuur. Over dit probleem heb ik ooit eens een avond gesproken met schrijver Adriaan Morriën. Een tweede onderwerp dat die avond ter sprake kwam waren werkelijkheid en waarheidsgehalte.

59

Zijn teksten slechts tot de literatuur te rekenen die met literaire bedoelingen zijn geschreven?

De oudste bekende Nederlandse tekst logenstraft deze visie. Het betrof een melancholische mededeling, weliswaar met een powetiese strekking. De lezer dient zelf op te zoeken welke tekst het betreft. Ik ga niet alles voorkauwen, want dat kweekt maar luie zakken.

Was het een tekst met een literaire bedoeling? Hoe te achterhalen wat de literaire bedoeling van een tekstschrijver is. Vervolgens stel ik de vraag: Kan een slecht gestelde tekst literatuur zijn? Ik moet deze vraag bevestigend beantwoorden.

Menig tekst van een auteur zou zonder redigeren niet overeind blijven staan voor literaire fijnpoevers.

Henk Romijn Meijer verhaalde eens hoe hij de talloze spel- en stijlfouten uit de eerste verhalen van Jan Wolkers moest halen.

Een slechte roman is wel een roman, een slecht gedicht óók een gedicht.

Toch is de door sommige weinig nadenkende academici en aanverwanten gepropageerde mening dat bepaalde boeken en teksten geen literatuur zijn wijd en zijd verbreid.

Ik ben van mening dat weblogs schrijven een nieuwe, efficiënte, interactieve vorm is van literatuur, die een stevige concurrentiepositie betekent voor de traditionele literatuur.

Uit dien hoofde behoren mijn teksten tot de Nederlandse literatuur. Wat bewezen diende te worden hiermede bewezen.

bekeken x 101

EXPO FRED VAN DER WAL NEW YORK

Kunst | 24 Februari 2012

KUNSTSCHILDER FRED VAN DER WAL GESELECTEERD VOOR
EXPOSITIE NEW YORK DOOR DE SALMAGUNDI CLUB OF ARTS

Amsterdam, 22 februari 2012

Geacht Arti kunstenaarslid,

Betreft: werk van Arti leden naar Salmagundi Club New York - tentoonstelling Dutch Scenes

Onlangs heeft u zich aangemeld om met uw werk te willen deelnemen aan
de uitwisselingsexpositie Dutch Scenes in Salmagundi Club New York.
Met plezier kan ik u laten weten dat u door Salmagundi bent geselecteerd
en nodig u uit deel te nemen aan deze expositie.   Met deze expositie vertegenwoordigt u onze vereniging Arti et Amicitiae.

FRED VAN DER WAL WERD GEWEIGERD VOOR ALLE GRO-
NINGSE EN FRIESE KUNSTENAARSVERENIGINGEN ZOALS O.A.
FRIA, DE NOORDELIJKE REALIST EN, DE NOORDELIJKE GRA-
FICI, KUNSTSTICHTING UYTLAND EN KAN ZIJN WERK IN HET
NOORDEN DES LANDS NIET TENTOONSTELLEN TEN GEVOLGE
VAN EEN BERUFSVERBOT DOOR DE COLLEGAATJES

ZIE WEBSITE DRS. HUUB MOUS MET ARTIKEL OSTRACISME IN
FRIESLAND OVER DE BOYCOT VAN HET WERK VAN FRED VAN
DER WAL

Fred van der Wal is lid van

The International Pencil Art Association.

Le Groupe Nevers (2004-2014)

Nederlandse Vereniging van Tekenaars 2007

61

Arti et Amicitiae te Amsterdam 1972

Pulchri Studio te Den Haag 1974

bekeken x 90

KUNSTENAARS DOORDOBBERENDE GROOTSTE GEMENE DELERS

kunst | 13 Januari 2012

KUNSTENAARS ZIJN DOORGAANS SUGGESTIBELE GROOTSTE GEMENE DELERS MEEDOBBEREND OP DE GETIJDEN VAN MODE & POLITIEK

Fred van der Wal: Ik heb er allemaal weer eens geen hoge pet van op! Van scepsis tot cynisme? I did it my way!
In mijn 47 jarige carrière als beeldend kunstenaars heb ik een dwarsdoorsnede van de bewoners van het vaderlandse kunstenaarsplantsoen mogen mee maken en vrijwel zonder uitzondering niet tot mijn genoegen.
Zo spiegelden acteurs zich gaarne in de spiegelglazen van mijn zonnebril om voortdurend te controleren of hun haar wel goed zat en zochten de doorgaans laag geschoolde salon socialistische beeldende kunstenaars of auteurs gaarne ruzie met mij om de een of andere onduidelijke reden.
Wie het niet met ze eens was dat de Russen snel dienden te komen om het arbeiders paradijs gestalte te geven werd voor "faksist" uit gemaakt.
Ik sta van nature sceptisch tegenover profeten, proleten en andere onheils brengers met een grote boodschap in hun morsige Levis Jeans.
Lezer! Vraagt u zich ook niet af waarom kunstenaars decennia lang gaarne gedwee achter dictaturen aan liepen?
Nu de maatschappelijk wereldhervomend ideologieën uitgestorven zijn blijft het eigen emo-ego complex over om te koesteren voor de artist.
Laten wij eens kijken naar het nabije verleden. Als overijverige student van het ongerijmde herlas ik een door Martin Ros vertaald essay van de mij onbekende Finse auteur Tarmo Kunnas. Geen naam om beroemd mee te worden.
De politisering van de kunsten is het onderwerp van Kunnas beschouwing. Die politisering is een verschijnsel als een veenbrand. De wortels van deze weinig verheffende stroming liggen in het rationalisme merkwaardig genoeg. In de Franse romantiek werd de acceptatie van deze misvatting groter en vooral in het realisme en naturalisme drong de politisering de literatuur binnen.
Als de kunst of literatuur in dienst wordt gesteld van een ideologie wordt de kunst en literatuur tekort gedaan.

Ik sprak over dit onderwerp in 1985 met Adriaan Morriën aan de toen nog hoefijzervormige bar van Arti et Amicictiae. We spraken over Sartre. Morriën was met mij eens dat litereratuur nooit in dienst moet staan van een ideologie.

Mijn eigen voorkeur betreft de symbolisten die zich sociaal indifferent op stelden. In de jaren tussen 1950 en 1980 werd hun stem niet gehoord. De auteurs en beeldende kunstenaars in Nederland van deze periode kozen voor een "sociaal" standpunt en liepen de CPN, Mao en Che Guevara achter na. Menig reisbeursje werd door CRM kritiekloos verleend aan een ieder in het kunstenaarsplantsoen die zich bekeerd had tot de dictaturen van links.
Een nauwe relatie tussen politiek en kunst heeft weinig kwaliteit opgeleverd.
Vanaf het begin van mijn kunstenaarschap heb ik mij a-politiek opgesteld en de beeldende kunst niet gebruikt als propaganda voor politiek links of rechts.
Ik concludeer dat de politiek voor kunstenaars uitgelopen is op een grote teleurstelling in plaats van te kunnen putten uit een bron van inspiratie.
Kunstenaars raken graag in geestdrift voor de eigen voorkeuren en nemen zichzelf   als de zuivere maat aller dingen.
Menig poweet zag ik op een ruwhouten tafel staan oreren en van achter vele kathedes werd de revolutie die nooit zou komen afgekondigd.
Simpele, talentloze kunstschilders met een niet afgemaakte lagere school meenden via de pvda omhoog te kunnen vallen naar het gerieflijke pluche van bestuurders zetels, lieten zich door hun lieve vrouwtje fotograferen als zij in hun goedkope zeiljoppers en flodderig hemd toevallig naast de a-culturele grijze muis Wim Kok stonden of schreven ingezonden brieven vol taalfouten.
De pvda heeft echter genoeg doctorandussen om hierboven geschetste kunstartiesten op een zijspoor te zetten.
De jaren van de tweede helft van de twintigste eeuw behoren tot een periode van collectieve verwarring voor de gmakkelijk beïnvloedbare kunstenaars, die doorgaans   stuurloos meedreven als maatschappelijk wrakhout zonder drijfanker op de golven van de mode.
Een exponent van deze stroming was Harry Mulisch. Ik heb een hekel aan deze schrijver.

Staande op een café stoel van terras Hoppe moedigde de verneukte neus provos aan als zij in gevecht raakten met de politie. Doorgaans vluchtte hij snel naar binnen. Zijn sportwagen stond een paar straten verder op. Vele artiesten geraakten op een dwaalspoor, vluchtten in drank en drugs, hingen zich in het atelier op of   schoten zich een kogel door de kop als laatste daad van anti-cultuur. Een enkele verdwaasde, zoals mijn ex-buur-man van de Bilderdijkkade ging Voodoo beoefenen. De vlucht in het irra-tionalisme.

De auteurs en beeldende kunstenaars die ik ontmoette in de zestiger jaren waren radicaal in hun opvattingen wat de beeldende kunst betrof, dus ook in politieke zin doordat emotie het kompas van de gemiddelde artiest is. Totalitaire stromingen van voor en na de tweede wereldoorlog biologeer-den vele kunstenaars. Soms bekochten zij hun hondentrouw met de dood.

Robert Brasillach, Knut Hamsun, Ezra Pound, Celine, Drieu la Rochelle stelden zich Hitler als "humaan" voor en heel wat normaler dan Hitler in werkelijkheid was.

Zij betuigden op papier hun fanatieke steun aan het fascisme en de nazi ideologie. In Duitsland meende de auteurs dat er een mogelijkheid tot ver-standhouding met het nationaal socialisme was.

Ernst Jünger en de psycholoog C.G. Jung sympathiseerden met Hitler of stonden kritiekloos ten opzichte van de Führer.

Aragon, Heinrich Mann, Barbusse en Romain Rolland getuigden van hun bewondering voor Stalin.

Bij een Amsterdamse,   dus gesubsidieerde, contraprestatieschilder zag ik in 1978 een cursus Russisch op tafel liggen. Hij legde mij uit dat bij een Russsische bezetting zijn kostje dan gekocht zou zijn. Als ik niet met hem eens was zou hij me wel even op proletarische wijze mijn bek slaan want hij was communist, verzekerde hij mij.

Over de nieuwe NSB-ers gesproken!

Toen het arbeidersparadijs gepropageerd door de Russen en hun meelo-pers niet zou slagen in West Europa bekeerde hij zich tot de Russisch orthodoxe kerk en ging ikonen schilderen.

Spelen in de politieke opvattingen van onze kunstenaars irrationele, uit naïeviteit voort vloeiende elementen een grote rol?

Ik denk van wel. Veel kunstenaars zijn over emotionele, labiele, soms psychisch gestoorde mensen, niet gehinderd door veel kennis van de kunst geschiedenis, politieke of geestelijke stromingen, waarbij een neiging tot conformeren overduidelijk aanwezig lijkt.

Een enkeling vindt het aanbevelenswaardig dat hij of zij geruime tijd in een gekkenhuis heeft door gebracht.

Naast de doorgaans aangeboren naïviteit is er ook doorgaans sprake van een rationele benadering, waarmede de artiest op bijkans hartstochtelijke wijze zijn keuzes voor het politieke engagement apodictisch de luisteraar wenst op te dringen. Nederland als calvinistisch domineesland met de kunstenaars als moraal theologen.

(wordt vervolgd)

bekeken x 116

GEVONDEN: GRUWELKAMER VAN W F HERMANS IN GRO-NINGEN DONDERDAG J.L.

Gevonden: Gruwelkamer van W F Hermans te Groningen
kunst | 09 Januari 2012

Donderdag jl. 5 jan. 2012 tijdens een dreigende overstroming van Groningen en Friesland bevond ik mij in Groningen stad en wandelde door een vliegende schijtstorm met regenvlagen door de binnenstad op weg naar Selexzy en daarna naar firma J. de Slegte.
Adressen waar ik beter niet kan komen omdat ik deze zaken altijd verlaat met een of meer boeken.
Bij de Slegte lag in een half open vitrine op de antiquariaats afdeling een eerste druk uit de Ooievaarsreeks met gedichten van Lucebert. Geen mooi uitgegeven pocket. Op goedkoop papier gedrukt.
Ik zag van de aankoop af omdat in vele verzamelbundels het vroeg werk van Lucebert is opgenomen als wartaal.

In dezelfde vitrine lag van Adriaan Morriën "DE GRUWELKAMER VAN W.F. HERMANS OF IK MOET ALTIJD GELIJK HEBBEN".

(Een vitrine verder een uitgave van "Mandarijnen op zwavelzuur"waarin Morriën onsterfelijk belachelijk wordt gemaakt)

"DE GRUWELKAMER VAN W.F. HERMANS OF IK MOET ALTIJD GELIJK HEBBEN". Uitgeverij De bezige Bij 1955.

Vijfenveertig paginas verdediging van Morriën tegen de aanval die W F Hermans in "Mandarijnen op zwavelzuur" schreef tegen zijn voormalige vriend/collega auteur Morrien. Het goedkope, hout houdende papier is vergeeld.

Enige citaten uit:

Maatstaf, 1985 no. 5.

Gesprekken met ADRIAAN MORRIËN over W.F. Hermans.

door

Paul Aalbers

Citaat: Mandarijnen op zwavelzuur beschrijft "schrijvers en boeken die ten onder gaan". Eén van de schrijvers die door Hermans in de Mandarijnen uitvoerig gehekeld en bespot wordt is Adriaan Morriën.

Citaat: Nadat Hermans de Mandarijnen begon te publiceren sloeg Adriaan Morriën terug met zijn brochure De gruwelkamer van W.F. Hermans die evenwel nooit de faam heeft verworven die de Mandarijnen kreeg. Verder dan een eerste druk heeft de Gruwelkamer het niet gebracht.

Citaat: De felle polemiek met Hermans die volgde op een hechte samenwerking is voor Morriën van verstrekkende betekenis geweest, al was het alleen maar omdat hij er bijna het leven bij verloor.

Fred van der Wal: De correlatie tussen de bijna fatale maagbloeding die Morriën opliep en de aanval van W F Hermans is moeilijk te bewijzen.

Citaat: Zijn (Hermans) manier van doen werd zelden of nooit ongedwongen of los maar behield de motorische impotentie waaraan de Hollandse burger lijdt.

Citaat: Hermans kon alleen maar omgaan met mensen die het volledig met hem eens waren en dat beperkte onze vriendschap. Hij was ook niet bevriend op basis van wederzijds respect, dat wil zeggen dat je elkaars standpunt zolang respecteert totdat het onmogelijk wordt.

Citaat: Was dat voor jou (Morrien) de aanleiding om de Gruwelkamer te schrijven?

Ik ben uiteindelijk met Hermans gebrouilleerd geraakt door een bespreking van "Ik heb altijd gelijk" in Libertinage. Het was een nogal denigrerende recensie van Yvo Veenstra met de Hermansiaanse titel "Pietje Bel spelt de krant".

Van Oorschot die bij de redactievergadering aanwezig was heeft Hermans vóór de publicatie ingelicht.

Hermans reageerde zoals gebruikelijk aanvankelijk laconiek en heeft zich later vreselijk opgewonden.
Hij heeft toen drie briefjes verstuurd, één naar Van Oorschot, de ander naar zijn zwager Van Lier en een derde naar mij, waarin hij ons de vriendschap opzegde.
Dat gebeurde in 1952 en twee jaar later is Hermans met de publicatie van "Mandarijnen op zwavelzuur" begonnen waarin hij vele mensen aanviel.

- Jij wilde hem de pas afsnijden .

Ja, ik wilde hem vóór zijn en toen heb ik de brochure "De gruwelkamer van W.F. Hermans" geschreven.
Dat heeft me erg aangegrepen.
Het schrijven ging tamelijk vlot maar toen ik het eenmaal in druk zag werd ik door een gevoel van medelijden overweldigd.
Ik dacht: iedereen keert zich nu tegen Hermans en misschien heeft hij het wel verdiend, maar toch had ik het er moeilijk mee.

- Dat uitte zich ook lichamelijk.

Morrien: Ja, ik heb toen maagbloedingen gekregen en wel zo hevig dat ik buiten bewustzijn raakte en in het ziekenhuis moest worden opgenomen.

Fragment uit het vraaggesprek van Max Pam met Hermans dat in Maatstaf nr. 3 van jaargang 1984 is afgedrukt.

Overal kondigde Morriën aan dat zijn brochure zou gaan heten humhum-hum op maagzuur. Stamppot op maagzuur of zoiets, ik weet het niet precies meer. En toen kreeg hij het vanzelf aan zijn maag. Daarvoor moest hij naar het ziekenhuis.

Gerard van het Reve, dit is echt waar, is hem daar gaan bezoeken en zei tegen hem: "Nou, die brochure tegen Hermans, die lag je zeker zwaar op de maag, hè?" Toen heeft hij de titel veranderd in "De gruwelkamer van W.F. Hermans".

69

Maar eerst zou die brochure "De gruwelkamer op maagzuur" heten of zoiets. Tja, dat is nu eenmaal de waarheid. Het leven bakt ons dergelijke poetsen.

Morrien: Maar de rest (van Mandarijnen op zwavelzuur) zit voor mij zo vol met laster en bedrog, dat gaat zo ver, dat je het je eigenlijk nauwelijks meer hoeft aan te trekken.

Dat zijn karikaturen en dat is volgens mij ook een tactiek geweest.

(...)

De wraak die W.F. Hermans uitoefent en die in ieder nieuw boek van deze schrijver wordt herhaald is, hoe banaal het ook moge klinken, een wraak op zijn afkomst, op zijn vader die verantwoordelijk is voor het ontstaan van de zoon, voor het naakte feit van zijn aanwezigheid op deze aarde en verder voor de wijze waarop hem deze aanwezigheid in zijn jeugd werd vergald.

W.F. Hermans is een man die in zijn jeugd tekort is gekomen, zoals iedereen, maar die in dit tekort niet heeft leren berusten. Hij is niet in staat te vergeten.

- Maar je wilt me toch niet vertellen dat je het eigenlijk een onschuldige brochure vindt.

Morrien: Nee, natuurlijk niet. Het was bedoeld om hem te ontmaskeren.

-Het was een keiharde aanval.

Morrien: Ja? Nou prima. Uitstekend! Hoera! Hoera! Het gekke is alleen dat mijn brochure eigenlijk onder de tafel is gemoffeld door de tijd. Hij is nooit herdrukt. Ik heb hem een jaar of twee geleden eens herlezen. Toen dacht ik, góh, dat is helemaal niet zo slecht geschreven voor iets van dertig jaar geleden.

Fred van der Wal: Na mijn bezoek aan fa. J. de Slegte liep ik terug naar een derde rangs galerie in de hoerenbuurt van Groningen. De vrouwen achter de ramen waren indrukwekkender dan de kunst die in de galerie hing. Ook bezienswaardiger dan de Groningse dames van de kunstcommissie in hun zeiljoppers met kort geknipt grijs haar, wandelende reclames voor de aanhang van het lesbiesmarxistiesleninistiesfeministies kort geknipte kuttenkoppen-front. Een mij bekende mevrouw die bij een ballo-tage niet voor mijn werk had gestemd zoals zij mij glunderend mededeel-de, verzekerde mij dat de onaantrekkelijke vrouwen allemaal echtgenotes van professoren waren en daarom alleen al achtenswaardig, want het zou niet om het uiterlijk gaan in het leven, maar om de positie van de echtge-noten aan de universiteit, merkte zij pseudo-filosofisch op.

De glans van de academische carrières van hun echtgenoten heeft duide-lijk niets bijgedragen aan de uiterlijke verzorging en sex appeal van de aanwezigen.

Ik dacht even in het varkenshok te zijn beland .

Ik raakte bijna in gevecht met de voorzitter van de kunstcommissie Piet B. die mij verbood het toilet van de galerie te bezoeken, dat bleek voorbe-houden aan de gleuvenbrigade. De incontinente dames moesten om de vijf minuten kunnen druppen.

Ik zei: Wat maakt het die pispot nou uit of er een kut of een lul boven hangt.

Hij: IK ben hier de baas. IK bepaal waar hier een kut of een lul uit hangt. IK ben hier de baas.

Een bijna Hermansiaanse situatie.

Geen wonder dat Hermans een grondige hekel had aan Groningers en alles wat Gronings is.

bekeken x 130

71

ONDER KUNST ARTISTEN

kunst | 07 Januari 2012

IN HAARLEM IS HET ONDER DE KUNSARTISTEN NOG STEEDS VAN LINKS LULLEN EN RECHTS ZAKKEN VULLEN

Fred van der Wal: als voorbeeld neeem ik altijd de salon communistische Jannie S. die zichzelf het leven uit heeft laten spritzen, net als Prof. Dr. P J V.
Euthanasie en abortus; highlights in modieuze salonsocialistische kringen terwijl ik van uit de Bijbel weet dat de Heir der Heirscharen over leven en dood gaat en niet de autonome mens.
Geloofd en geprezen zij de Onzienlijke met Zijn Visie op al wat groeit en bloeit en immer weer boeit.
Maar we hadden het over Jannie S.
Een m.i. weinig aangename salon socialistische/communistische mevroj van links lullen, rechts zakken vullen met artistieke regenteske pretenties.
Mevrouw deelde prijzen uit aan haar welgevallige kunstartiesten.
Type rel juffouw die graag op de barricaden klimt zo lang er een fotograaf van de Haarlems Dagblad er bij aanwezig was.

Ongeveer een uur geleden

Gerrit van Dijk: Ben ik niet met je eens, Fred, Jannie was OK

37 minuten geleden

Fred van der Wal: Gelukkig zijn we het nu eens over één ding eindelijk eens niet eens. Ik vond haar onsmakelijk en houd niet van verhalen van dames die reclame maken voor een kut schimmeltje dat behandeld moest worden door Dr. P. Lens dus heb ik de aanstaande verloving met haar maaar afgezegd voor die keer. Eén keer een venerische ziekte was mij genoeg. Bovendien was zij bevriend met Els Bouma, dan weet ik genoeg in welk milieu ik terecht kom.

4 minuten geleden

Fred van der Wal en dan die kutstreek om mijn bij SBK ingeleverde raster zeefdrukken in de catalogus te zetten als offsetreproducties.
Het waren me wel echte kunstkenners bij de SBK.
Juffrouw Jannie had er een "expert" naar laten kijken, beweerde ze. Een contraprestatie schilder dus, die zich jaren later op hing in zijn atelier om "ook broemd" te worden.
Ik gaf Jannie S. het adres van Tailored Prints van Hans Jansen waar de zeefddrukken waren gedrukt en verzocht haar die te bellen over de echt-heid van de zeefdrukken.
"Dat kan iedereen wel zeggen", beweerde ze.
Fred van der Wal houdt niet zo van Haarlemse gluiperdjes en achterbaks gedoe.

2 minuten geleden ·

….of die couperosekop van Jannie S., dat spijkergoed en die opoefiets om een minimumlijers indruk te maken, terwijl die mensen tien mille in de maand scoorden. Info via de dikke Els Bouma gekregen, die nu voorzit-ster is van een club van hun orthodox Joodse geloof afgevallenen die een-maal in de maand een Joodse intellectueel uitnodigen om voor te lezen

een paar seconden geleden ·

Fred van der Wal: zo hoor je nog eens wat!

een   seconde geleden · Vind ik leuk

Fred van der Wal: de achterkant van mijn gelijk uit de onderbuik van Haarlem

0 seconden geleden ·

Wie is Gerrit van Dijk?

Ik kwam hem voor het eerst nov. 1956 te Haarlem tegen. Ik was net genezen van een langdurige, slopende ziekte en broodmager. Via via had ik mij aangemeld bij een op te richten kunstenaars vereniging die het star-re Haarlemse klimaat van vriendjesaaierij binnen kunstenaars-verenigingen zou doorbreken. Gerrit gaf tekenles op een BLO ambachtschool, het zogenaamde ITO aan de Gedempte Voldersgracht.

Hij richtte de kunstenaarsvereniging X-65 op. Vier of vijf leden . Na een jaar werden D.M. en ik er uit gezet vanwege te veel omgang met mooie meiden, dat was tegen de kunst. We moesten eerst maar eens "serieus kunstenaar" worden en vooral geen leuke vriendinnen mee nemen.

Vanaf begin jaren zeventig had Gerrit van Dijk het kunstsubside wezen ontdekt en scoorde met eeen anderhalve ton per jaar aardig. Zijn schilderijen en tekeningen verkochten mondjesmaat, maar in tekenfilms zag hij meer brood.

Zoals Haarlems Dagblad journaliste Bloem mij eens zei: "Donald Duck is heel wat leuker dan die politiek beladen frutsels van Gerrit van Dijk en heb je er één gezien dan heb je ze allemaal gezien".

Ik heb er maar één gezien in 1968. Dat was wel genoeg.

Om beroemd te worden in Haarlem of all places organiseerde van Dijk zogenaamde "stunts" zoals georganiseerde media relletjes en het "verklaren van Haarlem tot kernwapenvrije gemeente" door een blauw bord met hiervoor genoemde tekst te plaatsen.

Klinkt erg dapper en er was wel weer een leerling journalist van het Haarlemse sufferdje opgetrommeld met eeen digitale foto camera.

Gerrit volgde de mode van het ogenblik en schreef naar aanleiding van het succes van "Ik Jan Cremer" jaren na dato, rond 1968, in een ruitjes cahier merk Gebr. Winter zijn "schokkende" bekentenissen onder de titel "Ik, Gerrit van Dijk, Cilia en het model".

Overbodig mede te delen dat het "schokkende" ego document over neukpartijen met ex-psychiatrische patiëntes en andere aan lager wal geraakte, doorgaans gescheiden dames nooit zou uitkomen.

Zoals het overgrote merendeel van artisstiek Haarlem koketteerde ook Gerrit met zijn linkse inborst.

Iedereen moest weten dat de wereld revolutie aanstaande was als het aan de Haarlemse kunstartiesten lag. Tegen Koningshuis, kerk en kapitaal. De seksjuwelen revolutie ging uiteraard niet voorbij aan de Haarlemse kunstartiesten.

Een kring van gesubsidieeerde kunstenmakers onder leiding van een immorele psychiater die o.a. mijn psychisch gestoorde zusje seksjuweel enkele maanden gebruikte, functioneerde als reservoir om psychisch labiele vrouwen uit het therapie circuit van hand tot hand door te geven aan de gesubsideerde artiesten, tot de vrouwen te beduimeld waren om nog aan te pakken.

Het Haarlems Dagblad heeft hier nog eens een pagina groot artikel aan gewijd.

In 2007 ging ik na 4 jaar op bezoek bij Gerrit. Het zou toch nog gezellig worden die middag.

In 2011 reageerde ik enkele keren op de Facebook pagina .

Ik schreef dat ik geen groot bewonderaar was van Jannie S.

De door Gerrit veronderstelde vriendschap tussen mij en hem zegde hij met onmiddellijke ingang op. Haarlemse kunstartiesten zijn heel sjieke dames en heren, over lopend evan compassie, hoor…zo lang je met ze mee praat.

OP Wikipedia staat te lezen: Gerrit van Dijk studeerde, na een jaartje Technische Hogeschool in Ossendrecht waar hij werd klaargestoomd voor huisschilder…

Fred van der Wal: Een technische Hogeschool waar je huisschilder wordt? Hoge school huis schilderen? Dat is nieuw.

Wikipdia… en richtte hij samen met Piet Zwaanswijk het kunstenaars-collectief X-65 op.

Zwaanswijk kwam pas een jaar later bij X-65 en heeft niets te maken met de oprichting.Bij de oprichting waren betrokken: Gerrit van Dijk, Fred van der Wal, Berend Pasman, Dirk Müller en Niels van Mechelen. Laatst genoemde trad al na de eerste vergadreinng uit X-65.

Zwaanswijk werd "beroemd" in Haarlem omdat zijn achternaam uit de verte lijkt op die van Lucebert.

Wikipedia: In Haarlem ontpopte Gerrit van Dijk zich als een betrokken maar ook recalcitrante kunstenaar.

Politiek links, maar niet recalcitrant genoeg om het lintje van de koningin te weigeren, zoals Remco Campert wel deed.

Fred van der Wal op Face Book pagina Gerrit van Dijk

Gerrit,

Wie mij een maal een kutstreek flikt wil ik nooit meer iets te maken heb-ben

75

Gerrit van Dijk op face Book

Fred, als ook ik, het hierboven door jou uitgesproken principe zou blijven hanteren, zou de ons (naar ik veronderstelde, herstelde) vriendschap op een leugen berustte. Het ga je goed.

Fred van der Wal op Face Book pagina Gerrit van Dijk

MIJN LAATSTE WEBLOG OP OBA "PJV. EEN BOEKJE, DAT NOOIT IN DE HANDEL IS GEBRACHT" noem ik zowel Sipkes als jou ook nog even in de marge. Alhoewel ik niet direct veronderstel dat je daar belangstelling voor hebt deel ik je dit toch mee.

Enige waardering hoef je overigens niet uit te spreken, daar ben ik immuun voor. Het ga je goed.

Gerrit van Dijk

Beste Fred

Bedankt voor de Vriendelijke woorden.

je toegenegen

Gerrit

donderdag

Fred van der Wal

for what it is worth!

bekeken x 151

BEELD VAN DE ONGRIJPBARE ARTIEST IS VOORBIJ

kunst | 23 December 2011

Beeld van ongrijpbare kunstenaar is voorbij beweert open deur intrapper A. Zijderveld

Anton Zijderveld: De tijd dat de artistieke avant-garde zich in besloten kring vrolijk maakte over het 'klootjesvolk' ligt al ver achter ons.

Fred van der Wal: Wat is een ongrijpbare kunstenaar? En wie moet hem grijpen? Typisch de mening gangbaar binnen de AA kringen (AA, afkorting Academische Arrogantie). De artistieke avant garde zoals ik die in de jaren zestig in Amsterdam mee maakte was niet bepaald geïnteresseerd in het etiketteren van een sociale klasse, zoals de vooringenomen cliché denker Zijderveld beweert

Anton Zijderveld: Na ruwweg 1960 wilden jonge kunstenaars afscheid nemen van het burgerlijke leven dat in de jaren voor de oorlog en in de jaren vijftig zo dominant was.

Fred van der Wal: Zijderveld is niet erg op de hoogte. Waarschijnlijk heeft deze professor nog nooit gehoord van De Vijftigers die een heel wat minder burgerlijk leven leiden dan de gesubsidieerde kunstenaars in de zestiger jaren om over de surrealisten en dadaïsten van het interbellum maar helemaal te zwijgen

Anton Zijderveld: Studenten bestormden de autoritaire bastions van de professorenuniversiteit.

Fred van der Wal: Meneer Zijderveld heeft het over de namaak opstand Parijse studenten die met de Franse Revolutie in het achterhoofd ook revoluutsietje wilden spelen in het Maagdenhuis te Amsterdam. Hollandse kunstenaars, exponenten van een kleurloos transitoland, dat net als de Japanners groot is in imitatie.

Anton Zijderveld: Jonge kunstenaars wilden afrekenen met de figuratieve beeldende kunst.

Fred van der Wal: Dat is nieuw; Vanaf 1964 propageerde Vrij Nederland de diepte intervjoes van Bibeb over o.a. het surrealisme en realisme van een aantal Nederlandse kunstenaars waaronder Moesman, Escher, Willink e.a. Rond Galerie Mokum te Amsterdam groepeerde zich een aantal realisten en surrealisten vanaf 1964, die de trend voor de hernieuwde belangstelling voor een figuratie met surreële invloeden inluidde.

De jaren 60 was een periode waarin New Fig, Nouveau Realisme en Nederlands Realisme de bloedeloze achterhaalde post abstract expressionistische epigonen steeds meer naar de achtergrond drongen. Zijderveld had moeten weten dat het abstract expressionisme hoogtij vierde in de jaren 40 en 50 en in feite niets nieuws bracht. De abstracte kunst is onderdehand een 100 jaar oud en om die richting moderne kunst te noemen is een merkwaardig anachronisme.

Anton Zijderveld: de tonale muziek en het traditionele toneel die de werelden van kunst en cultuur domineerden.

Fred van der Wal: Zijderveld ziet voor het gemak de grote invloed van de pop muziek over het hoofd en de diverse vormen van de Jazz, bijv. de hernieuwing van de Blues traditie in Engeland vanaf 1963

Anton Zijderveld: Het werd op beide fronten ideologische verdedigd met een beroep op Marx en een politieke afwijzing van het kapitalisme.

Fred van der Wal: De modieuze aanbidding van Marx en het verheerlijken van de Frankfurter Schule betrof een minderheid van de kunstenaars die zich in de extreem linkse BBK verenigden met eind jaren zestig een Maoïstische afsplitsing.
Het betrof slechts enkelingen. De veelal voor militaire dienst op psychische of lichamelijke defecten afgekeurde, vaak half analfabete kunstartiesten zetten fotos in het BBK blad van Che Guevara en PLO strijders met geheven Kalasjnikows.
Zelf te laf en te lamlendig om zich voor iets in te zetten dat niet in het eigen belang was beriepen zij zich op lamzakken als Krishnamurti en andere vage profeten van het ongerijmde.

Anton Zijderveld: Jargon. Dat was maar jargon. Waar het echt om ging, was een afrekening met de (klein) burgerlijkheid van hun ouderlijk huis, met het bourgeois publiek dat werd aangeduid als 'klootjesvolk'.

Fred van der Wal: De benaming Klootjesvolk was een scheldnaam die bij Provo hoorde. Een beweging van voornamelijk oninte ressante, bont geklede, carnavaleske, arbeidsschuwe, anti intellectuele maatschappij vijandige elementen die dankzij een zwak gezag en een publiek, stuff rokertjes die in de picture kwamen van journalsiten die op zoek waren naar kleurrijke figuren zonder veel talenten zoals Simon Vinkenoog, de profeet van het verboden sigaretje.
In Friesland staat deze anti maatschappelijke stroming onder de kunstenaars een halve eeuw na dato anno nu nog hoog in aanzien bij een tiepe artiest dat zich voornamelijk heeft geconcentreerd rond de Oude en Nieuwe Bildtdijk.

Anton Zijderveld: Studenten bezetten de universiteiten. Een kleine groep artistieke heethoofden van de toneelschool verstoorde toneelvoorstellingen door met tomaten naar de acteurs te gooien, en klassieke concerten in het Concertgebouw door met 'knijpkikkers' een snerpend lawaai te produceren.

Fred van der Wal: De voorman van de onrust stokende acteurs was Jan Joris Lamers, die via terreur en lawaai zich de posities in de toneelwereld trachtte te verwerven waar hij tegen in opstand kwam.

Anton Zijderveld: De kunstenaars leefden zich na de tweede wereldoorlog uit in wat zij als 'echt modern' zagen, namelijk abstracte beeldende kunst, absurdistisch toneel en atonale muziek. Het was allemaal bedoeld als een protest tegen en aanval op de autoritaire, elitaire werelden van de wetenschap en de kunst.

Fred van der Wal: Daar voorbij richtte men de pijlen natuurlijk op de nationale en gemeentelijke politiek. Die moest voor het financieren van deze vernieuwing zorgen door de pseudo- revolutionairen een gerieflijk gesubisieerd leventje te verschaffen.

(…) Beethoven, Vermeer en Tsjechov werden verfoeid.

Anton Zijderveld: Jan Cremer riep dat al die schilderijen van Rembrandt en consorten in het Rijksmuseum op de vuilnisbelt gegooid konden worden.

Fred van der Wal: Jan Cremer heeft nog nooit één goed schilderij gemaakt. Hij kan beter zwijgen met zijn één jaar Ulo. Zoals Jan Dibbets eens zei over een museale tentoonstelling van fake artist Cremer; het werk is de spijker nog niet waard waar het aan op gehangen wordt. Cremer is een slecht schrijver en een nog slechter schilder. Ik las eens een briefje van zijn levenspartner Babette.
In 14 zinnen 20 spelfouten.
De doorgaans nadenkende weblogger Kokopelli meende dat ik een belegen Jan Cremer zou zijn.
Hij heeft het mis. Ik heb niets met deze auteur, die als navolger van Kerouac met invloeden van Wolkers, Miller, Hemingway en Mickey Spillane zijn boek schreef. Cremer is zoals zo vele auteurs de schrijver van één boek.

Anton Zijderveld: Karel Appel, gevraagd naar de methodiek van zijn woeste schilderijenproductie zei: 'Ik rotzooi maar wat aan'.

Fred van der Wal: Zijderveld gaat graag ver terug. Het is een uitspraak uit de vijftiger jaren. Een statement door Karel Appel epigoon Jan Cremer nagebauwd

Anton Zijderveld: Een Nieuwe Tijd zou aanbreken. Muziek werd antimuziek, chaotische productie van lawaai, beeldende kunst werd antibeeldend en leverde vreemde objecten op en toneelvoorstellingen leken steeds meer op bewegingen en geluiden uit een krankzinnigengesticht. Publieksopbrengsten waren er nauwelijks.
Dat moest door rijkelijke subsidies worden opgevangen. Bestuurders in het cultuurministerie en in de stadhuizen waren bevangen door het snobvirus, wilden niet voor conservatief doorgaan en sluisden de subsidies door naar deze in wezen anti-artistieke beweging.

Fred van der Wal: Zijderveld heeft een punt met de laatste alinea van bovenstaand commentaar. In Friesland woonde ik in Friesland een toneelstuk van Elmar Kuiper bij waarin deze zestiger jaren opvattingen anno

2010 nog eens dunnetjes werden over gedaan.Een toneelstuk waarin een aantal psychopatische paljassen als opgeverfde dozen waren verkleed met in ene hoek van het toneeel één droefgeestige druiloor die geen meisje kon krijgen en daardoor aan bal last en jeuk aan zijn peuk leed. De Friese ziekte.

Het stuk werd opgevoerd in het knauwerige Friese dialect dus de helft ging aan mij voorbij. De Leeuwarder Courant schreef uiteraard een juichende recensie.

In Friesland komt alles vijftig jaar later op artistiek gebied. In Amsterdam kwam ik over huis bij een derde rangs actrice van het gesubsidieerde toneel die er prat op ging dat in de zalen waar zij op traden vaak niet meer dan drie, vier bezoekers waren.

Zij was "links" en tegen reclame.

Voor zo lang als het duurde. Een paar jaar later sprak zij reclamespots in.

In de jaren zestig ontmoette ik enkele toneelspelers en regissseurs in Amsterdam. Ik heb zelden zulke arrogante ku(ns)tartiesten mee gemaakt. Zum Kotzen.

Anton Zijderveld: Maar nu gebeurden er in deze modernistische stromingen vier dingen. Ten eerste, werden de ouder wordende jongeren in toenemende mate elitair en arrogant, neerkijkend op het 'gewone' volk, 'het klootjesvolk', waardoor ze zich maatschappelijk isoleerden. Ze werden evenwel al snel als 'interessante' avant-garde door de merendeels progressieve politiek omarmd en via subsidies financieel ondersteund. Daardoor werd de avant-garde een voorhoede, in ieder geval een relatief kleine, spraakmakende en macht vergarende elite.

Wellicht het meest fatale was, ten vierde, dat het publiek waar kunst toch van afhankelijk is grotendeels wegbleef en kunstenaars steeds meer kunst voor medekunstenaars produceerden. Dat moest natuurlijk wel rijkelijk worden gesubsidieerd. Kortom, van de vernieuwing waar telkens zo groot over werd opgegeven, was geen sprake meer.

Fred van der Wal: Vernieuwing? Is kunst hetzelfde als de voorjaarsmode op de catwalk van de Prêt à Porter in Parijs? Vernieuwing van wat? Ik zag voornamelijk een kunst die technisch ambachtelijk slecht in elkaar zat en arm aan ideeën was, uitgevoerd door "kunstenaars"die te vaak het vak niet beheersten.

Anton Zijderveld: In de huidige discussie over de zogenaamde kloof tussen kunst en volk wordt echter een punt over het hoofd gezien. Dat kort geschetste modernisme is inmiddels gelukkig merendeels passé. Peter Schat was één van de jonge heethoofden uit de modernistische muziek, hij componeerde zelfs muziek voor en in opdracht van het voorheen zo gehate en geminachte Concertgebouworkest.

De modernistische, elitaire avant-garde heeft inderdaad ten onrechte haar enclaves via subsidies in stand kunnen houden.

Anton Zijderveld is emeritus hoogleraar sociologie aan de Erasmus Universiteit Rotterdam

bekeken x 124

SELMASALO & FRED VAN DER WAL OVER RENÉ SÜSS. UIT: MIJN AMSTERDAMSE JAREN. EEN ODYSSEE.

AFLEVERING FRED VAN DER WAL, MIJN AMSTERDAMSE JAREN. EEN ODYSSEE. (DEEL 126)

Over René Süss
kunst | 21 December 2011

Weblogster Selma reageerde op een weblog van mij waarin de naam René Süss voor kwam.
Selma heeft Süss persoonlijk gekend.
Ik woonde tussen 1967 en 1973 in de Nieuwe Spiegelstraat 48 op één hoog . Antiquair Süss dreef een zaak in boeren antiek op nummer 46 en 48. Süss wilde ons zo snel mogelijk uit Nieuwe Spiegelstraat 48 werken om het hele huis voor een zacht prijsje aan te schaffen

selmasalo zegt: december 17, 2011

(…)
Maar dat je René Süss hebt gekend!! Ongelofelijk. En dat je ook de pest aan het kereltje kreeg! Heel goed.
Toen ik in de jaren '90 een wekelijkse rubriek had in dagblad Trouw, vaak over de randjes en afsnijsels van diverse godsdiensten schreef, kreeg ik geregeld een ingezonden brief van Süss.
Hij was officieel geen Jood, want daarvoor moet een mens een Joodse moeder hebben, en de zijne was dat geenszins.
Dat vormde wel een aardig debat tussen ons, omdat ik van de hoed be-nevens rand weet omdat mijn vader een Joodse moeder had, maar ik niet.
Mij kon dat geen donder schelen, niet Joods zijn, het scheelt een hele hoop rimram en verplichtingen. Ik ben liever kosmopoliet dan gedwongen lid van een speciale groep.
Mijn voorvaderen waren bovendien al in de 19de eeuw van hun geloof ge-vallen en gingen liever liefhebberijen bij Vrijmetselaars en Rozenkruisers en zo (maar ook daar vond ik niks aan).
Zo niet René Süss, die wou per se Jood zijn. Worden dus, want de rabbi's accepteerden hem niet als Jood, punt uit. Echter wel als hij een jarenlange

studie ging volgen, zich regelmatig bij de synagoge meldde om overhoord te worden en zo.

Uiteindelijk lukte het hem om als Jood geregistreerd te raken, maar tot z'n verdriet alleen bij de Liberalen. Orthodoxe Joden accepteren nooit een goj, ook geen halve.

Hij nodigde me eens uit voor een etentje bij hem thuis. Tot mijn verbazing had hij een gojse vrouw, overigens een heel vriendelijk tuttebelletje. Süss had een baard tot op z'n navel, en zichzelf verder ook helemaal gedecoreerd als Joodser dan Joods (typisch renegatengedrag, maar ala, ik ben tolerant). Ook stond zijn huis vol Joodse snuisterijen, mezoeza op de deurpost, zevenarmige kandelaars etc.

Top of the bill had hij zijn vriend Peter Schat uitgenodigd omdat hij met dien altijd zo diep over godsdienstige zaken kon praten, en meende dat wij gedrieën (vrouwtje had er geen belangstelling voor) tot een boeiende discussie zouden komen.

Tja, het schijnt dat Schat een begaafd componist was, maar mijn muziek is het niet. Toch ben ik altijd in voor het gezamenlijk uitdiepen van godsdienstige onderwerpjes, leuk gezelschapsspel met wie dan ook. Echter, Peter Schat bleek een geborneerde flapdrol te zijn, met een opgeblazen hartkwalenkop, maar erger: met flinterdunne filosofietjes, niet in staat tot kwinkslagen. Feitelijk was hij verbazingwekkend bot, maar ik ben erg goed in beleefd blijven.

Tot het me een beetje de keel uit ging hangen en ik hem zei dat het me leek dat hij niet gewoon was te discussiëren met een gestudeerde vrouw. Enfin, toen was de boot aan, of de wijn zuur. Gelukkig waren we aan het toetje toe, en eet ik geen toetjes, kon dus de gastvrouw hartelijk danken voor haar aangename gezelschap en kookkunst. Tot zover René Süss. Hij woonde toen overigens in een straatje naast de St. Antoniesbreestraat. Dat verhaal over je vader is van heel andere orde. Daar blijf ik even stil bij.

fredvanderwal zegt: Geplaatst op 18, december, 2011

Goedemorgen Selma

Het hoge fake gehalte van Süss vermoedde ik in de zestiger jaren wel. Ik woonde jaren in de Nieuwe Spiegelstraat 48 en Süss had zijn zaak op 46 en 48. Hij was van welgestelde huize en reed geen auto. De zaak op 46 heeft hij gekocht voor 120.000 gulden en is betaald door zijn ouders. Zijn vrouw haalde hem altijd tegen zes uur op met naar ik meen een Volvo. Vanwege ontstentenis van een rijbewijs en Joods fake gehalte noemde ik hem "De Wandelende Jood" .

De kamers van 46 verhuurde hij aan arrogante studenten, een van hen was de huidige medische specialist Kees Boer (AMC) waar ik incidenteel contact mee had. Van uit zijn academische optiek keek hij nogal neer op beeldende kunstenaars. Een attitude die mij bekend is.

We kwamen in conflict met Suss vanwege zijn plan om al zijn huurders op 46 via onze eigen, in zijn idee door te breken trappenhuis, via ons te laten geschieden. Het zou onze privacy schaden en er is de makelaar en een advocaat aan te pas gekomen om het te blokkeren.

René Süss kon inderdaad geen discussie aan gaan. Hij legde het af tegen mijn toen al goed gebekte, zakelijk redenerende echtgenote, die haar belangen altijd goed heeft kunnen verdedigen met argumenten. Beter dan ik dat kan.

In 1972 verhuisden we naar de Bilderdijkkade en drie jaar later naar de vrije sector in de Watergraafsmeer, doch dit terzijde.

De BN Amsterdamse kliek heb ik kunnen vermijden door geen enkele poging te doen in mijn Amsterdamse jaren om mij daarbij aan te sluiten, bovendien werkte ik hard in de zestiger en zeventiger jaren en bleef er weinig tijd over voor vermaak. Geld probelmen waren ook eeen reden om de schaarse middelen niet te verkwisten aan Wein, Weib und Gesang. De collegaatjes vonden mijn opvatting in deze " burgerlijk", maar dat begrip ken ik gelukkig niet.

Twee ontmoetingen met Amsterdamse schrijvers in 1967 deden mij besluiten voor goed afstand te nemen van het luizige, pluizige arrogante Amsterdamse artiestenvolkje en elke incrowd voortaan met gepaste argwaan te bejegenen. In netwerken ben ik nooit sterk geweest daar ik van mening was (en ben) dat kwaliteit zichzelf dient te bewijzen.

Wat betreft de opvatting uit psycho analytische kring dat Paulus een homosexueel was heeft de bewijsvoering daarvan mij niet overtuigd. Zijn veronderstelde vrouwenhaat wordt trouwens in een Bijbeltekst genuanceerd. Vrouwen konden bovendien een belangrijke rol vervullen in de vroege NT gemeente, maar als de man sprak diende de vrouw te zwijgen. Rust in de tent.

Gelukkig is het tij gekeerd dankzij de inhaalslag van het feminisme en als de vrouw spreekt dient nu de man te zwijgen.

Ook goed.

Over de dood van Paulus zijn verschillende lezingen in omloop. Zijn hanteren van complexe taal vind ik opmerkelijk en getuigen van intellect, doch ook dit terzijde.

Bij de tolerante liberale Joodse gemeente kunnen velen zich aansluiten die weinig of niets met het Jodendom in bloedlijn gemeen hebben en als zodanig lijkt mij deze groep een humanistische basis te hebben. Ik ken een mevrouw uit Bloemendaal met een Groningsse achteernaam die zich uit interessanterigheid en berekening beweegt binnen de Joodse gemeente. Ik hoorde haar in 1976 verklaren dat Hitler eigenlijk toch wel het beste met de mensheid voor had. Uit verontwaardiging heb ik toen zonder iets te zeggen haar galerie terstond verlaten.

Schat behoort tot een groepje waar ik mijn twijfels over heb wat betreft hun morele integriteit. Zijn muziek en politieke standpunten zijn niet de mijne.

De soap René Süss bereikte een hoogtepunt toen hij na zijn theologisch studie en verdwenen antiquairszaak domineee werd in een Nederlands Hervormde gemeente waar hij de Joodse visie op Christus van de kansel verkondigde zodat deze kerk leeg liep. Een dominee met een lege kerk is wel heel veel zeggend en onderwerp van spot.

Indertijd heb ik die kwestie wel gevolgd maar de details staan mij niet meer helder voor de geest. De classis zal hem wel hebben gedaagd om zijn standpunten te verdedigen..

Fred van der Wal zegt: december 18, 2011

Wikipedia: De joodse (?) theoloog René Süss, die van 1984-1999 werkzaam was als predikant in de Nederlandse Hervormde Kerk en in 2005 promoveerde op het onderwerp Luther en de Joden, reageerde heftig op dit artikel.(…) Süss huldigt het standpunt dat Luther van meet af aan een Jodenvijand is geweest en dat hij dat tot het einde toe gebleven is. Sterker nog, de Joden fungeren als een negatief rolmodel in de theologie van Luther.

Het lijkt ons goed deze twee uitgangspunten weer eens tegen het licht te houden. We hebben immers te maken met de Reformator Luther, die naast Calvijn, aan de wieg van onze kerkelijke traditie heeft gestaan.

De oud-hoogleraar kerkgeschiedenis uit Tübingen, dr. Heiko A. Oberman deed dat reeds in 1983 in zijn verhelderende boekje 'Wortels van het antisemitisme'.

Fredvanderwal zegt: Geplaatst op 20, december, 2011

I.M. geen imponerende story. Onsmakelijke loose end details als het wederzijdse broekpoepen als introductie ritueel.
De zuster van Ischa heeft een aardig boekje over hem open gedaan hoe hij werkelijk was.
Haarlem is mij wel bekend. In den Uiver kom ik niet meer nadat mijn oudste dochter afgesnauwd werd door de eigenaar. Ik was in gezelschap van de in Haarlem en omstreken bekende horecaman Wim Koster en zijn vrouw alsmede mijn dochter en haar nieuwe relatie.
Wij vertrokken direct na het incident.
Net zoals ik van de zomer bij Brinkman vertrok na een te popiejopie bejegening van een hulpkellner.
Het bedienend personeeel dient zijn/haar plaats te weten.
Mijn kunstenaars carrière ben ik begonnen met slechts een rijksdaalder op zak en geen huis.
Hetgeen de jonge kuns artiest staalt. In het verwerven van posities of commerciële uitbating mijner werkzaamheden ben ik niet sterk in geweest.
Netwerken is mij vreemd als lone wolf.
Kunst is voor mij voornamelijk entertainment. het is leuk zo lang als het leuk is. Net als in het leven. Hedonisme? Neen! Slechts een realistische visie op het bestaan.
Reizen per vliegtuig lijkt mij een angstaanjagende ervaring. Er staat altijd wel één terrorist op met een paar handgranaten en een Kalasjnikow om zijn gelijk te onderstrepen.
Ik wens je een behouden vlucht en terugkeer.

Selmasalo zegt: 20, december, 2011, 09:0

In antwoord op fredvanderwal.

 Ach ach ach, Palmen en Ischa, daar heb ik nog eens een column in Trouw over geschreven toen dat boekje IM uitkwam, waarin Ragebolletje onsmakelijke poepdetails openbaart van haar en Koboltje. Dat gaf de nodige boze brieven van fans.
Hoe die verhouding was, schetst het beeld dat mijn netvlies eens van het duo opving.

Ik zat in Haarlem plezierig te dineren in een restaurant, toen de deur open ging. Palmen kwam binnen, door Meier voortgeduwd, met zijn duim en wijsvinger om de achterkant van haar nekje, tot hij haar op die wijze in een stoel had gedrukt.

Als jij een snotaap van een schoonzoon hebt, dan moet je je dochter een draai om haar oren geven.
Onterving was er in mijn geval niet bij, het was hersenspoeling, en geruisloze ontneming, wegsluizing.
Ik was te minderjarig om het te snappen, en tegen de tijd dat ik het wel begreep, had ze mijn dementerende vader naar een 'vrindje' notaris gesleept om de rest op haar naam te krijgen.
Het levensbegin was voor mij wat ongemakkelijker zonder gratis geld, maar gelukkig had ik wel een paar talentjes meegekregen (ook gratis) die me bij elkaar al zo'n 45 jaar een boterham bezorgd hebben.
En ik ben daardoor tenminste wel altijd vrij en onafhankelijk geweest, en dat kan het grootste deel van de braaf gedomesticeerde Nederlandse bevolking niet zeggen.
Ik ben zo vrij dat ik morgen een maand naar Afrika kan gaan, omdat de rederij eergisteren belde of ik stante pede de scheepskok kon komen vervangen.
Even lekker gratis vliegen, en een paar rondjes zeilen rond de Kaap-Verdische eilanden.
Dan denk ik wel eens aan mijn bejaarde stiefmoeder, volgevreten en halfinvalide, want tja, een mens moet haar teveel aan geld toch èrgens instoppen.

fredvanderwal zegt: Geplaatst op 20, december, 2011

Ongetwijfeld zul je in je journalistieke tijd je begeven hebben naar Arti et Amicitiae?
Uitermate geschikt voor mensen van stand en cultural breeding.

Fredvanderwal zegt: Geplaatst op 20, december, 2011

De doorgaans in modieuze kleding gehuld Süss studeerde in de zestiger jaren al theologie. Een contradictie bij deze meneer vond ik zijn hoge leren laarzen die toch aan een geheel andere setting refereert dan de Joodse. Ik heb niet veel contact met hem gehad. Onze woning was niet van hem, dus waren wij onafhankelijk van Süss. Wel zag hij ons graag voor goed vertrekken om het gehele pand op 48 op te kunnen kopen. Zijn assistente hield post van ons achter, misschien als dwangmiddel. Ik vond een keer een verscheurde brief van de gemeente op straat liggen die aan mij gericht was. Ik nam een postbus voor alle zekerheid. Mijn echtgenote stond aanvankelijk positiever tov de antiquairs en antiquariaten in de Nieuwe Spiegelstraat.

Ik niet, daar ik deze beroepsgroep heb meegemaakt vanaf mijn twaalfde en als scepticus mijn pappenheimers ken.

Wat Palmen betreft; onbegrijpelijk dat Ischa Meijer daar mee in zee ging. Ischa kwam bij aangetrouwde familieleden te Zandvoort in de vroege jaren zestig over huis. Een onmogelijk, irritant jongetje, toen al.

Tot 1972 waardeerde ik zijn jounalistieke stukken, daarna werden zij vlakker, gemakkelijker. Zijn interviewstijl in het Parool geleend van Wittkampf.

Wat betreft geld aan kinderen geven; met mate en wat noodzakelijk is. Gedraagt een kind met haar partner zich vijandig volgt onterving. Ik ben daar zeer consequent in en stel prijs op een behoorlijke omgang met elkaar in de familiekring.

Een onbehouwen tattoo aap die zich met pet op en t-shirtje waar de tatoeages onder vandaan komen en beweert liever naar een otomatiek of Pizzahut te gaan n.b. in een Frans twee sterren hotel, dan die "Franse smurrie te vreten" zoals hij opmerkte terwijl hij als mijn gast vrijelijk uit de kaart kon kiezen en zich voorturend aan mijn tafel onbeschoft en boers gedroeg gaat exit.

Toen ik vroeg of de meneer in kwestie bij het eten in openbare gelegenheden zowel als bij mij thuis zijn boerenpet af wilde zetten nam hij eeen vechthouding aan als dank voor de genoten gastvrijheid. Ik heb hem toen het huis uit gezet.

En wel voor goed. Enige stijl in bejegening van den ander in het openbare leven vind ik verplicht.

selmasalo zegt: Geplaatst op 20, december, 2011

In antwoord op fredvanderwal.

Dag Fred,

ach ach, das süße Süßlein, maar niet heus. Maar terzijde: wat is er mis met
ouders die je zaak betalen? Dat had ik ook wel gewild, dan was m'n leven
wat minder turbulent verlopen (eufemisme). Lekker makkelijk. En als ik
geld heb, geef ik het ook graag aan m'n kinderen. Dat hoort gewoon zo.
Het maakt het leven wel zo leuk. Mijn vader was rijk, zeer rijk zelfs, maar
die gaf alles aan mijn stiefmoeder en haar kinderen, zoals in een sprookje.
Dat vind ik minder beschaafd.
Maar ik gun het iedereen van harte dattie wèl poen van zijn ouders krijgt,
indien voorradig.
Dat Süßlein zich in zijn makkelijk verkregen optrekje als een bully tegen
zijn huurders ging gedragen, enfin.
Ik heb ook wel van particulieren gehuurd, en ben nog altijd dankbaar dat
het fenomeen woningbouwvereniging mijn pad mocht kruisen: nooit meer
een huisbaas/eigenaar.
Quel ellende!
Over Amsterdamse kunstenaarsklieken kan ik niet meepraten.
Wel over journalistenkringen. Mijn mening oftewel ervaring is dat het niet
uitmaakt welke kring, al zouden het madeliefjestelers zijn: er is altijd kinnesinne.
Bij de journalisten was het vooral veel, zeldzaam veel gezuip, en dat brak
me gewoon geestelijk op, vandaar dat ik op een dag voor een soort afscheid koos, om het eufemistisch te zeggen.
Wat de grondlegger van de christelijke godsdienst betreft, de heer Paulus,
die zelf zijn held Jezus nooit ontmoet heeft, kunnen we lang of kort praten. Ik prefereer vandaag kort. Al snijden enige van uw opmerkingen
zeker hout. En wat aansluiters bij de liberale Joden betreft: het merkwaardige lijstje is best lang. Aangevoerd door wijlen de dames Marilyn
Monroe en Elizabeth Taylor.
Interessant dat je P. Schat van enigszins twijfelachtige morele integriteit
acht. Dat vond ik ook, hem zijdelings kennend (ook naast het etentje bij
Zoetelief), tot Connie Palmen haar boek schreef, na zijn dood. Want er
zijn heel veel dingen erg in het leven, maar het ergste van alles heet Palmen. Tenslotte: dat was ik helemaal vergeten, maar Süßchen was
inderdaad op latere leeftijd dommenee geworden, daar gingen onze
briefjes indertijd ook over. Nou ja. Nu is het thema wel uitgemolken,
toch?

bekeken x 128

MIJN CONNECTIE MET GALERIE MOKUM TUSSEN 1967 EN 2005

kunst | 09 December 2011

MIJN CONNECTIE MET GALERIE MOKUM TUSSEN 1967 EN 2005.
LASTERLIJKE BERICHTEN ONTKRACHT.

FRED VAN DER WAL. A HEAVY WEIGHT IN MODERN ART.

Tentoonstellingen Fred van der Wal in verband met Galerie Mokum:

1967.Galerie Mokum, Amsterdam. (Nieuwe Figuratieven)
Anne Frankhuis, Amsterdam (Onder auspiciën van Galerie Mokum)
1968.Zomertentoonstelling Galerie Mokum,Amsterdam.
1969.Gemeentemuseum Arnhem. (Onder auspiciën van Galerie Mokum)
Galerie Mokum, Amsterdam. (Eenmanstentoonsstelling)
Kunstforum Göhrde, BRD. (Onder auspiciën van Galerie Mokum)
Galerie Schürmann, Helmstedt, BRD. (Onder auspiciën van Galerie
Mokum)
Galerie Mokum,Amsterdam.
1970.Rondreizende tentoonstelling "Vijftig Jaar Nederlands   Realis-
me."Amstelveen, Assen, Apeldoorn, Zaandijk, Sittard, Nijme-
gen, Eindhoven, Stockholm. (Onder auspiciën van Galerie Mokum)
Galerie Mokum, Amsterdam.
Liljevachs Konsthall, Hollandsk Realism,Stockholm. (Onder auspiciën van Galerie Mokum)
1971.Galerie Mokum, Amsterdam.
1972.Rondreizende tentoonstelling "Tien Jaar Galerie
Mokum."(Amsterdam, Apeldoorn, Hapert)
Galerie Mokum, Amsterdam.
Portal Gallery, Londen.Contemporary Dutch fantasy and Magic
realist painting. (Onder auspiciën van Galerie Mokum)
1977.Galerie Mokum, Amsterdam.
1978.Zomer tentoonstelling Galerie Mokum, Amsterdam.
Wintertentoonstelling Galerie Mokum, Amsterdam.
1979.Galerie Mokum, Amsterdam.
2005.Galerie Mokum. Herinneringstentoonstelling Dieuwke Bakker.

De beroeps luilak/lasteraar R.K., een onbekende, uitermate gefrustreerde onbelangrijke kunstschilder uit het Zuiden des lands is onlangs van Wikipedia verwijderd met zijn profiel vanwege laster aan mijn adres. Hij veranderde mededelingen in het lemma en verkondigde lasterlijke berichtgeving en een scheldpartij aan mijn adres.

Ik heb bij Galerie Mokum onder beheer van Dieuwke Bakker deel uit gemaakt van de vaste exposanten van 1967-1973. De opvolgers Janna van Zon, Joop Venekamp en Rutger Brandt (na de periode Dieuwke Bakker) wensten mijn werk niet te exposeren. Zij hadden "persoonlijke redenen". Ik heb nooit naar de "persoonlijke redenen" gevraagd en het voor kennis geving aangenomen. Persoonlijke motieven en roddel van "collegas" schijnen een grote rol te hebben gespeeld bij de overwegingen van de galeriehouders.

bekeken x 196

VOORWOORD BIJ "AL IS HET WIJNTJE ZUUR , HET BLIJFT OP TAFEL!"

kunst | 06 December 2011

Zoals de grote Nieuw Testamentische Paulus in de onfeilbare Heilige Schrift eens en voor altijd zo overduidelijk en vooral onnavolgbaar zegt: "Ik wil een iegelijk uit nemender achten dan mijzelve."

Proficiat! Een ijzersterk statement!

Fred van der Wal zou daar cynies aan toe willen voegen wat de kollegaatjes in het kunstenaars plantsoen betreft:

"Ik wil een iegelijk uitnemender achten dan mijzelve, maar hij/zij dient dat dan wel eerst even te bewijzen, want voor niks gaat de zon op en treedt voor je het weet een levenslange bijstandsuitkering in werking!" Alstublieft, dank U wel! Pot voor meneer!
Die zit! Prachtig geformuleerd, niet waar? Dat kunt U tenminste vandaag nog in Uw zak steken! Daar heeft U geen wisselgeld bij nodig!
U zult het zoals gewoonlijk wel weer met mij eens zijn: Zo'n zelden in kunstenaarsland vertoonde fantastiese breedheid van visie en dan ook nog die zelden vertoonde ongebreidelde grootsheid van op vatting waar de ex-Amsterdammer Fred van der Wal in al zijn onmetelijke ruimheid van denken nu al decennia lang op Friese doorlopers in lijkt te grossieren, die verfijnde, culturele, grootsteedse breeding (in tegenstelling tot veel Friese en Groningse zwak begaafde kunstknakkers met dat afgeknepen, onverstaanbare dialekt en die gemene, afgetrokken noordelijke rukkerskoppen) gekoppeld aan dat heldere, trancedentale licht van zijn geniale op de Renaissance gebaseerde kunstenaarschap (volgens kunsthistorikus Drs. J. Corver, Groningen) maar vooral dat wijdse, vanzelfsprekende perspektivische uitzicht op de harde alledaagse werkelijkheid in het algemeen, uiteraard in kombinatie met een woordeloze eensgezindheid in het bijzonder met de zo sympatieke RPF voorman de Zeeuwse ex-houthakker Leendert van Dijke ten aanzien van zijn onverbiddelijk afwijzen van de eigentijdse, los geslagen, steeds vaker vluchtend in de verslavende zinsverdovende roes van de tegennatuurlijke ontucht van de weinig smakelijke of op enigerlei wijze tot de heterosexuele verbeelding sprekende in

het wilde weg homohuwelijkende aidsofielterige medemens en dan ook nog die indolente, misselijk makende naar Sex voor de Buch loerende Veronicakijker daarbij opgeteld om de finale rekening van het maatschappelijk failliet te presenteren, nou, daar sluit Fred van der Wal met ten hemel schreiend geheven protest lap vol slordig gekalkte slogans en de fier op gestoken middelvinger naar zowel het tegemoet komend- als het achterliggende snel verkeer, zich weer eens van harte bij aan! Wat U! Krijg nou wat! Eigen volk eerst!

"En wat de o-zo-gevoelige artistieke, griffermeerde, doch voornamelijk onnozele kollegaatjes van die talentloze rankunelijers van de op kalvinistiese leest geschoeide vrijetijdsverenigingen Christian Artists van die bleekscheet Leen de la Rivièra of die amateuristiese kunstbeoefenaren vergaderd in die gezelligheidsvereniging Art Revisited van de Griffermeerde Glimpieper die Groningse padvinder Hans doktorandus Sukkel van Seventer verder betreft als ik hun magere resultaten minachtend in ogenschouw neem dan denk ik toch wel het meest aan die prachtige tophit van die pure, met een brede kameelkleurige Stetson kojboj hoed vast gekit op zijn briljantiene vetkuif de aldus afdoend goed gemutste All American Country Boy Hank Locklin "Please help me I'm falling!!!""

Het vorige, in eigen beheer uitsluitend voor intimi uitgegeven boek "Daaaaag dagboek", waarvan de eerste druk uit slechts enkele gratis uitgereikte exemplaren bestond en een luttele 183 paginas telde (weliswaar in corps 10 pt. gedrukt zodat er me toch een joekel van een lap tekst over blijft om te verwerken en te overdenken van achter de door het ziekenfonds betaalde hoornen dubbelfocus leesbril met de onbreekbare licht getinte polycarbonaat glazen sterkte plus drie tegen speciaal tarief verstrekt aan de verziende medelander en anders gekleurde Afghaanse en Afrikaanse import, die de boel hier komt verzieken) en in tegenstelling tot de voor een veel breder publiek gekorrigeerde ongekuiste tweede druk van drie honderd zes en veertig paginas, wel een groot aantal illustraties heeft, schreef de sinds 1976 niet langer door de overheid gesubsieerde beeldend kunstenaar Fred van der Wal in een tijd spanne van drie maanden voor de verjaardag van zijn geliefde oudste dochter Misja Natalie Pauline.

Een bofkont van het zuiverste water, aan gelengd met pure Wiskey Malt, want het is me een brok van een meid waar iedere barman voor siddert als hij uit de verte haar door de wiskey en zware sjek gebroken stem hoort donderen nog voor haar strakke Dubbel D cups opdoemen aan de horizon!

Het eerste werk van Fred van der Wal "Dààg Dagboek" betrof een ver- zameling van bijeen gesprokkelde dagboekfragmenten van een vrijwel aan een gesloten, zeer turbulente periode uit het boeiende, veel bewogen leven van onze ras kunstenaar, dankzij de knijptubes van dokter Vogels biofor- ce creme altijd weer in zijn proza verrassend jong gebleven rimpelloze, naar Chanel Egoiste geurende, roze auteur/kunstschilder Fred van der Wal (de enige niet naar tenenkaas stinkende in Friesland woonachtige beel- dend kunstenaar) op zijn vrijetijds gezondheidssandalen.
Niet voor niets lakte hij zijn nagels in 1979 nog donkerblauw en rood!

Het was me trouwens wel een verzameling pakkende stories in dundruk betreffende meneer de kunstenaar Himself, zijn echtgenote en de twee in de horeka sektor aktieve dochters, van oudsher toch al twee moeilijk op- voedbare blonde stoten van meiden van heb ik jou daar met borsten uit de dubbel D cup klasse, gedeeltelijk zich afspelend in het morsige uitgaans- circuit van het suffe, weinig beschaafde Friesland in die Wonder Years van 1984 tot 1988 toen alles kon op elk gebied en enkele afgedrukte frag- mentariese brokstukken van de daar op volgende rustige, ingetogen, bij- na kuise jaren van kristelijke, evangeliese bezinning, diep gravende Bij- belstudies, kontemplatie op eenzame hoogtes in de Ardennen, toch wel de Himalaya van de Belgen en temidden van de glooiende heuvels van de Morvan, waar bij ruisende beken veel gezongen werd of stukken voor ge- lezen uit een werkje van C.S. Lewis door het echtpaar A.& H. Fonteyn en tallzoze bespiegelingen uitend tegen malkander met een blikje coke in de hand op Parijse kerkhoven, in de voorjaarszon gezeten op koele, blauw- grijze grafstenen, die de graven van internationale beroemdheden nog enige opsmuk gaven, maar ook dat omzien in verwondering naar elkaar in de stinkende subway van Londen en die jarenlange keiharde konsolidatie van de toch altijd al gerieflijke financiële positie op de beurs en vervol- gens om wakker te blijven de nog hardere konfrontaties dan ooit met de griffermeerde semi-artistieke medemens, alsmede andere stiekeme E.O. klootzakkies en vrome incest plegers van 1988 tot 1998, toen Fred van der Wal gaandeweg de belangstelling voor het regelmatig bijhouden van een dagboek voor goed verloor en tot 1993 zich vier keer per week intensief bezig ging houden met zijn full contact kyokushinkai karate training om die tekenleraren van Christian Artists eens en voor goed mores te kunnen leren.

De dienstweigerachtige, uiterst rielekste, niet stuk te krijgen beroepskunstenaar Fred van der Wal, die tijdens zijn veel te korte leven drie keiharde Oosterse vechtsporten intensief beoefende en daar ook nog drie eerste kyu graden in haalde (alsof je een emmer leeg gooit!) stopte op 53-jarige leeftijd met de gerespekteerde martial arts en liet de superieure, Japanse full contact vechtkunst van de lege hand voor wat het was. Zijn enige kommentaar toen hij met een machtige direkte vuiststoot dwars door zes centimeter hout stootte was: "Don't look back!!!"
En daarmee kunnen wij het als labiele, overgevoelige stijve harken met een simpele levenslange bijstandsuitkering in het artiestenplantsoen als zijn kollega het mee doen.
Er zijn nu eenmaal in de kunst Heren en slaven en Fred van der Wal is een Heer...!!!

Zong de langzamerhand bejaarde, achterhaalde protestzanger Bob Dylan niet voor niets over the empty handed painter of your streets, waarmede weer alles voor vandaag tot aan de dagsluiting verklaard is?
Enfin, genoeg geluld!
Zo kunnen we nog wel uren aan een stuk door gaan!

Het beheer, de administratie en het verbouwen van de vijf huizen (vermeerdert men huizen, dan vermeerdert men smart, placht Fred van der Wal altijd te zeggen) die de zo succesvolle, onstuitbare van der Wals tot 1996 bezaten eisten bovendien veel te veel tijd op voor bezigheden van sportieve, hetzij introverte of reflektieve aard waar de bespiegelende kunstenaar zich zo vaak als artistieke Narcissus gaarne aan overgaf tijdens het bloemen plukken.
Neemt men daarbij de drukke job van de echtgenote van de zo bevlogen artiest als full time docente aan de NHL te Leeuwarden in ogenschouw dan ziet u wel dat de beide echtelieden niet bepaald uit de goot komen of de hele dag achter het raam werke loos saffies met mariehu-wie-wat-warwana hebben zitten draaien van onversneden pruimtabak gemixed met okselbaai.

In 1996 verkocht Fred van der Wal het laatste van de huizen (G. Japicxstraat 39) in Leeuwarden. Het leverde hem als onder een gelukkig gesternte geboren hoog begaafde zakenman-artiest uiteraard geen wind eieren op en de vervolgens goed gekozen beleggingen in courante Nederlandse aan-

delenfondsen leverden binnen een ander half jaar meer dan zeventig duizend gulden netto rendement op. Tellen wij daarbij het wachtgeld van
meer dan vijftigduizend gulden netto per jaar van zijn echtgenote bij op en
nemen wij de financiële reserves van het echtpaar van der Wal van tegen
de drie ton cash in acht, dan begrijpt U dat de van der Wals, die zonder
een cent begonnen en zelfs in de sweet silver sixties geen nagel hadden
om genoeglijk hun eigen of ander mans reet te krabben er langzamerhand
warmpjes bij blijken te zitten en al jaren lang onder de kunst paedagogie-
se, steeds zorgelijker kijkender kulturele kollegaatjes die hun ganse bestaan voor de klas dienen te slijten uiteindelijk toch de lachende derde
blijken!
En zo hoort het ook!
Wie risikos in het leven neemt moet beloond worden! Menig tekenleraar
wil zijn als een wild stromende rivier, maar met behoud van maand salaris
en dat gaat nu eenmaal niet!

Het arbeidsloze inkomen is volgens onze artistieke, romantiese levens-
kunstenaar die Fred van der Wal uiteindelijk is toch maar het mooiste inkomen! De kunstenaar die zegt zijn magistrale meesterwerken tussen twee
lachbuien door te vervaardigen draait er echter zijn hand niet voor om!

Alleen al het sorteren van de niet altijd op volgorde juist gedateerde hand
geschreven, soms nauwelijks leesbare, beschimmelde, zwaar besmeurde
dagboek bladen die uit alle gaten en hoeken van het huis werden opge-
scharreld kostte dagen aan een stuk.
Het nauwelijks te ontcijferen, soms raadselachtige materiaal; slordige,
doch enthousiast neergepende intieme konfidenties in een minutieus,
sierlijk, maar bijkans onleesbaar handschrift tijdens zonnige rust- en
vakantie periodes geschreven op terrassen en boulevards in Nederland,
België, Engeland, Duitsland en Frankrijk was vaak nauwelijks leesbaar.
Tevens ging door slordig beheer een aanzienlijk gedeelte (enige duizen-
den paginas tekst en fotos betreffende de Renkumse jaren 1942-1944, de
Amsterdamse jaren 1944 – 1957, de Heemsteedse en Bloemendaalse jaren
1957 - 1967 en wederom die hippe Amsterdamse jaren 1967 – 1978) van
de herowiese jaren van voor 1984 verloren bij de vele verhuizingen die de
van der Wals ondernamen. In zijn gansche leven verhuisde de artiste peintre meer dan twintig keer. Het zoeken naar zijn allereigenste "roots" be-
schouwde hij dan ook als onbegonnen werk, te meer daar de ene tak van

de familie uit midden-Frankrijk (Beauvais) en de andere uit Friesland af-komstig was.

bekeken x 157

EEN GESIGNEERD EXEMPLAAR VAN "SJANS!" DOOR ANNE-MARIE OSTER

Sjans door Annemarie Oster
kunst | 20 November 2011

Een dag of vier geleden kreeg ik een gesigneerd exemplaar van "Sjans!" van Annemarie Oster, die ik zeer waardeer als schrijfster en multi talent, in handen.
Op het schutblad (zie foto) staat "Voor Lida, Annemarie Oster" . Aan de achteloze, snelle signering te zien zal het boek zijn gekocht tijdens een signeersesssie.
Van de flipside achterflaptekst van het autobiografische boek enkele strofes geciteerd:

"De lichtzinnige herinneringen van Annemarie Oster zijn uniek in de Nederlandse literatuur.

(...) Daarbij heeft Annemarie Oster een groot deel van haar jeugd ver-keerd in de artistieke wereld van het Amsterdamse Leidesplein, het theater en de televisie, wat borg staat voor saillante anecdotes over schrijvers, kunstenaars, acteurs en allen die daar voor door willen gaan. Annemarie Oster is de dochter van toneeeldiva Ank van der Moer en acteur/ theater direccteur Guus Oster".

Fred van der Wal: Ik vind de herinneringen van Annemarie Oster niet lichtzinnig, maar lezenswaardig, licht van toon en zo nu en dan indruk-wekkend door haar zelfspot, humor, neologismen en relativerings-vermo-gen.

Annemarie werd ondergebracht bij grootouders in Drenthe, pleeggezinnen in Leusden en Amersfoort. Haar ouders zag ze niet al te vaak. Geen ideale jeugd. Als gymnasiaste gaat ze bij haar moeder wonen, vlak bij het Leid-seplein.
"Sjans" verhaalt een aantal ontmoetingen en liefdesavonturen van Anne-marie Oster die zijn zo nu en dan deden denken aan het beste werk van Remco Campert uit de zestiger jaren .
Ik sloeg het boek "Sjans" vandaag open bij "Aerdenhout jaren negentig"

Fred van der Wal: Veelzeggend enkele zinnen uit een ingez. hatelijke HP brief van de onooglijke dikzak Theo van Gogh, om onbegrijpelijke redenen regelmatige bezoeker in het landhuis van Pierre Vinken waar het hoofdstuk "Aerdenhout jaren negentig" o.a. over gaat. Theo van Gogh blijkt bepaald niet de grootste vriend van Annemarie Oster en vindt het nodig haar op grove wijze te beledigen om zich nog efficiënter in te likken bij Pierre Vinken. Tegen het einde van zijn leven liet Vinken zich merkwaardig genoeg in met egoboosters als Theodoor Holman en Theo van Gogh, die ver beneden zijn nivo stonden.

De meest grove hatelijkheden van van Gogh aan het adres van Annemarie Oster heb ik voor de lieve vrede uit de HP brief gelaten:

Aan: HP/de Tijd

Van: Theo van Gogh

Amsterdam, 6 Oktober 2001

Geachte redactie,

Ik kan me vergissen, maar vermoed dat in Annemarie Osters "Aerdenhout, jaren '90" Pierre Vinken de niet nader benoemde steen des aanstoots is. 't Blijft altijd amusant om een afgewezen vrouw haar vet te zien halen, maar in dit geval heeft 't ook iets zieligs. Want anders dan Oster ons wil doen geloven, heeft Vinken haar nooit serieus genomen (…).

Omdat ik door Uw scribente aan - in haar eigen woorden – 'mijn dorre oudje' voorgesteld was en Vinken aldus nader leerde kennen, mocht ik persoonlijk getuige zijn van de achteloosheid die de gastheer jegens Mevrouw aan de dag legde. (…)

Vinken leek er zich pijnlijk van bewust dat deze dame vooral uit was op z'n geld. Hij waardeerde haar cynische gevoel voor humor en had mededogen vanwege de paniek die Mevrouw keer op keer naar de keel sprong. Maar in zijn woorden was Oster toch vooral "een kille, berekenende vrouw".

100

Nu ja, ik vraag me af of Annemarie in het kader van haar grote afrekening ook nog gaat kwebbelen over seks met de joodse professor in wiens fantasie ze, naar ze zelf triomfantelijk rondbazuinde, een SS-pakje droeg en Gnädige Herrin was op kamp-appèl.

En zal ze opschrijven hoe ze ondergetekende in tranen belde met de woorden: "Pierre weigert mijn facelift te betalen. Wil jij dat doen?"

(…)

Theo van Gogh

(wordt vervolgd)

Fred van der Wal: Op pag. 172 van "Sjans" leert Annemarie Oyster de zoals zij zegt "alom geachte, gevreesde, door velen zelfs gehate tycoon uit de uitgeverswereld" kennen. Deze tycoon is Pierre Vinken die haar al bij de eerste ontmoeting verbaal op hufterige wijze attakeert met: "Wie woont er nu in Zándvoort?"
Achteraf blijkt dat Vinken inlichtingen vooraf heeft ingewonnen over Annemarie Oster. Zij noemt hem qua uiterlijk een Belgische lijsttrekker met door sterke brillenglazen verkleinde ogen, maar dan één met een Blauwbaard reputatie.
Annemarie zegt dat zij in Zandvoort woont vanwege haar mooie huis.
Vinken: "Ach, zijn die daar dan?"

Fred van der Wal: Regelmatig komt Annemarie vanaf de eerste ontmoeting op Klein Bentveld, het huis waar Vinken tussen 1981 en 1989 woonde met zijn tweede vrouw Els Bouma, voormalig directie secretaresse van Elsevier met haar ulo achtergrond.

Tot mijn genoegen is mijn huis in de Bourgogne in afmetingen even groot als het landhuis van Vinken. Ik vermoed dat Els Bouma Vinken huwde met het vooropgezette plan na een aantal jaren van hem te scheiden om aldus de helft van zijn vermogen op te kunnen strijken. Mijn visie wordt ondersteund door een uitspraak van Vinken in zijn biografie "Tegen het idealisme" door Paul Fentrop geschreven op pagina 759 en 760 waarin ik de indruk krijg dat Els B. een en ander heeft doen escaleren met vooropgezet plan. Deze scheiding heeft Vinken veel geld gekost zoals hij eens verzuchtte "dat zij hem goed had uitgekleed".

Klaarblijkelijk was Vinken in gemeenschap van goederen gehuwd. In elk geval kreeg Els B. elf jaar alimentatie mee en een flinke som waarvan zij een villa in Bloemendaal aan de Potgieterweg kocht met uitzicht aan de achterkant op de villa waar ik 5 jaar laang de Da Costakwweekschool volgde.

Els Bouma nam enige tijd een werkeloze huisschilder in huis voor aangenaam tijdverdrijf van het onderlijf, een meneer die bij voorkeur elke dag uren lang op de bank lag en naar het grote tieten programma Bay Watch keek als enig culturele tijdspassering. In de zomer reed heen en weer met zijn door Els Bouma betaalde Harley Davidson langs de boulevard van Zandvoort reed om op te vallen bij de in nerveus opgesneden tanga slipperige willige passantes die te bruin, te blond en te goud waren.

Fred van der Wal: Ik heb Pierre Vinken totaal een keer of vier kort mee gemaakt. Twee maal op het hoofdkantoor van Elsevier en en maal bij een kunstmarkt in 1976 op het Museum plein. De eerste keer was in de Nieuwe Spiegelstraat voor mijn huis op nummer 48 waar ik van 1967-1973 woonde.

Hij bood aan een gouache en een tekening te kopen die ik net naar mijn huis bracht vanaf mijn atelier aan de Prinsengracht.

Door een misverstand mijnerzijds ging de aankoop niet door. Deze beide kunstwerken zijn later aangekocht in het kader van de Amsterdamse Gemeente aankopen en bevinden zich in het prentenkabinet van het Stedelijk Museum Amsterdam.

Merkwaardig genoeg bestreden enkele pretentieuze Volkskrant web loggers met een artistieke hobby de aankoop, zowel als het aanwezig zijn van 9 van mijn werken in het Stedelijk Museum, 53 in de ICN collectie en 13 in het Rijksmuseum te Amsterdam.

Vinken kocht enkele jaren later twee tekeningen van mij via Galerie Mokum waarvan één bij de scheiding bij Els Bouma in haar villa aan de Potgieterweg te Bloemendaal belandde.

Zij beheerde opzettelijk het werk zo slecht dat het als verloren moet worden beschouwd zoals ik in 1996 met eigen ogen zag.

Een brief waarin ik haar in 1997 aanbood tegen de oorsponkelijke koopprijs het terug te kopen beantwoordde zij niet. Els Bouma meent het con-

naisseursschap van Vinken te kunnen evenaren, maar heeft geen enkel gevoel voor kwaliteit wat (beeldende) kunst betreft.
De inrichting van de villa van Els Bouma is een zwakke echo van de inrichting van het landhuis van Vinken. Bouma staat al lange tijd onder de invloed van een Belgische, gehaaide kunsthandelares die haar tientallen waardelo-ze, zoveelste rangs kunstwerken heeft verkocht.
Annemarie Oster stuurde Els Bouma enkele brieven gevuld met verwijten wat zij fout had gedaan in haar huwelijk met Vinken.
Ik zei Els die brieven te bewaren omdat ze waardevol waren als documents humains.
Els beweerde dat zij ze had weg gegooid. Ik betwijfel het.

In "Sjans" verhaalt Annemarie over de eenzaamheid die zij ervoer in Klein Bentveld.
Bijna verloor zij haar zelfrespect. De verwarmingsthermostaat moest van Vinken op 18 graden Celsius blijven staan.
Zijn tweede vrouw Els Bouma verbleef meestal in de keuken om haar lekkers warm te houden. Gesproken aan tafel werd er niet. Respect van Vinken voor de manier waarop Annemarie haar boeken promootte dmv lezingen in het land had hij niet en maakte haar openlijk belachelijk.

Pierre Vinken over Annemarie Oster (pag. 761 van "Tegen het idealisme"): Ze had een snelle geest, met een kwaadaardig cynisme en ze zat vol zelf ironie. Maar ze miste elke persoonlijke zekerheid, waarschijnlijk het gevolg van het feit dat haar ouders haar als kind hadden verstoten. Dat heeft haar hele leven bedorven en ook haar relaties, want onzekere mensen kennen geen loyaliteit.
Annemarie heeft me altijd kwalijk genomen dat ik haar niet blijvend en volledig van de noodzakelijke financiële zekerheden heb voorzien; het heeft onze vriendschap -een echte verhouding is het nooit geweest- verzuurd.

Leedvermaak in het feministische blad Opzij:

Annemarie Oster (54) sloeg een jaar of twee geleden miljonair Pierre Vinken aan de haak, waarna Vinken er vervolgens met Sylvia Tóth (54) vandoor ging.

door Pauline Sinnema / 01 februari 1998

Coen Peppelenbos (leraar Nederlands en gefrustreerd romancier, rijks-
ambtenaar al decennia lang ingeschaald bij de NHL te Leeuwarden waar
hij Friese boeren zeunen en zeugen op moeizame wijze de beginselen van
de Nederlandse taal moet bijbrengen):

Een tegen Annemarie gericht hate blog van leraar Nederlands Coen Peppelenbos, zaterdag, april 09, 2011Coen Peppelenbos:

Ik weet niet precies over welke kwaliteiten Annemarie Oster beschikt,
maar ze weet altijd een medium te interesseren voor haar schrijfsels. (…)
Je herkent een interview van Annemarie Oster zo, want ze gaan voornamelijk over Annemarie Oster.
Meestal interviewde ze een acteur en dat trof, want als dochter van Ank
van der Moer en Guus Oster wist ook zij veel van toneel.
Anekdotes uit de oude doos gingen het eigenlijke interview vooraf. Voor
de rest veel inlevend gebabbel en vooral veel Annemarie Oster.
(…) Nu schrijft Annemarie Oster voor de Volkskrant. Eerst columns,
maar sinds kort ook inter views voor het nieuwe katern.(…) Maar de inleiding moet natuurlijk gaan over Annemarie Oster.
Omaatje Annemarie babbelt er lustig op los.
Het is fijn om als lezer te weten dat ze een schrijfster gaat interviewen en
dat ze dan ook nog haar boeken gaat lezen. Pas als ze die heeft gelezen
kan ze "de sprong" wagen. Helemaal naar Amsterdam Noord, waarschijnlijk helemaal uit Amsterdam Zuid. Annemarie Oster is een gedegen journalist.(…)

Zij is zelf namelijk ook heel beroemd. Nu moet ze op haar oude dag helemaal naar Amsterdam Noord, maar vroeger is ze zelf ook vaak geïnterviewd. Je bent intussen wel razend nieuwsgierig naar de methode die
Annemarie Oster zelf gebruikt om een interview vast te leggen.
"Vandaar die taperecorder tussen ons op tafel. Maar ook daaraan kleven
bezwaren, zoals de volgende dag zal blijken. Vanwege 's schrijfsters wa-
tervlugge en eigentijdse tongval kan ik haar niet altijd verstaan, zodat ik
het bandje op z'n langzaamst af moet spelen".
Of opoe Oster wordt een beetje doof.
(…)dan komt eindelijk de eerste vraag:

"Maakt de lente jou gelukkig?"
(…) Eindelijk een inhoudelijke vraag (…)
"Loopt de verkoop goed?"
"Hoe kwam je op het idee een roman over een Celine Dion-fan te schrijven?"

Na vier vragen is Annemarie Oster uitgeput van al die inhoudelijke vragen en gaat ze over naar de vrouw achter de schrijfster.(…)

Interview afgelopen.

De Vara-gids ben ik al kwijtgeraakt, maar de Volkskrant wil ik blijven lezen. Kan iemand in godsnaam het Rosa Spier-huis bellen?

Fred van der Wal: Lafhartig en minderwaardig is de bejegening van de door zijn aanleg van nature vrouwvijandige Peppelenbos door Annemarie Oster omaatje en opoetje te noemen.
Het artikel van onze Friese leraar Nederlands staat bol van de kinnesinne. Van uit zijn tekst walmt een rookwolk op die in de lucht op surrealistische wijze de letters vormt: Waarom ik niet en Annemarie wel?

Een aantal opmerkelijke One Liners van Annemarie Oster noteert Elisabeth Lockhorn   01 juli 1999   in haar artikel in Opzij:

"Ik ben altijd bezig geweest met opvallen"

Publiciste Annemarie Oster (1942) presenteert zich graag als Vrouw van de wereld, zoals ook haar wekelijkse column in de Volkskrant heet. Maar achter die facade gaat een vrouw schuil die het leven bepaald geen lolletje vindt. (…)

Het moeizame leven van Annemarie Oster

Waarschuwend: "Een interview met mij, dat wordt niks. Ik kan alleen maar denken met papier voor mijn neus. En als ik zomaar wat zeg, wordt het ook nog altijd onintelligenter opgeschreven dan ik het zelf zou doen. (…) Onder het mom van frivole uitstapjes laat ik - in ironie verpakt – merken dat ik het leven geen lolletje vind. Ik maak bij het schrijven gebruik van een eigenschap waarover weinig mensen beschikken en dat is mijn betrekkelijke schaamteloosheid over het prijsgeven van twijfels, angsten en negatieve gevoelens...

Mijn kracht zit, denk ik, in mijn eerlijkheid. Ik heb ook gemerkt dat, of schoon ik heel erg onzeker ben, ik toch over een soort innerlijke zekerheid blijk te beschikken.

Ik voel mij voortdurend tekortschieten.(…). Ik ben een geboren tobster en schaam me ook nog eens dat ik het ben. (…). Ik ga bijna nooit met vakantie. Zodra ik uit mijn eigen vertrouwde omgeving ben, voel ik me volslagen verloren in de grote wereld. (…)

Op de toneelschool moest ik de rorschach vlekken test doen, de onvermijdelijke vleermuis. Ik werd onverwijld naar de psychiater gestuurd, tot afschuw van mijn moeder die niets van die flauwekul moest hebben. Ik kwam bij een gerenommeerde analyticus terecht, pas later ontdekte ik dat hij zo doof was als een kwartel.

In die tijd was ik met Bram de Swaan, die ik vanaf mijn zeventiende kende en met wie ik twee jaar getrouwd ben geweest. Hij was ook in analyse, zoals half Amsterdam in de jaren zestig.

Mijn vader (...). Hij wees me altijd op lekkere meiden. Mijn psychiater attendeerde me later op het incestueuze ervan. Hoe dat vertellen van die escapades een verkapte vorm van flirten met mij was. Het heeft me erg kopschuw en argwanend naar mannen gemaakt.

Ik heb lang een laag zelfbeeld gehad. Dat ik zo vroeg al bij andere mensen werd gestopt, is niet goed geweest voor mij.

Ach, misschien zou ik eigenlijk het liefst mezelf als man willen zijn en het dan beter willen doen.

Ik denk dat ik als jongen meer serieus was genomen. Mijn vader had het waarschijnlijk toch vreemd gevonden, een jongetje bij pleegouders. Vreemder dan een meisje de deur uit te doen. Misschien had hij zich dan meer om mij bekommerd. Als ik een zoon was geweest, was mijn vader me misschien wel wat vaker komen opzoeken, had hij me dingen geleerd over het leven".

Wat is het belangrijkste waar je zelf achter gekomen bent?

(…). Ik ben lang geplaagd door de gedachte dat ik iets moest betekenen, moest opvallen voor al. Als je niet welkom bent bij je ouders, denk je onwillekeurig: het moet wel iets heel bijzonders zijn waarvoor ik ben weg gedaan. Dat naar buiten treden, dat schitteren, moet wel van groot belang zijn. Het is onverdraaglijk te denken: ik ben zomaar om niks weg gedaan.

Ik ben altijd bezig geweest met opvallen. Ik kom er nu pas achter dat je een veel leuker leven hebt als je deel hebt aan het geheel. En zoals ik net zei: je verheugen op kleine dingen.
Een maaltijd met vrienden, het boek dat op je ligt te wachten naast je bed. Cultiver votre jardin, en zoals ik er graag spottend achter mag zeggen: et votre jardinier. Nou ja, ik grap nu wel, maar daar komt het wel op neer. Kortom, ik ben opgehouden mij met hand en tand tegen het gewone leven te verzetten.

bekeken x 216

DE BOCKBIERKONING VAN HAARLEM BOCKT DOOR...

Bizar | kunst | 20 November 2011

De Bockbierkoning van Haarlem bokt door..."

PAUL "HUILIE-HUILIE" Z. NIEUWE BOCKBIER KONING TE HAARLEM HOUDT HET NIET DROOG ALS HET ZO UIT KOMT...

 De opvolger van Rudolph van Veen als ambassadeur van het bockbier is café-eige naar Paul Z. van Proeflokaal "In den Uiver" in Haarlem. Hij krijgt dit jaar de Herfst bockaal.
De Nederlandse Brouwers die de prijs toekent zegt dat Paul Z. de prijs verdient vanwege zijn gastvrijheid, uitgebreide kennis van (bock)bier en enthousiasme in promotie van het bockbier.

Bron: Misset Horeca

Geplaatst door Fred van der Wal 15 nov. 2011 :

DE UIVER? IK KOM ER NOOIT MEER NA ER EEN PAAR KEER GEWEEST TE ZIJN EN EEN GOEDE OMZET GEGENEREERD WANT IK LUST WEL WAT MET MIJN GEZELSCHAP AAN OLIJKE KROEGTIJGERS.
VRAAGT MIJN DOCHTER ZATERDAG J.L. 12 NOV. 2011 OF DE TERRASVERWARMING AAN MAG OMDAT HET KOUD WAS BUITEN.
KREEG ZE ME TOCH EEN GROTE BEK VAN DE EIGENAAR, DIE GEBOCHELDE KROMPOTER MET ZIJN SJAGGERIJNIGE BEK. WE ZIJN DIRECT OPGESTAPT NAAR DE WAAG EN DAARNA NAAR FLORYN.

Antwoord van Paul Z.:

Ach ja, ik die EIGENAAR, DIE GEBOCHELDE KROMPOTER, zei tegen die mevrouw, sorry mevrouw midden op de dag gaan de kachels niet aan en de zon komt zo, toen zij weer zei ja maar ik heb het koud,

108

vertelde ik dat de kosten dan te hoog werden en dat ze ook binnen kon gaan zitten waar het verwarmd is, opdat moment kreeg ik(!) al een grote mond en heb toen gezegd dat ze dan maar beter ergens anders naar toe kon gaan.

Ja en als dat, een GROTE BEK geven is, dan vraag ik mij toch iets af, het is natuurlijk vervelend wanneer iemand zijn of haar zin niet krijgt, maar om dan zo ordinair te reageren, is zeker ook niet NETJES, meneer(?) van Der Wal

Ik besloot nav de tirade even een en ander te laten bezinken maar na een kratjes Brandt bier en een paar kopstoten er over heen stond ik in Brandt, begon te bocken en besloot in een opgeruimde stemming toch te reageren:

Op 15-11-2011 18:25, krietak@hotmail.com schreef:

(Dit formulier is verstuurd via de website)

Geachte Heer Z.,

U heeft mij verbaasd door te reageren, hetgeen ik overigens wèl waardeer. Inderdaad, U heeft gelijk dat mijn reactie ordi was, discriminerend èn beledigend, dus het hele pakket voor dezelfde prijs. Waar kom je dat nog tegen? Ik weet het niet.

De personality clash op het terras van Uw tapperij vond niet plaats midden op de dag maar tegen VIER uur.

U jokt!

U vermeldde kortaf dat de terraskachels om 5 uur aan gingen en raadde op een snauwerige toon aan dat we dan maar binnen moesten gaan zitten of ergens anders naar toe gaan als het ons niet beviel en dat hebben we zonder morren gedaan en trokken af naar een etablissement waar we allervriendelijkst werden ontvangen door de eigenaar van De Waag.

Between you and me: Fijne tent vol fijne mensen in een fijne ruimte waar een fijne gast nog een fijne gast is als ie zich ook fijn op stelt en dat doen we.

Mag ik U ook nog even mede delen dat de bekende horeca vakman Wim Koster met zijn gade aanwezig was in ons gezelschap? Niet de eerste de beste dus.

Ik heb begrepen dat gastvrijheid en loyaliteit aan de klant, gemixed met een grote mate van compassie en loyaliteit voor de innemer de basis is voor het genereren van een goede omzet in het horeca wezen. Een vuist regel.

Tevens mag ik U herinneren aan het Oud Hollandsch VOC gezegde dat de kosten voor de baat uit gaan.

Die mentaliteit propageerde minister president Balkenende. Wij kunnen ons aan zo'n persoon optrekken.

Een ander punt; het uur extra dat de terras kachel had gebrand zou meer dan ruim gecompenseerd zijn door de omzet.

U rijdt in een poenerige patserige PC Hooftstraat tractor, dus de zaken gaan nog steeds goed ondanks het verdwijnen van "In Den Uiver" als baliekluiver uit de top tien van Hollandse horeca gelegenheden.

Uit dien hoofde verwacht ik een opgeruimder karakter van de baas als hij in mijn blikveld verschijnt.

Weet U: De mensen mogen spugen op mijn hielen, zo lang ze maar lachen in mijn smoel.

Als ijzersterk punt waarin ik de ondernemingszin van de ware ondernemer herken is het in Haarlem (bloemenstad) veel geroemde feit dat u een opoetje van 65 met een linkse hoek, terwijl U toch VVD stemt, van de kruk tegen de grond sloeg onder applaus van de aanwezigen waaronder een Wingcommander van de KLM die van puur plezier zijn pet achterstevoren op zijn kale kop zette en het slachtoffer met een glaasje Kummel weer bij bracht.

Met een vriendelijke groet

Fred van der Wal

(kunstschilder/auteur)

Fred Schiphorst op 29 september 2011 :

De Uiver en gastvrijheid? Nooit iets van gemerkt. Het café is dit jaar met een klap gedaald in de top 100 en dat is volkomen terecht. Een eigenaar die bij een zuur bier bij hoog en bij laag beweert dat het bier wel degelijk goed is (maar met minder koriander is gebrouwen) of ronduit vreemd reageert als je niet weet dat het café geen abt lid meer is en niets vermoedend om het bier van de maand vraagt is de titel "ambassadeur" niet waard wat mij betreft. Het blijft me verbazen hoe dit soort benoemingen tot stand komt. De klant wordt weinig gevraagd waarschijnlijk.

PAUL HUILIE HUILIE Z. VAN "IN DEN UIVER", HAARLEM

Eerste Gastvrijheid Award voor huilende Paul Z.

www.missethoreca.nl/.../ ...

11 jan 2006 – Paul Z. heeft tijdens de Horecava in Amsterdam de eerste Gastvrijheid Award gewonnen. De eigenaar van In den Uiver in Haarlem ...

Eerste Gastvrijheid Award voor huilende Paul Z.

Paul Z. heeft tijdens de Horecava in Amsterdam de eerste Gastvrijheid Award gewonnen.
De eigenaar van In den Uiver in Haarlem viel huilend Thérèse Boer, voor zitter van organisator Gastvrijheidsgilde, in de armen.
De emotionele Z. kreeg uit handen van Boer een beeldje uitgereikt; een mannetje met open uitstraling en en bos rozen in zijn hand. Jurylid Joop Br. roemde alle deelnemers om de goede gastvrijheidsformule die ze han- teerden.

bekeken x 175

DEMON LOVERS SUPERIEURE BEDGENOTEN

kunst | 30 Oktober 2011

Fragmenten uit mijn occult dagboek. Gebeurtenisssen, personen, namen en plaatsten zijn geheel fictief en slechts afkomstig uit het perfide brein van auteur dezes.

Wikipedia: Volgens een middeleeuws joods-christelijk volksgeloof is een succubus een vrouwelijke demon die zich voedt met de energie en/of mannelijke hormonen van haar slachtoffers.
De mannelijke tegenhanger heet een incubus en zoekt vrouwelijke slacht-offers.
Lilith wordt vaak gezien als de moeder van de succubi.
Vanaf mijn veertiende levensjaar was ik geinteresseeerd in het paranor-male.
Ik beoefende mediatie technieken en ontspanningsoefeningen, later ging ik Hartha Yoga doen en bepaalde gecompliceerde mystieke en adem-halings goefeningen zoals beschreven in Book 4 van Aleister Crowley.
Het is een manier om de mens te herprogrammeren om in contact te kun-nen treden met de astrale wereld waar geesten dwalen en de zoekers via sexuele technieken in contact kunnen en willen treden met demonen die mensen wiillen neuken.
Uit de boeken over occulte zaken van o.a. Alexandra en David Neel be-greep ik dat de geestelijke oefeningen om onzichtbare wezens op te roe-pen niet zonder gevaar was.
Regelmatig voerde ik het ritueel van het pentagram uit en langzamerhand trad ik in nauw contact met wezens van een andere dimensie die sommig-en engelen noemen en anderen demonen.
Mijn interesse in sex en magie ging verder dan een oppervlakkige nieuws-gierigheid.
Het beheerste jaren lang mijn hele leven.
Ik las met genoegen beroemde werken als "The projection of the astral bo-dy" van Muldoon en Carrington, maar ook "Magie als experimentelle Na-turwisssenschaft" van Ludwig Staudenmaier, van Dion Fortune (nauw be-trokken bij The Order Of The Golden Dawn) 'The secrets of Dr. Taver-ner", "Demon Lover" en "Psychic Self Defense" toen ik nog een tiener was en de boeken van magiër Franz Bardon en Dr. Israel Regardie "The

tree of life" waarin praktische visualisatie oefeningen beschreven die al door St. Ignatius de Loyola zijn aanbevolen.

In de boeken van de geheimzinnige magiër en illusionist Franz Bardon staan heel duidelijk rituelen voor het oproepen van de elementalen beschreven.

Via autogene training (yoga achtige ontspannings oefeningen ontwikkeld door Schultz) en de aanwijzingen van Muldoon en Carrington gelukte het mij diverse malen om astrale projectie te beoefenen en enkele keren was ik uit mijn fysieke lichaam getreden en was bang tijdens mijn zwerftocht dat ik mijn lichaam niet meer terug zou kunnen vinden.

De sporadisch beschreven case stories over sex met succubus en incubus geesten hadden mijn grote belangstelling.

Via een relatie die occulte voorwerpen verkocht kreeg ik sieraden die via magische handelingen waren geïmpregneerd om een succubus op te roepen.

De in het Engels geschreven handleiding er bij was complex maar duidelijk. Ik diende het ritueel dagelijks te herhalen om succes te krijgen en een of meer erotisch demonen op te roepen en in verbinding mee te treden.

Steeds meer kreeg ik het gevoel dat er iets of iemand van uit het onzichtbare in mijn omgeving was.

Een duidelijke niet visueeel waarneembare aanwezigheid van iets of iemand die overal met mij mee ging, waar ik ook naar toe vertrok.

Ik was vast besloten in een spiritueel getinte sexuele relatie met een demon te treden. Meer dan twee jaar had ik mij gericht op de wereld van de succubus en de incubus.

Ik las honderden occulte boeken, trad in verbinding met de "AMORC", the ancient and mystical organisation Rosae Crucis, een magisch genootschap en met "The Inner Light Society" te Londen, een afsplitsing van de magische "The Order Of The Golden Dawn", bezocht regelmatig een occult antiquariaat in Amsterdam van de heer Schors, kocht daar boeken op het gebied van magie, deed dagelijks mijn yoga oefeningen, kreeg helderziende flitsen en ervaringen met Inner Voice tijdens diepe trance toestanden.

Al vanaf mijn zestiende zweefden er in het donker van mijn slaapkamer gouden bollen rond die ik naar willekeur kon oproepen en ook zichtbaar bleven als ik mijn ogen sloot.

Het onzichtbare penetreerde mijn dagbewustzijn met volle kracht. Soms bekroop mij de vage vrees dat mijn ervaringen op een enkele reis gekkenhuis zouden uit lopen als ik de mystieke verschijnselen niet meer zou kunnen beheersen.

Zomer 1975 –ik was 32 jaar oud- besloot ik mij niet meer bezig te houden met de onzichtbare wereld.

Sex was als tiener en twen mijn voornaamste religie in combinatie met de hang naar de opwindende avonturen van het ongeziene. Een uitstekende instelling om in contact te treden met vrouwelijke geleidegeesten en demonen.

Mijn sexuele ervaringen met mannen begonnen rond mijn dertiende in Amsterdam en waren uitermate bevredigend.

Tussen mijn dertiende en eenentwintigste had ik relaties met diverse jongens en mannen. Ik vond het normaal. Seks met een man was altijd opwindender en bevredigender geweest dan met een vrouw.

Naar mate ik ouder werd richtte ik mij meer op mannen.

Lang had ik alleen maar one night stands omdat ik getrouwd was. Het was te oppervlakkig. Het ging mij steeds meer tegen staan. Ik ga nu alleen nog voor een wat langdurige relatie.

Ik houd van manlijke mannen met een pondje meer.

Geen scharregatjes, underdogs, misfits of sukkels! Ze moeten wel manlijk zijn ingesteld en dominant. Ik interviewde regelmatig kunstenaars, veelal bisexuelen en homosexuelen. Soms belandde ik binnen een half uur in bed met zo'n geïnterviewde. Waarom ook niet? In bed leer je elkaar pas echt goed kennen. Het geeft ook diepte aan een interview.

Mijn laatste interview was met een man die wist dat ik van Trappist Dubbel geil word, dus hij had een sixpack voor mij neer gezet.

Al gauw zei hij: "Zal ik naast je komen zitten op de bank?"

"Goed idee!" zei ik glimlachend want ik wist heel goed wat er zou komen.

Hij pakte mijn hand en legde die in zijn kruis. Niet de eerste keer dat ik zoiets mee maakte en zeker niet de laatste keer.

Hij kuste me en maakte mijn bloemetjes bloese open.

Ik droeg zoals gewoonlijk tijdens zulke bezoekjes een opengewerkte beha.

Hij kende de weg en begon mijn tepels te bewerken.

Uit mijn weblogs wist hij dat ik daar super gevoelig ben.

Zo ging het een tien minuten door tot hij zei:"Meekomen jij! We gaan het uitvieren in de slaapkamer!"

Ik houd van manlijke mannen met initiatief dus liet ik me mee voeren. In de slaapkamer gooide hij mij op bed. Die middag zijn we uren bezig gebleven met elkaar.

Bij zo iemand kom ik graag terug voor meer!

Tot mijn vijftigste was ik gewend aan tien, elf orgasmes per dag. Tegenwoordig zouden ze het sex verslaving noemen, maar zo zag ik dat toen niet.

De een heeft nu eenmaal meer sexuele honger dan de ander. Bij het woord sex verslaving moet ik denken aan die pastoor die meer dan negentig keer per dag masturbeerde of de sergeant van de landmacht die uit elk peloton recruten er eentje uit zocht die hij binnen de kortste keren neukte en door gaf aan een luitenant met een voorliefde voor mannen.

Zo bracht menig jongeling zijn diensttijd bij de infanterie op gerieflijke wijze door in het bed van een onderofficier of een eerste luitenant met alle voordelen van dien.

Het leger maakt pas echt een man van je op die manier. Als seks vrijwillig verloopt is er niets aan de hand en of je dan met een man of een vrouw in bed ligt zal mij worst wezen, want rookworst zonder R is ook worst.

Uit de biografie van A. Crowley "The great beast" en "de autobiografie The confessions of Aleister Crowley" begreep ik dat er een link bestond tussen sex en het occulte. Niet lang daarna slaagde ik er in een connectie aan te gaan met een verleidelijke succubus demon.

(wordt vervolgd)

ALS IK EEN GEREFORMEERDE EEN HAND GEEF TEL IK NA AFLOOP ALTIJD EVEN MIJN KLOTEN NA...

kunst | 15 September 2011

"Volgens de gesubsideerde collegaatjes ben ik een man zonder brains en ballen, maar als ik een gereformeerde een hand geef tel ik na afloop toch even mijn kloten na!"

Armoede is de laatste veertig cent uit de voering van je versleten jasje halen om een half brood te kunnen kopen en weten dat je daarna niets meer hebt als beginnend kunstenaar zonder relaties om te overleven in de hel van de mid zestiger jaren die Amsterdam centrum heette. Ik had geen relaties in kunstenaarskringen in Amsterdam en met mijn werk exposeren in Galerie Mokum in de sixties maakte je niet veel indruk op de mode kunstenaars rond Galerie 20, collegaatjes die nu al weer lang vergeten zijn of onder de graftakken liggen.

Dat gelul van Simon Vinkenoog van "Amsterdam Magiese Stad" dat werd geslikt door meisjes die lerares handwerken wilden worden aan akademie De Schans en elke avond in Eylders zaten om zich door een corps student te laten opneuken (effe bij de buurman me batterijen opladen, zei een zo'n chick aan een tafeltje in café Reijnders, Leidseplein), maar als je geen poen had was Amsterdam helemaal niet zo magisch.

Ik ben er in 1967 en 1968 half verhongerd.

Sartre zegt; de hel dat is de ander... En ik zeg: de hel dat ben je zelf met je kop onder lijn elf.

Voor drie kwart van de wereldbevolking is het leven nu al een hel.

Filosoferen daar over heeft geen zin.

Je moet er iets aan doen of je mond houden. Ik doe er niets aan omdat ik op mijn centen moet letten.

Na 1976 toen ik uit de BKR ging heb ik nooit meer verdiend dan twintigduizend gulden per jaar en daar moest ik dan stad en land voor afreizen.

De meeste mensen die ik ken hebben honger noch armoede meegemaakt. Ze hebben in hun jonge jaren van een studiebeurs of ruime kunstbeurs er op los geleefd en denken dat dat armoede is.

Armoede is de laatste veertig cent uit de voering van je versleten jasje halen om een half brood te kopen (zoals ik moest doen in 1967 en 1968) en zeker weten dat je morgen niet te vreten hebt omdat je geld op is.

116

Uit eigen ervaring?

Toen ik in mei 1966 voor het kunstenaarschap koos zetten mijn opvoeders mij op straat. Ik had nog net een rijksdaalder over om de trein naar
Amsterdam te pakken. Via een advocaat (Mr. Moes) kreeg ik weken later
mijn kleding, boeken en een paar meubelen terug. Een bed en een oud
buro, wat kleding, een paar boeken en een tiental Blues LP's. Ik ben door
mijn opvoeders behandeld als een jood in oorlogstijd.
Ik kwam laatst een ex-vriendin uit de jaren 60 (Mila Hauser) tegen, die
zei: in die tijd had je nog geen gulden voor een zak patates en je was zo
vermagerd en zwak dat je nauwelijks een stijve lul kon fokken.
Zo was het ook.
Als ik bezoek keeg had ik mijn laatste vier dubbeltjes er voor over om
hem of haar een kop koffie te geven in de kroeg.
Dat wordt je later niet in dank af genomen, maar met minachting afge-
daan.
Ik heb die zogenaamde vrienden uit het kunstenaarsplantsoen in Amsterdam leren kennen als parasieten en uitvreters, die achteraf me de meest
smerige streken leverden.
Ze worden er voor gestraft: Sjouk heeft vier hart infarcten en een hersen-
bloeding achter de kiezen, een ander heeft kanker en er is een meneer die
me dwars zat aan aids overleden.
Galeriehoudster Dieuwke Bakker verongelukte op een autoweg. Een andere galeriehouder, meneer Johan, die enkele werken van mij kocht en
vervolgens luidkeels verkondigde dat hij mijn werk nooit in zijn galerie
zou exposeren omdat het zo slecht was.
Net als die EO producer Hans van Seventer, die hetzelfde flikte, maar die
kun je het niet kwalijk nemen, want die is stijl gereformeerd en door die
club christenen wordt je altijd besodemieterd. Als ik een gereformeerde
een hand geef tel ik na afloop altijd mijn kloten even na; je weet maar
nooit!

U liep galerie openingen in Amsterdam af om aan drank en eten te komen?

Er waren een dertigtal galeries in Amsterdam. Iedere avond was wel ergens iets te doen. Het was een kwestie van overleven om goede relaties

met de galerie wereld in die tijd te onderhouden. Toch viel ik per maand nog 2 kilo af.

Ik liep per dag 11 uur naar Lila's kantoor om een paar boter hammen uit de kantine mee te kunnen eten. Als ik weer thuis was had ik weer honger. Waar ik kwam pikte ik een sinaasappel van de fruitschaal om genoeg vitamine C binnen te krijgen.

Ik was niet achterlijk; ik wist dat dit van vitaal belang was. Als ik dat aan een vol gevreten subsidiekunstenaar met een tweede huisje in de Bourgogne vertel vind hij dat prachtig, omdat zo iemand zich eigenlijk diep schaamt voor zijn staatsgesubsidieerde, risicoloze bestaantje.

Mei 1968 kwam het geld van de eerst BKR aankoop bij mij binnen. Mijn laatste veertig cent waren al twee dagen op. Ik had twee dagen niets gegeten en ben toen uitgebreid gaan eten bij snackbar De Zon. In mijn herinnering smaakte dat als een feestmaal. Het was de smaak van de vrijheid.

Laatst ben ik er op een avond in november 1985 terug geweest . De peppersteak was te taai om op te eten, de wijn te koud en zuur, de verpieterde doperwtjes uit een blik dat al dagen moet hebben open gestaan…

Fred van der Wal, Garijp, 1985.

bekeken x 246

118

VAN GOD LOS GERAAKT EN NOG NIET GAAR!

kunst | 15 September 2011

DE GEMIDDDELDE GOEDGELOVIGE GRISTEN IS DAARNAAAST
OOK NOG VAN GOD LOS GERAAKT ALS IE NIET UITKIJKT MET
ZIJN MISJPOGE!

De gemidddelde gristen is daarnaaast ook nog van god los geraakt, beweert onze rasartiest van af zijn eigen kansel! Hij wel, Hahahaha!

"De gemiddelde christen (spreek uit: gristen) is in zijne gezapigheid het
grote goed van het O.T. totaal kwijt geraakt in zijn overspannen ijver en
alles verterende vangotvergeten kristullukke kolère en dàt meneer, dat is
me een verschraling, want zo zout heb ik het nog nooit op de viool horen
blazen anno nu tegenwoordig.
Ik bedoel : een echte fijne gristenmens gaat niet naar pop festivals en lo-
kalen waar men elkander op ontuchtige wijze het hof maakt onder invloed
van drank en hatsjie uit hatsjiepijpen.

HET IS DE DRUPPEL DIE DE DEUR DEFINITIEF DICHT DOET EN
DE EMMER LAAT OVER LOPEN MIJNER SCHIER ONBEGRENSDE
TOLERANTIE!

Ze weten niet meer in de disco waar ze vandaan komen uit de tent van
Abraham, niet waar ze naar toe gaan met de vergeving der zonden en al
helemaal niet waar ze uit zullen komen.
Een volk dat van God los raakt gaat ten onder als natie.
Men kent de Schrift niet.
En wat is daarvan het gevolg?
Zij zijn de livin' dead.
Briketten voor de hel en verdoemenis.
De zombies in Zijn ogen.
Ik zal maar weer eens wat voorbeelden van inkeer aan halen.

De broeierige erotiek van het Hooglied en de scepsis van Prediker, die de
werkelijkheid tegen het eeuwige licht houdt, daar leef ik mee, dáár ga ik
mee naar bed, dat vervult mijn ganse wezen en daar sta ik mee op, nog

119

liever dan met andermans wijf of een jofele brochum, dat bevredigt mij in alle opzichten zo diep en that's all folks.

Verder is d'r namelijk niks tussen hemel en aarde dan het Dikke Boek! Alle andere boeken kunnen gelijk door de papiermolen en zodoende terug gegeven worden aan de natuur in die eeuw'ge cyclus van ondergang en wederopbouw.

Het gristelijk geloof is een rapier. Prikt door elke schijn redenering heen. Een tweesnijdend zwaard.

Je kunst kop ligt er af voor je het zelf weet.

Toch behoeft het gristelijk geloof ondanks alles nog enige kritische opmerkingen.

Dat gezeur van Ruurd Waterhoofd van het Friesch Dagblad over de Heere Jezus en voor je eigen lol aan andermans kruis hangen en de andere wang toe keren om voor je harses te worden geramd door de een of andere halluvve zool uit een Pinkstergemeente... okee, hoor, breekfeeest op gristullukke grondslag, als je masochist bent vind je dat lekker, terwijl ik meer redeneer van oog om oog, je hele gebit d'r uit met één karatestoot en die kan ik weg geven als full contact karateka! En dan mijn one liner er achter aan; de beuk er in bij je kleine zusje.

De E.O. aanhangers, doorgaans heel simpele lui, meestal volkomen onaantrekkelijke on- of half geschoolde mottige ULO tiepes zonder enige make up en afgezakte zompige tieten beteugelaars, niet gehinderd door enige kennis of gevoel voor uiterlijk schoon, komen soms toch nog heel leuk uit de hoek, maar is dat genoeg om het leven met een grote el mee door te komen?

Nee, dat is te kort door de bocht van de hypokrisie! In die piëtistische kringen van zeveraars heeft men de Schrift vergeestelijkt en dat levert onwaarachtige, weke tiepes vol zelfbeklag op, die veel dingen van het ware leven daar mee hebben laten liggen, zoals in de leiding van de Pinkstergemeente te H. de gewoonte is en dan denk ik onmiddellijk aan de volgevreten pens van de softe P. d. V. , die glimt van zelfgenoegzaamheid hoorde ik laatst nog van mevrouw C. te H. en hij glimt vooral van de combinatie karakter vettigheid, gluiperigheid, brilkriem en luiheid volgens haar.

Niet te zuinig! Ik wil niet gelijk gaan oordelen maar soms kan een man niet anders.

Die meneer P. d. V. is een meneer van het tiepe vrachtwagenchauffeur die de baas naait als het effe kan met de vlam in andermans pijp.
Die laatste kwalificatie kunnen we bij nader inzien wel weg laten, want deze hangjurk is al decennia lang uitgeblust en zijn uitlaat er af gevallen door de corrosie.
Maar dan moet ik ook gelijk weer denken aan dat heel gristelijke op het eerste gezicht zo frisse ouderlingenpaar J. & D.van die aan een drukke, door gaande otoweg gelegen benauwde boerderij te H., fervente ex-part-nerwisselaars die geen seksjuwelen zee te hoog gingen als erotiese zeilers en seksjuwelen diepzeeduikers in andermans verstelde onderbroek en het verleden met het roer in de hand heel vrij in andermans hete ondernavelse met de medemens om gingen, maar dat geeft in E.O. land allemaal niks, want wie hou van mekaar, niet waar?

De gemidddelde gristen is daarnaaast ook nog van God los geraakt!

Het barst bij de EO trouwens van de homoseksjuwele ras flikkers heb ik me laten vertellen door Feike ter V., dus de koningsgezinde EO dorps om-roeper Jerommeke staat gotzijdank bepaaldelijk niet alleen met zijn dien-tengevolge hoogstwaarschijnlijke tegenatuurlijke twijfelachtige serostatus omdat je ontzettend ziek van kan worden van dat poep stampen. Voor je het weet heb je een l*l als een stoplicht dat constant op rood staat, dus is blijven hangen en hoe moet het dan met het genitaal verkeerd? Handbediening? Omschakelen? In zijn achteruit? Proberen om te keren zoals de Tom Tom aan geeft?

Ik weet uit betrouwbare bron dat de moeder van Jerommeke, dat zwaar brillende onnozele griffermeerde schaap, tiepe Jo met de banjo met de klep pet op om de pukkels op d'r kin te verbloemen en op jeugdkamp bij de gereformeerde jongelingenvereniging "De Kalebieten" de joekelille tot diep in de zwetende oksel stopt, die zo natuurlijk leeft, gotsalmebeware, daar heel veel verdriet van heeft (het zij haar gegund) en hoe zij het met heur verscheurde hart heur smarten uit krijt door elke dag wel twee maal te bidden tot den Onzienlijke om uitkomst, die natuurlijk niet komt, want eens een homo altijd een homo en wij hebben wel te maken met Hem, maar Hij heeft uiteraard aan ons zondaren op seksjuweel gebied geen enkele boodschap, want Hij …Hij zwijgt of lacht hooguit homerisch in Zijn vuistje om al die domoren die malkander rücksichtslos van achteren pakken en stoot Hij als Heire der Heirscharen   Zijn Zoon even ter sluiks aan op de troon aan Zijne rechterhand terwijl hij de middelvinger op steekt!

Toch houd ik ontzettend veel van de homootjes en als één schaap over het hek van de dam is krijg je ze gelijk allemaal op de koffie, want ze zijn zo aanhankelijk en houden echt heel veel van hun moeder. En krijg ze dan maar eens weg want ze willen het liefst uithuilen en snikkend in je armen vallen op zoek naar wat aangenaam divertissement voor twee of meer personen van dezelfdde kunne als afweer- en glijmidddel tegen die koude kerst met hun forse piek en leuke glimmende klassieke geschoren kerstballen.

Van mij kunnen ze een sjoko kerstskransje met van die witte spikkeltjes krijgen voor in de kersteboom en die vrienden wil ik dan als extra service ook nog wel als cockring om hun l*l vleien.

Dat is echt nieuw en maakt het pijpen tot eeen vrolijke koek en zopie als je het metaal tegen je tanden hoort ketsen. Voor je het weet zak je door het ijs van de repressieve tolerantie als meneer van uit zijn snotpegel klaar komt recht in je bek en wat dan? Dan nog liever een broodje stoeptegel? Gelul van Hegel?

Maar Ik, Fred van der Wal heb daar van zelfsprekend nooit onder geleden, want werd men te opdringerig of te onbeschoft in kristullukke kringen dan was het gewoon een dusdanige schop onder het hol van zo'n griffermeerde hufter dat z'n ballen gelijk de bek uit vliegen en daarna dag met het handje.

Je moet van je naaste houwen maar de schier onmetelijke diepe emmer mijner tolerantie is nu eenmaal begrensd en dan is daar al weer de druppel die de deur dicht doet. De klem op je kaken en je knie in het slot maken meer kapot dan je lief is.

In 1996 heb ik al die kalvinisten met hun schijnheilige praatjes op het schunnige af de deur uit getrapt tot en met die buiten producer van de E.O. en dat schattige, christelijk gereformeerde paartje H.& A. met huwelijksproblemen van de Troelensmulweg.

Nou hoor ik achteraf dat het fijn-christelijke echtpaar v. d. H. te H. dolblij was dat we uit Friesland vertrokken, dus dat scheelt weer een slok op een borrel.

Verdomd als het niet waar is! Ik wil niet gelijk gaan op scheppen als een-voudige, ongeschoren, artistieke boerenlul, maar het moet gezegd worden. En waarom dan wel, meneer van der Wal? Waarom?

Nou, als ik heel even van Uw tijd mag roven zal ik U dat vertellen. Ik stam namelijk in rechte lijn af van Grote Pier, dat was een verzetstrijder à la lettre beweren ze, als je dat zwaard ziet in het Fries Museum, het is dan wel van plestik, maar dat valt niemand op, die maliënkolder, dat kuras, die helm ook, allemaal drie maal nep... mijn Godt, adembenemend, die helm ...daar past een paar mud aardappelen in en dan denk ik gelijk aan Friese Bintjes, macrocefalen en aan mijn zo gewaardeerde Noordelijke Lullige collegaatjes, die culturele Groninger/Friese en Drentse ontbijtkoeken en artistieke aardappelen van dertien in een dozijn, maar ook aan al die over-betaalde malloten van leraren en omgeschoolde leraresjes TeHaTex met al hun pretenties en kletspraatjes.

Mijn overgrootvader Nitjen Utterts uit Kollum voer bijv. op de laatste teaclipper- on a slowboat to China- en dronk als matroos voor de mast lie-ver jenever dan thee, daarom is hij ook na een dronken bui met zijn zatte kop de Herengracht te Amsterdam in gestapt toen hij het echt niet meer zag zitten en er niet meer levend uit gekomen. Zijn ter aarde bestel-ling en graf zijn onbekend, dus is hij ook onbemind.

Er was hem namelijk geen andere optie geboden dan het wenkende water. De psychosociale zorg was nog niet op poten gezet en Prozac moest nog uitgevonden worden. Mantelzorgers en tapijtreinigers waren er nog niet. Couture stond nog in de kinderschoenen.

Een kwaad wijf liet hij achter die een wasserij dreef aan de Korte Leidse-dwarsstraat te Amsterdam waar nu een visrestaurant gevestigd is. Hij heeft nog zes maal schipbreuk geleden in een taifoen tot hij gered werd door de Goede Sint op een stoomboot naar Spanje, waar hij aanvankelijk niets van wilde weten als ras-calvinist, dan ga je niet in zee met een Roomse Heilige om de gehandschoende handen van een prelaat aan te ne-men, dan nog liever pompen of verzuipen.

Gingen ze met zijn zesentwintigen in een wrakke sloep, maanden lang achtervolgd door een school hongerige haaien, dus roeien geblazen tegen de wind in, je kwam geen meter van je plaats, je kent dat wel uit die film Jaws.

Ze dobbelden er om wie één voor één naar de haaien ging. Hij bleef als laatste over en werd gered door een marineschip, dat nu op de bodem van

The Atlantic ligt te roesten. Na die tijd werd hij wat afwezig en kon lang naar buiten kijken door het raam met betraande ogen. Neem het hem eens kwalijk dat hij elke dag als kwaadaardig monkelende grijsaard een paar literkruiken Zeer Oude Genever leeg lurkte en dan een boer liet, die hij overigens afvlakte door met de open hand bestraffend op zijn dikke pens te slaan. Als je onder die omstandigheden nog geen suïcide pleegt weet ik het ook niet meer…

(wordt vervolgd)

GELD BRENGT GEEN GELUK? BULLSHIT!

kunst | 15 September 2011

ZE ZEGGEN GELD BRENGT GEEN GELUK. IK GELOOF DAAR
NIETS VAN!

"GELD BRENGT GEEN GELUK? BULLSHIT!"

ZE ZEGGEN GELD BRENGT GEEN GELUK. IK GELOOF DAAR
NIETS VAN!

Eigenlijk voel ik me beter dan ooit. Ik ben gezond. Gelukkig heb ik goede
genen. Een gesprek over het belang van een flinke dosis praktisch verstand want dat gaat met geluk hand in hand.

Wat vindt u zo interessant aan het rijke milieu dat u beschrijft in uw biografie?

Ik ken heel wat goed gesitueerde mensen die er een royale levensstijl op
nahouden. Ze hebben een mooi huis, een chique auto, een aantrekkelijke,
goed geëpileerde vrouw. Moderne epicuristen. Levensgenieters. Genot-
zoekers. Feestbeesten.
Het zijn misschien wel snobs maar ik voel toch sympathie voor ze. Zo
lang ze geen kale mossel hebben, want dat zijn net kleuter k*tjes. Mensen
zeggen dikwijls 'Geld brengt geen geluk'.
Ik geloof dat niet echt.
Ik geloof er helemaal niets van.
Van geld kan je genieten. Money Honey, makes the world go round en
moet daarom rollen.
Geef mij maar die rijke klasse, die houdt van exclusieve wijnen, van
bijzondere auto's, mooie vrouwen, chique merk kleding, soirees, pre-
mières, fast fucks, snel leven, burning desires.
Krijg ik een goedkope fles wijn dan spoel ik de inhoud dezelfde avond
nog door de plee.
Ik blijf daar de gever dan op aan kijken. Het liefst zie ik zo iemand nooit
meer terug.

Toch eet ik aan de andere kant net zo lief in een goedkoop eethuys als "Het Broodthuys" in Leeuwarden, behalve als ik een uitsmijter met ham krijg die op plestik lijkt of een koude kroket als een harde berenlul.

Ze beweren dat ik ondanks mijn miljonairstatus mijn dochter van de voedselbank laat vreten.

Ik was nog niet op het idee gekomen, maar vind het een heel goed idee. Verschil van stand moet er wezen.

Als de jongere generatie niet de koude des nachts en de hitte des daags over hun onnozele leventje hebben voelen blazen wordt het nooit wat.

Nou, als ik die dikzakken in de rij voor de voedselbank uit zakken chips en bakken friet met klodders mayonaise Hollandaise zie vreten hebben ze zeker niet te klagen.

Ze dragen allemaal Ray Ban zonnebrillen. En de derde hands Mercedes staat om de hoek want Ma verdient lekker bij met d'r te huur staande klap k*t. Modern samen leven. Iedere allochtoon met een kluit poen is welkom.

Wat mijn dochter betreft: Haar man is bij haar weg gelopen en nu leeft ze van een bijstandsuitkering met drie kinderen.

Of ik dat ernstig vind?

Helemaal niet. Als ik bij haar langs ga gooi ik bij het weg gaan gewoon een joetje of een meier achteloos over mijn schouder. Ze moet het wel op rapen, want voor wat hoort wat en dat ze in het in haar rug heeft kan mij wat bommen.

Of ik haal een dozijn flessen Proseco voor haar habit, kan ze haar sores even vergeten.

Okee, het is niet goed bij die zware doses Oxazepammetjes en nog wat van dat spul, maar daar heb ik niks mee te maken after all! Dat lost de psychologiater wel even later op.

Enkele webloggers betwijfelen mijn financiële status, maar wat hebben zij zelf voor achtergrond met als absoluut hoogtepunt een driekamer flatje op de vierde etage?

Wie zijn eigenlijk wel als eminenties? Ik kan er kort over zijn! Niks, naks en notting mijn l*l die smaakt naar bokking en wat eten ze dan? K*tspek in de pan, oooh, ooooh, wat een lekkere kostganger is dat dan!

Ze vergeten dat je met twee grote, hypotheekvrije villas, één vlak aan zee, de ander in de Bourgogne, al gauw miljonair bent.

Het geld zit grotendeels in de huizen. Fifty fifty. Op rekeningen staan nog wel bedragen van zes cijfers. Tijdens die kweekschooljaren zagen ze me allemaal uit de klas als een ongeïnteresseerd sulletje met lang haar die regelmatig half gedrogeerd de bank uit sodommieterde en naar de "Rolling Stones" luisterde in plaats van nr het "Golden Gate Quartet". Boys met een gouden gat. Not my cup of tea. Alhoewel een man met tieten er natuurlijk altijd wel in gaat! Voor geen gat te vangen!

Laat ze maar kommen met hun commentaar van uit hun nieuwbouwtussen woninkies.

Ik wil wel eens kijken wie er zwarte band karate op zijn 53-e werd en vijf huizen in eigendom had. En meer dan 350 exposities van zijn werk hield, boeken bij de vleet publiceerde.

Ik let niet eens op wat er op mijn rekeningen staat. Zo was ik bij de belasting opgave een deposito van 85 ruggen gewoon vergeten. Kan gebeuren. Geld zegt me niks.

In het begin van mijn carrière als Volkskrant weblogger werd ik niet helemaal goed begrepen.

De meeste "kenners" van het Vkblog schreven: "Ach, hij zou beter kunnen ophouden met schrijven. Hij is uitgeluld, die klootzak! Hij moet maar gaan schilderen, maar dat kan hij ook al niet!"

En dat soort denigrerende opmerkingen is alleen maar de benzine die mijn motor doet draaien.

Het hoort bij de salonsocialistische academische kale kinnesinne kutkolere kliekjes kultuur in Holland, het domineesland bij uitstek. De middelmatige kliekjesgeest. Het obligate gekanker.

Wie vallen mij voortdurend aan?

Gefrustreerde collegaatjes, uit het maatschappelijk bestel gezette randfiguren, arbeids ongeschikte rancunelijers, halve psychoten, zenuwelijers die geen maat kunnen houden met hun habits, gepensioneerde leraren Nederlands en uitgerangeerde, drankzuchtig Haarlems leraresjes die al om tien uur 's ochtends ladderzat op de bank in de Viva liggen te bladeren en zich het schompes roken aan zware sigaretten.

Gitanes. Asfalteren je longen met zoab. De langzame wals van een gedoseerde zelfmoord. Eén zo'n product belde in Frankrijk mij jaren lang twee maal daags anoniem op.

In Vlaanderen waren de reacties wel meteen positief op Basic Publishing en Writeshistory wat mijn teksten betreft. Heel ander volk. Houden wel van kluchtige boert, waterkonijn en paling in het groen. Het Vloams Friethuys, daar kom ik graag.

U staat bekend om uw research. Alles is gedocumenteerd. Voor uw weblogs over de context van beeldende kunst was dat allicht niet anders?

Ik heb heel veel gecorrespondeerd met archieven en medewerkers van musea. Vooral drs Marina R. is mij onlangs zeer ter wille geweest bij het verschaffen van inside informatie over ICN en verschafte mij een promotie werkstuk over het decennia lange hap-snap aankoop beleid van de overheid. Ik kom daar nog op terug.

Neemt de research nu minder tijd in beslag dan vroeger?

Ik verloor vroeger meer tijd omdat ik nog niet genoeg wist. Nu schrijf ik al meer dan 20 jaar over beeldende kunst. Het heeft mij een bepaalde reputatie opgeleverd. Collegas zijn doodsbang voor mij omdat ze zelf doorgaans niet kunnen schrijven. Laat staan nadenken.
Ik ken het kunstenaars milieu dus vrij goed. Geef ik een leuke, bont opgeschilderde aantrekkelijke dame uit het Friese kunst sirkwie een dropje op straat dan heeft ze gelijk stront met de een of andere vette rolmops van een nep- en namaak kunstenares die het niet kan hebben dat ik contact met haar heb.
Ik laat mijn teksten soms ook nalezen door vakmensen.
Immers, betrapt een lezer me op ook maar de minste fout, dan denken diezelfde mensenmensen meteen dat ook de rest van het verhaal vol onwaarheden zit. Eigenlijk ben ik zo nu en dan een new journalist, ik presenteer feiten die ik ken of die ik bestudeerd heb, een enkele keer in de vorm van een verhaal en vlecht daar mijn opinies en eigen ervaringen doorheen. Dat is immers veel indringender dan een droog artikel. Je kan dat niet allemaal zomaar uit je duim zuigen.
Soms kom je uitgerangeerde academici tegen die mij met hun gefrustreerde vrouw tjes de les pogen te lezen over een onderwerp waar ze niets van af weten, dan licht ik ze geduldig voor en ontvang zelfs opzienbarende dankbare mails. Meestal duurt dat niet lang; dan schieten ze weer in de vlucht naar voren; de agressie, uit onvrede met zichzelf.

Veel uitgerangeerde academici denken; kom, ik koop een digitale camera, iedereen kan fotograferen, daar begin ik wel even een carrière want het stelt allemaal niks voor.
Zij voelen zich zo superieur. Het illustreert hun naïviteit en eigenlijk hun minachting voor het creatieve circuit.

U heeft veel collegas als onbeduidende personages neergezet die gedreven worden door blinde ambitie en onnozelheid. Vanwaar die interesse?

Over-ambitieuze mensen zonder talent zijn tot waanzinnige dingen in staat. Moord en doodslag. Het heeft te maken met woede, narcisme, frustratie en psychopathie. In artistieke kringen houd ik altijd mijn glaasje kummel goed in de gaten. Voor je het weet hebben ze er psychedelica of rattenkruit in gegooid.

Heel wat auteurs schrijven om hun demonen te bezweren. Is dat ook zo bij u?

Nee. Ik schrijf om de dingen een chronologische plaats te geven. Je maakt de gekste dingen mee. Een of andere Friese meneer die geen werk heeft en 's nachts weblogs schrijft over mijn werk en persoon of waar ik woonde en waar niets van klopt. Zelfs de namen van de overburen vermeldde hij al of niet opzettelijk verkeerd.
Eigenlijk schrijf ik heel graag en er spoken altijd ideeën door mijn hoofd en dan denk ik "Hier wil ik iets over schrijven".
Het kost mij geen enkele moeite. Ik schud het zo uit mijn mouw. Als een weblogger jaloerse opmerkingen maakt over mijn produktie aan boeiende artikelen publiceer ik er als antwoord wel even twintig op één dag.
Moeiteloos.
Moet je zien hoe moeizaam ze zelf publiceren. Twee A- viertjes nog niet eens per twee weken of een paar regels en een lullig fotootje als uitbottende padvinder in een te wijde korte broek! We weten het toch: padvinders zijn gatvinders. Daarom wilde ik ook zo graag bij de padvinderij!
Als mijn kop zo barstensvol gedachten zit dan probeer ik door middel van het schrijven weer orde te scheppen.
Ik heb nooit een gebrek aan onderwerpen. De manier waaróp ik het zal schrijven, de stijl, dat vind ik niet het moeilijkste. Ik roffel het uit de toet-

sen. In het begin corrigeerde ik de tekst niet eens op spel- en stijlfouten, nu nog wel eens.
Ik weet het; dat is helemaal verkeerd.

Schreef u ook als adolescent?

We moesten op de kweekschool verhandelingen schrijven, soms over de meest onmogelijke onderwerpen. Ooit luidde de titel "Het land achter Gods rug".
Ik schreef toen enkel 'Dat land bestaat niet'.
De leraar Nederlands –een van zijn geloof afgevallen gereformeerde grijze pik- werd woedend.
Ik moet zeggen dat de directeur er nog vrij goed op gereageerd heeft. Wel kreeg ik een 1 voor de moeite en ging ik om die reden met moeite over naar de derde klas van de kweekschool. Of het me iets interesseerde? Welnee.

Had u een gelukkige jeugd?

Absoluut niet. Veel huiselijk geweld, verwaarlozing. Ik was een bang kind. Terug getrokken, stil en verlegen. Ik heb dat ingehaald. Op de lagere school ging ik een half jaar niet naar school als 7 jarige en zwierf door Amsterdam, langs de grachten en in de havens. Speelde met vriendjes op houtschepen, ging vissen aan de Oude Zijdsvoorburgwal, zwierf over de kermis op het Amstelveld hele dagen tot 's avonds laat.

U praat in werkelijkheid in gezelschap niet graag meer over het verleden. Omdat die episode uit uw leven te pijnlijk is?

Ik vind: wie er iets over wil weten, moet mijn weblogs maar lezen. Ik houd niet van zelf beklag en vertel weinig over mijzelf

U bent sinds vier jaar de geliefde van kunstenares Isis Nedloni. Heeft zij een grote invloed op u?

Zeker. Vraag het haar maar. Vroeger was ik echt een wild beest. Een rauw dauw. Ik zou nu niet stellen dat ze me getemd heeft, soms kan ik nog wel eens losbarsten.

130

De bittere druiven van de gramschap. Maar laat ons zeggen dat ik toch wat beheerster ben.

Vroeger liep ik rond met Ibicenzer cowboylaarzen, een Afghaaanse jas, die ik voor 200 gulden kocht in 1967 bij Willem de Ridder, in de Alexander Boerstraat, waar het kantoor van Hitweek was gevestigd, Amsterdam zuid.

Hij importeerde ze uit Afghanistan. Ik liep rond een gescheurde jeans of een strakke roze broek, ik dronk veel, zocht ruzie, vechtpartijen. Ik ging uitsluitend voor beeldende kunst, literatuur, bier en tieten. Dat is toch allemaal veranderd.

Zijn er zaken waarover u spijt hebt?

Nee, ik heb geen grein spijt. 'I never apologize', een credo dat ik onderschrijf. Spijt is wat de bok schijt. Een kleine bok schijt meer dan een grote bok die aan verstopping lijdt, dat is een feit.

Ik kan ook niet tegen sentimentaliteit. Mensen die voortdurend zichzelf beklagen en die verdrinken in zelfmedelijden: vreselijk. Ik hoorde van een artiest die opgevoed is door vrouwen. De vader afwezig. Het verklaart zijn gebrek aan loyaliteit. Er is iets mis gegaan in het identificatie proces. Het heeft geresulteerd in een labiel, onbetrouwbaar, jaloers, ontevreden, gluiperig karakter. Een mislukt mens. Daar wil ik niets mee te maken hebben. Ik ga voor winners, niet voor losers. Ik denk dat een gebrek aan sentimentaliteit en een dosis praktisch verstand heel belangrijk zijn voor de gemoedsrust van een mens. Ken je de boeken van Charles Bukowski? Schitterend, een geknipte handleiding voor het leven. Ik voel me aan deze auteur verwant.

Waarmee bent u nu bezig?

Ik ga een aantal boeken publiceren, volgend jaar komen er vier uit. En er zijn tentoonstelling en vast gelegd tot in 2014.

Ik ben een zondagskind.

bekeken x 173

131

ELSJE STROETINGA & DE SPOKEN UIT HET VERLEDEN

kunst | 03 September 2011

Misja ontmoet 3 sept. 2011 in gezelschap van Robin A. in de post hippie commune Ruigoord Elsje "Elysee" Stroetinga met haar huidige partner en zijn hartelijk ont-vangen met glazen wijn in het huis waar Elsje woont als zij niet in haar huis in de Dordogne verkeert.

Herfst 1976 initieert Elsje S. op geraffineerde wijze een ruzie met mij op Arti et Amicitiae waar Chris van Geest, mijn echtgenote, Sjouk en Rini Stigter bij aanwezig zijn.

Tot 1976 was ik bevriend met Elsje en Chris en zagen wij elkaar minstens twee maal per week. Doorgaans eindigen hechte vriendschappen door moedwil en misverstand in onbenullige ruzietjes.

Chris van Geest en Elsje S. waren 30 oct. 1976 uitgenodigd op mijn ver-jaardag met Rini en Sjouk Stigter. Mijn wederhelft had in de voorkamer de grote tafel uitgeklapt en daar gedekt voor het aantal genodigden.

Een uur voor het etentje belde Elsje S. mij op met de vraag of haar Parijse vriendin ook welkom was.

Ik vond het geen enkel probleem, maar Ina die meer aan afspraken hecht wel , dus ik belde terug dat de onbekende vriendin niet welkom was.

Het antwoord van Elsje S. was dat zij dan ook niet met Chris zou komen. Ik vermoed dat de daar op volgende uitgelokte ruzie op Arti een wraak-neming van Elsje is geweest.

Het ligt voor de hand.

Elsje S. meende zich te herinneren dat wij in onze luxueus ingerichte, dure vrije sector woning aan het Galileïplantsoen in de Watergraafsmeer van een houten plank aten die aan de muur vast zat en droge witte boterham-men met kaaskorsten en ham zo hard als triplex onze gasten voor schotel-den.

Het is helaas bezijden de waarheid, want ik had het haar achteraf graag gegund.

Sporadisch heb ik Chris daarna in de jaren tachtig nog wel eens gespro-ken. Zo heeft hij mij geprobeerd een aantal falsificaties van Sonia Delau-nay aan te smeren die hoogstwaarschijnlijk door een bekende Hollandse kunstvervalser, waar hij connecties mee had, zijn vervaardigd.

Deze vervalser kwam in 1969 bij mij over huis in de Nieuwe Spiegelstraat. In 1971 verbrak ik het contact met hem omdat ik niet in de beeldende kunst ben gegaan om in de criminaliteit te belanden. Ik had bij het zien van de grafiek al meteen mijn twijfels.

Begin jaren zeventig vertelde Elsje dat ze in Parijs had gewoond, een sportwagen en een appartement daar had bezeten en als fotomodel enige tijd had gewerkt. Ik nam toen aan dat het de waarheid was. Ze zag er goed uit en paste in het modebeeld.

Als ik me goed herinner was zij ook nog eens uitgeroepen als koningin van het Hoela Hoepen.

Niet iets om je voor te schamen.

Vanmiddag in Ruigoord- na bijna 40 jaar later- ontkende zij ooit gezegd te hebben dat ze fotomodel was en meende daar alsnog beledigd over te moeten zijn. De reden om op het fotomodellen bestaan neer te kijken ontgaat mij, maar is wellicht in de eenzijdig georiënteerde ex-Amsterdamse post-hippiekringen geen aanbeveling.

Toevallig dineerde ik in een restaurant in de buurt van de Kalverstraat geruime tijd geleden waar op de witte muur een video werd geprojecteerd van Ruigoord. Heel even zag ik daar Els je S. in een bontjas van het Waterlooplein voor bij schuiven en herkende haar direct

In eerdere weblogs op Basic Publishing en Vkblog heb ik summier aandacht aan Elsje S. en Chris van G. besteed.

Summier, omdat ik mij niet echt bezig houd met ex-vrienden of vriendinnen en het eigenlijk nog steeds veel te druk heb om me er in te verdiepen. In op korte termijn te publiceren boeken zal ik in de marge aandacht aan ze besteden.

Ik ga conflicten uit de weg, vermijd ruzies in gezelschap en om die reden heb ik Elsje noch Chris na de gebeurtenis ooit opgezocht. Het benauwde kleine kunstwereldje van Amsterdam heb ik altijd gemeden.

Het door Elsje S. in de jaren '80 op Arti et Amicitiae verspreide verhaal dat mijn biologische vader een ex- S.S.-er is geweest berust niet op feiten. Integendeel, hij leefde na 1972 van een uitkering van de Stichting 1940-1945. Doorgaans zijn deze staatsruif uitvreters geen SS-ers, maar wist Elsje S. veel!

bekeken x 265

WAT MIJ BETREFT: PRIMA DAT VKBLOG EXIT IS. IK ZAL HET NIET MISSEN.

kunst | 27 Augustus 2011

VKBlog Exit! Ik zal het niet missen! Een controverse!

TIMMERARK ER IS LEVEN NA EEN SCHORSING...

Geplaatst op april 26, 2011 door timmerark

Geachte Moderator,

Is er een mogelijkheid om in beroep te gaan tegen deze schorsing?
Waarom is deze schorsing zo laat (acht dagen na publicatie van het betreffende Blog) uitgesproken, was u met vakantie?
Waarom schorst u iemand om een Blog reeds zelf door de Blogger verwijderd?
Is een mede Blogger een raadsel noemen veel erger dan veel door deze Blogger geuite termen als fascist en verwijzen naar de moeder van de een andere Blogger in termen waar zelfs G. Wilders braakneigingen van zou krijgen?

reacties op Geachte Moderator van het Volks krantBlog

Fred van der Wal: Enkele reacties van Grutte Pier zijn weg gehaald vanwege niet ter zake doende, hatelijke mededelingen van zijn kant.

fredvanderwal zegt: april 27, 2011 om 4:06 am

Gisteren is mij hetzelfde overkomen. Na een actie van één of meerdere webloggers, die mij zoals al langer bekend niet goed gezind zijn, ben ik voor twee weken geschorst om redenen die mij niet duiddelijk zijn. Een mail waarin ik vroeg om uitleg is niet beantwoord.
Een beroepsmogelijkheid is er niet. Het recente moderatiebeleid in de eindfase van het weblog vind ik een smet op het VKblog. Inmiddels heb ik mijn abonnement op de krant opgezegd per 8 mei. Het enige argument

134

waar een dagblad gevoelig voor is.

Piet de Vries zegt: april 27, 2011

Ik noem moderatie consekwent censuur, dat verduidelijkt het. Wie deze censuur wil, en waarom, is uiteraard speculatie. Maar het is opvallend dat censuur vrijwel altijd plaatsvindt na uitingen die een bepaalde groep onwelgevallig zijn.

fredvanderwal zegt: april 27, 2011

@Piet de Vries

In het geval van de VKblog moderatie spelen persoonlijke motieven soms een rol, maar beslist geen internationale groepen. Zo is mij bekend dat een kleine groep extreem links draaiende melkzure Vkbloggers vanaf 2006 al anti-Fred van der Wal. Een groep gefrustreerde VKbloggers nu al jaren lang aangevoerd door twee academisch gevormde, helaas baanloze Vkbloggers en een gepensioneerde leraar Nederlands die de Freek de Jonge clown speelt om bij het schamele pensioen bij te beunen, een triootje, waarvan tenminste één persoon goed bevriend is met de moderatrice en regelmatig beklag deed over mijn bijdragen aan het VKblog.

De gepensioneerde leraar Nederlands, die als nauwelijks gelezen weblogger eveneens anti mijn weblogbijdrages meende te moeten schrijven dat mij de hand boven het hoofd werd gehouden door de moderatrice is een onplezierige meneer, die gedoogd wordt vanwege zijn tweedehands zeilbootje.
Mogelijk heeft de moderatrice om te haar onafhankelijkheid te demonstreren mij een schorsing opgelegd. De inhoud van mijn reacties op het weblog was neutraal.
Volgens Telmiep bezocht de Persgroep Be. Na klachten van jaloerse webloggers gisteravond enkele van mijn weblog bijdrages van weken geleden, maar zag klaarblijkelijk geen reden voor verwijdering, anders had ik dat wel gehoord van die Vloamse suikerzakjes.
Van censuur zou ik ondanks alles niet willen spreken in het geval van de VKblog moderatie, wel van willekeur.

Inmiddels zijn veel Vkbloggers weg gelopen door een te strikte moderatie die elke vorm van polemiek en metabloggen heeft uitgebannen. De spirit is door deze gang van zaken al lang uit het VKblog. Andere weblogs gloren reeds aan de horizon. Wat mij betreft; prima dat VKblog per 1 juni exit is. Ik zal het niet missen.

francois15 zegt: april 27, 2011

De moderatie is inderdaad zeer zonderling geworden bij die club. Kennelijk is er ook geen controle meer op de moderatie zelf. Opvallend is dat iemand als Ticusescu inmiddels het VK-weblog heeft over genomen

fredvanderwal zegt: april 27, 2011

francois15

De klacht tegen mij is ingediend waarschijnlijk door de club van GP, Muthert en Kokopelli die mij enige tijd geleden beloofde "een tik uit te delen".
GP kondigde aan de moderatie te waarschuwen op het weblog van Ate om Partout weer dwars te zitten.

Aanleiding voor mijn schorsing is uiteraard het weblog van Ate, die op uiterst schijnheilige manier mij en Partout aanvalt.

Laat ze hun lol lekker hebben! Het laat een bittere nasmaak na, te meer daar ik de moderatrices Jantien en Martine in de achterliggende periode openlijk door dik en dun gesteund heb.
Wat is loyaliteit in de salon-socialistische kringen van de Volkskrant waard, vraag ik me dan wel af.

fredvanderwal zegt: april 27, 2011

Ik heb de moderatie gisteren gemaild om uitleg schorsingen

geen antwoord

vandaag de moderatrice op haar persoonlijke facebook adres gemaild

136

geen antwoord

we wachten af

Enige tijd geleden stond ik op facebook pagina van de moderatrice in gezelschap van academici K. en M. Zij heeft daar klaarblijkelijk spijt van
gekregen of een vermaning van de internet redactie en verwijderde mijn
naam na een verwijt aan mijn adres van "mogelijke seniliteit op oudere
leeftijd" waar ik aan zou lijden.
Het meiske komt uit de kringen van het Amsterdamse discotheekwezen,
waar zoals wij weten niet de parels van de maatschappij zich doorgaans
bevinden.

Daarna werden M. en K. eveneens uit haar facebook verwijderd om niet
de schijn te wekken dat zij aan de kant van deze beide academici staat.
Het is bekend dat de moderatrice mijn weblogs "vullis" vond en mijn vui-
ge persoon niet al te aangenaam.

De inhoudelijke mail uitwisseling met de moderatie heb ik in archief en
zal binnenkort ter publicatie komen.

fredvanderwal zegt: april 27, 2011

Meer dan 26 (!) Spamblogs vandaag. Diverse webloggers worden geschorst om niets. De Volkskrant een krant om een abonnement op te nemen? Ik dacht van niet! Het is een versie van De Telegraaf.

fredvanderwal zegt: april 28, 2011

Meneer Pier

het sieraad van onze maatschappij

kan hele nachten door bloggen

toch goed dat er uitkeringen zijn

en flessen goekope supermarkt Booze

alhoewel ik naar puur Bijbels voorbeeld redeneer

wie niet werkt zal ook niet eten
en zo hoort het ook

fredvanderwal zegt: april 28, 2011

Timmerark

Ik heb de volgende mail gestuurd aan de moderatrice:

Geachte moderatie

Ik nam in vergelijking met enkele andere respondenten een gematigd commentaar aan op het weblog van Ate. De reden van schorsing vind ik niet terecht, maar er iets aan veranderen kan ik niet.
Vlak voor het definitieve einde van het Vkblog laat het een weinig prettige nasmaak na. Ik wil u herinneren aan het feit dat ik in achterliggende jaren de moderatie openlijk voor de volle honderd procent heb gesteund in mijn reacties op weblogs tegen een aantal klagers.
Waarschijnlijk zal U dat niet veel uitmaken wat Uw beslissing betreft, doch dit terzijde.
De langdurige, felle aanvallen van uit een aantal webloggers die mij vanaf het begin niet welgezind waren zullen U ongetwijfeld bekend zijn.

met een groet

Fred van der Wal

labello lipstick manon verdruis-van heuvelstein zegt: april 28, 2011

CAM is toch dat dikke mens die als verkeerd uitgepakte gehaktbal achter die veroordeelde "vermeende" pedo stond en met iedereen mee slijmt als het hem of haar uit komt?
Ik heb het vonnis gelezen en het is onmiskenbaar een veroordeling. In elk geval tenminste een half jaar in de bajes.

De Mevrouw zegt: april 28, 2011

Goed dat ze die Fred van der Wal eens flink hebben aangepakt, Grutte Pier en Kokopelli, hulde!

A Deo

JOB zegt: april 28, 2011

Prima om die van de kwal in de sloot aan te pakken

Catadunya zegt: april 28, 2011

Gisteren zat ik in mijn studio in MANHATTAN, EERGISTEREN IN Girona in eeen vijf sterrenhotel, vandaag BRUSSEL WAAR IK EEN CONFERENTIE MET Paul Cliteur bezocht

Catadunya zegt: april 28, 2011

A DEO

GROET

JOB

fredvanderwal zegt: april 28, 2011

Wie Cam is heb ik geen idee

en wat ze bedoelt ook niet

fredvanderwal zegt: april 28, 2011

@Labello

Geen commentaar

@De Mevrouw is bekend. Vraag maar aan Ma. Als ze 'm missen is ie net pisssen en als ze 'm roepen is ie met zijn vette pens en hangtieten net poepen.

@Job

Geen commentaar

@Catadunya

Uw lulverhalen zijn inmiddels breeduit bekend geraakt. Drie maal de Uriotprijs? Conferenties in Brusssel? Paul Cliteur? Heeft U de lagere school al afgemaakt? Ik heb enige tijd geleden wel met Cliteur contact gehad. U niet. Paul Cliteur kende U niet. De mail heb ik in mijn archief.

fredvanderwal zegt: april 29, 2011

Grutte Pier

De aanleiding en reden zijn jou bekend. In de reactieruimte van Ate heb je een reactie neer gezet-als die al niet gewist is door Ate- dat je de moderatie zou benaderen met een klacht over Partout en klaarblijkelijk ook over mij.
Als jij daar je lol uit put als spitsburger; ga je gang. In de eindfase van het VKblog blijf ik het een vreemde zaak vinden. Jouw frustraties zijn de mijne niet!

fredvanderwal zegt: april 29, 2011

In een standaard frase van de moderatie afdeling, die niet is ondertekend op persoonlijke titel deze keer, werd vermeld bij mijn merkwaardige schorsing een voortdurend schelden op andere webloggers waar geen sprake van is. De weblogbijdrage van Ate, wie zich daar ook achter mag verschuilen, is uitermate tendentieus.
Specifieke voorbeelden van mijn "overtredingen" werden niet genoemd. Correspondentie met de moderatie afdeling geschiedde regelmatig over andere zaken dan over weblog aangelegenheden, des te vreemder komt deze schorsing op mij over.
Toevallig had ik vantevoren een aantal weblogbijdrages ingepland voor komende dagen.

timmerark zegt: april 29, 2011

Allen bedankt voor het reageren, al ben ik het niet met iedereen eens, maar dat lijkt me logisch. Over mijn geval (letterlijk), ik had zelf na een korte tijd het Blog weggehaald, het was grappig maar niet verheffend. Dat ik dan meer dan een week na dato geschorst wordt en ik meerdere malen heb geklaagd over de spam blogs alwaar ik niets over hoor en die ook gewoon blijven verschijnen blijf ik vreemd vinden.
Verder is het geen ramp.
Kan ik eens iets op mijn Blog CV plaatsen...

Gegroet,

Timmer Ark

fredvanderwal zegt: april 29, 2011

De verstandhouding met de moderatie was altijd heel goed des te meer bevreemdt mij deze schorsingen van de laatste tijd.
De spamblogs zouden niet behoren te verschijnen op het VKblog en ik vraag mij het een en ander af.
Maakt het opzettelijk deel uit van een ontmoedigingsbeleid?
Ik zou het haast gaan geloven

fredvanderwal zegt: april 29, 2011

@Grutte

Mijn commentaren bij Ate zijn niet dusdanig geweest dat een sanctie daarop te verwachten viel. Het weblog van Ate is bedoeld om Partout en mij niet alleen uit te lokken, maar vooral in een kwaad daglicht te stellen en te trachten Developer, die net iets slimmer is dan de gemiddelde VKblogger, tegen Partout en mij op te zetten.Je mededeling dat je geen belletjetrekker bent neem ik met een korreltje zout. Klaverblad heeft meerdere malen geschreven dat je tenminste een dozijn webloggers hebt weg gejaagd op persoonlijke gronden van het Vkblog.
Je bent voor mij niet geloofwaardig waar je het zelf naar hebt gemaakt enige tijd geleden. Ik hoef zeker niet in details te treden?
De diverse mails van mij in de loop van de tijd, in het bijzonder met één van de aanvankelijk vriendelijke moderatrices, gingen over van alles, zelfs

141

over zaken die weinig of niets met het weblog te maken hadden maar in de persoonlijke sfeer lagen.

Menig maal zette ik boven een mail ironisch GEEN KLACHT of AL WEER GEEN KLACHT maar betrof het een mededeling over zo nu en dan heel persoonlijke zaken die je niet aan gaan.

Tot voor twee weken had ik een hoge opinie van de moderatie en heb altijd door dik en dun hun standpunten en wijze van modereren openlijk verdedigd.

Ik heb elke mail opgeslagen waarin sprake was van een persoonlijke correspondentie dus kan ik moeiteloos met de bewijsjes aan komen als dat zou moeten, hetgeen ik niet erg sjiek vind tegenover de afzender. Daarbij komt dat briefgeheim door mij gerespecteerd wordt.

Nogal logisch dat ik de moderatie inlichtte over de verwijten die Ate aan mij en Partout openlijk kon neer zetten.

Ik vind dat niet IK een schorsing had moeten krijgen maar Ate met zijn insinuaties.

Een bloedhekel aan leugenaars?

Ik gebruik geen proxies zoals jij wel doet om anoniem te kunnen schelden. Je taalgebruik verraadde je. Daar kun je mij niet van beschuldigen. Je bent een gluiperd.

Nogmaals: de gang van zaken is meer dan merkwaardig. In de laatste weken van het VKblog verdient deze sitatie geen schoonheidsprijs.

Je antipathie ten opzichte van mij heb je constant gedemonstreerd vanaf het begin van het Vkblog omdat ik gelezen werd en jij niet. Een provinciale vijandigheid waarmee je de toon hebt gezet. Doorgaans niet de meest succesvolle leden van de maatschappij. Anderen zijn daar in mee gegaan. Verwacht niet van mij enige sympathie. Je hebt dat verspeeld. Daar ben je overigens niet de enige in, doch dit terzijde.

Niemand kan van mij verwachten serieus te worden genomen als hij of zij zich neerbuigend en vol hovaardij mij denkt te bejegenen.

Een enkele weblogger meent dat ik hogelijk geniet van deze controverses; zij vergissen zich. Mag ik misschien even een academicus aanhalen die mij bespotte dat ik uit het bestuur van de stichting van Developer trad vanwege ziekte? Ik mag hem van hieruit dan mede delen dat een glaucoom en artrose mij nu al een vier jaar het leven meer dan moeilijk hebben gemaakt. Moge hij zich daar in verheugen. Ik gun hun de lol. Op het VKblog had ik weinig zin daaar mededelingen over te doen. Hier, met het beperkte aantal lezers is het een andere zaak.

Grutte Pier, jij zal het wel weer als "leugen" beschouwen.

fredvanderwal zegt: april 30, 2011

Inderdaad Timmerark. Grutte Pier lokt elke keer weer om mij onbekende redenen een onaangename, vrijwel nooit ter zake doende discussie uit. Ik sluit verder de reactiedraad mijnerzijds.

timmerark zegt: mei 6, 2011

Grutte Pier,

Nee geen donderslag bij heldere hemel, daarin heb je gelijk. Ik heb het er zelf wel wat naar gemaakt. Toch verdient het niet de schoonheidsprijs. Ik wordt voor twee weken geschorst om een blog die ik zelf binnen een paar uur, en ook nog eens negen dagen voor de schorsing, ZELF heb weg gehaald. Het onderwerp van de spot, want dat was het, geen belediging of aanval, heeft weken nadat hij moeders van bloggers heeft aangevallen, waar was dat in godsnaam voor nodig (?), kunnen door bloggen.

Fred van der Wal zegt: augustus 23, 2011

WIE NAM DE MODERATIE NA WILLEKEUR NOG SERIEUS? Ik in elk geval niet. Het meisje zal nu wel weer als voorheen koffie mogen rond brengen op de redactie als "redactie assistente" een eufemisme voor koffiejuffrouw. Doet mee denken aan juffrouw Jannie van Jiskefet. En Grutte Pier? Ach, een Fries, dan weet je het wel. Ik hoorde van Knutselsmurf dat GP des avonds rond loopt met een lamme hond en een zaklantaren als beveiligings medewerker met uniform van Firma Lageboom. Of het waar is? Wie zal het zeggen...

bekeken x 191

143

BLOGINBLIK SITE HELAAS JAMMERLIJK MISLUKT

kunst | 26 Augustus 2011

HIERBIJ EVEN CITEREND UIT HET WEINIG WERVENDE PROZA VAN DE BAAS VAN DE SITE:

Blog uit Blik (door: Philoktetes)

Geplaatst op 12 juli 2011

Philoktetes: Blog in Blik werd in een opwelling bedacht, kort na de aankondiging dat het VKblog zou verdwijnen. Er werd veel overlegd op het VKblog over een vervolg, maar waar veel gepraat wordt, wordt vaak weinig gedaan.

Fred van der Wal: Het meest veel belovende alternatief voor het Vkblog door Developer R. Bellaart opgezet ging helaas de mist in door tegenwerking van een aantal zich prominent wanende VK bloggers.
De tweede keuze van Sanoma heeft nog steeds geen resultaat geboekt. Het enige eclatante succes tot nu toe bereikte OBA. Wat Ina Dijstelberge en Knutselsmurf in korte tijd tot stand brachten blijkt door een multi-national als Sanoma niet geëvenaard te kunnen worden.
Inmiddels lijdt het Vkblog een zieltogend bestaan met een overdaad aan Spam.

Philoktetes: Dus vrindje Jeex gebeld en gevraagd of hij een blog kon opzetten. Technische stelde dat niet veel voor, dus rap gedaan.

Fred van der Wal: De vormgeving van BloginBlik vond ik van af het begin aantrekkelijk en in korte tijd verbeterde de functionalitteit en de grafische vormgeving zelfs aanzienlijk. Van af het begin bleek de website beheerders met zijn vrindjes, -stijve Groningers- , een grote hekel te hebben aan mijn artikelen op BlogInBlik en het gevolg was een stroom van hatelijkheden over mijn beeldende kunst en tekst bijdragen van beheerders Ph. en Jeex aan mijn adres. Het gedrag van deze Groningers verbaasde mij niet weinig alhoewel ik wel een en ander van de onbehouwen Noorderlingen gewend ben.

144

Ik bleef wel loyaal tov hen, ook toen onlangs een paar stalkers mij op uitermate onbeschofte en lasterlijke wijze op BlogInBlik bejegenden met scheld- en schuttingwoorden van de meest grove soort. Ik liet in een reactie weten dat ik op deze wijze niet in de discussie wilde betrokken worden.

Een stalker met een psychiatrisch verleden die mij al jaren lastig valt en onder steeds andere namen op duikt leek er in geslaagd te zijn de EO voor zijn karretje te spannen door zich voor te doen als een fijne gristen die zich gekwetst voelde in zijn religieuze beleving door mijn artikelen. De mail van de EO over mijn weblog publiceerde de stalker op BlogInBlik. Tevens publiceerde hij meerdere malen lasterlijke aantijgingen tav mijn echtgenote.

Ik verzocht de beheerders van BlogInBlik vriendelijk deze laster weg te halen.

Zonder enige aankondiging wisten zij daarentegen mijn gehele weblog. Vreemd genoeg daar ik mij niet in de hetze tegen mij door de niet geslaagde kunstschilder Hyperventilatie en een dito mislukte kunstenaar had gemengd. Beiden, ex-leerlingen van de Rijksacademie, waarmee genoeg gezegd is over de kwaliteit van beide kunstartiesten.

Modereren

Philoktetes: Het vele gekrakeel op het VKblog over metabloggen (wat dat ook moge zijn), trollen, mollen en wat dies meer zij, bewees toch dat men meende ook zonder moderatie een blog te kunnen onderhouden. Niets bleek echter minder waar.

Fred van der Wal: Het begrip metabloggen is een modieus woord voor polemische bijdragen over andere webloggers of weblogs. Het verbod op polemiek of metaabloggen is de doodsteek geweest voor het Vkblog dat grotendeels verzandde in slaap verwekkende artikelen met fotos over bijtjes, bloemetjes, vlindertjes, strand taferelen en grazige weides met koeien. Een dicutabele moderatie van een redactie assistente was er voor verantwoordelijk dat een aantal bloggers de brui er aan gaven. Terecht. In de eindfase kreeg ik ook last van de willekeur van moderatrice M.R. die geen bewonderaarster van mijn teksten ooit was en na eindeloos gezeur van Frans M. "dat die Fred van der Wal alles zo maar mocht en niet eens kon schrijven", veel minder dan Frans zelf uiteraard, besloot deze mevrouw zonder enige reden mij twee weken schorsing op te leggen, toegejuicht door de academische zeilvriendjes van deze gepensioneerde leraar Nederlands, die zo graag tannist om zijn overmaat aan vrije tijd te vullen. Zoals tekenleraren mislukte kunstenaars zijn zo zijn leraren Nederlands mislukte schrijvers en gefrustreerd, Oooh, Boy, je wilt niet weten hoe ernstig...

Philoktetes: Een klein groepje zelfverklaarde kunstenaars, schrijvers en ander titels die men zichzelf graag gunde, kon het niet laten elkaar persoonlijk aan te vallen. Men had blijkbaar zo weinig fatsoen dat alles in hoofdletters en met veel schuttingtaal gepaard moest gaan.

Fred van der Wal: Over het gebruik van hoofdletters in de koppen van de weblogbijdragen is nooit geklaagd door beheerders van BlogInBlik. Indien bewaarlijk zou ik dat onmiddellijk hebben veranderd. Wat een zelf verklaarde kunstenaar, schrijver en andere titels (?) die men zich gunde inhoudt is een raadsel dat weblogbeheerder Ph. niet verder zal kunnen toelichten of het moet zijn basis vinden in zijn eigen frustraties tov beeldende kunstenaars en auteurs.

Philoktetes: Men vond zichzelf blijkbaar belangrijker dan alle andere bloggers alhier, met wellicht het gevolg dat serieuze bloggers zeer verstandig hun heil elders zochten.

Fred van der Wal:

Namen

Philoktetes: Een van de grootste zonden vond men het onthullen van elkaars identiteiten. Men neemt het recht om elke andere bezoeker hier lastig vallen met het gevecht om het grootste pikkie, maar schreeuwt vervolgens bij de admin om bescherming. Of zoals Geert Wilders zou zeggen: huilie huilie doen. Die lieden mogen zich dit aantrekken: Kruzdlo, Fred van der Wal, Hyperinflatie, Kunstkoppen! Hun inhoud is gisteren op mijn verzoek verwijderd. Voor enkelen is dat de tweede maal alhier. Een gewaarschuwd mens telt voor twee en scheidsrechtertje spelen is niet mijn hobby.

Sociaal experiment

Philoktetes: Als sociaal experiment kan BiB toch zeer geslaagd worden genoemd. Er mag worden gesteld dat een open weblog zich nauwelijks onderscheidt van de samenleving. Zo verpesten ook hier enkelen het voor de rest. Zo menen enkelen zelf rechten te hebben, die ze anderen willen ontzeggen. Et cetera. Websteks genoeg

Philoktetes: Blog in Blik ontstond als geste richting de vele bloggers die ineens hun stekkie op VKblog kwijt waren. In die hoedanigheid is BiB niet meer nodig. Velen hebben een eigen blog opgezet en velen hebben zich verenigd onder de Onafhankelijke Bloggers Associatie (OBA). Bovendien bestaat het VKblog nog steeds.

Philoktetes: De admin alhier (Jeex) en ik zijn in de luxe positie dat we geen Blog in Blik nodig hebben voor het een of ander. We hebben geen zeepkist nodig om onze mening te ventileren, we hebben ook geen BiB nodig voor onze boterham (wat enkele argelozen beweerden). We hebben echter ook geen kleuterklas nodig waar constant de grootste pestkoppen komen jengelen om bescherming. We hebben zogezegd meer te doen.

Technisch

Philoktetes: Voorlopig blijft BiB bestaan, maar nieuwe aanmeldingen zijn niet meer mogelijk. De inhoud blijft staan en degenen die reeds geregistreerd zijn als gebruiker kunnen gewoon blijven posten en reageren. Auteurs die graag een export-bestand van hun artikelen willen, kunnen dat hieronder (dus niet via andere weg) kenbaar maken. Mocht BiB daad-werkelijk uit de lucht gaan, dan wordt dat aan de auteurs middels mail tijdig medegedeeld. Geen verrassingen dus.

Fred van der Wal: Mijn verzoek aan Groninger Philotetes om een export-bestand is niet gehonoreerd noch een reden opgegeven waarom. De horkerige botheid van de Noorderling is een onderwerp van algemene Nederlandse lach- en spotlust. Ook van mij als ex-Amsterdammer. Ik lach me wat af.

bekeken x 185

147

EN WAT EEN RARE, ENGE TIEPES ALLEMAAL BIJ ELKAAR IN DAT ARTIESTENPLANTSOEN

En toen ik die winterdag begin februari 1966 had gedebuteerd in kunst-centrum De Ark te Haarlem ben ik natuurlijk gelijk dol enthousiast met opgestoken armen en open gulp in een roze, strakke broek vol liefde en mijn Paisley Pattern overhemd opengeknoopt tot op de navel het kunstzin-nige artiesten plantsoen in gewandeld om op gouden muilen de wederzijd-se kennismaking te vergemakkelijken. Je wil als adspirant kunstenaar de ander toch tegemoet komen. Soms.

Vol verwachting klopte mijn hart. Want daar zou het te vinden zijn. Wat? De tolerantie, het wederzijds respect, de hulpvaardigheid en weettikveel wat nog meer wel niet. Nou, dat was het dan.

Dàt viel me even tegen! Luitjes met een teveel aan soul en een te weinig aan body!

De griezel liep je over de grazzel! Weken ongewassen, ook dat nog en de guitaar tot diep in de zwetende, ongeschoren oksel en maar die liedjes nazeuren van Bob Dylan dat het antwoord in de wind ligt.

Toch al een en al geneuzel.

Om te beginnen; door wat een rare en enge tiepes werd dat plantsoen be-volkt.

Ze roken uit hun kleren. Ongewassen vette haren waar van alles in hing. En van die verstikkende, verbrande dennenbomengeur van de Afghaanse of vettige Rooie Libanon moest ik ook niet veel hebben, daar kreeg ik het al van op mijn longen, nog voor mijn half geopende hartstochtelijk beven-de lippen het mond filter van een stick had nat gemaakt, dus dat werd ook al niets.

De langharige, mooie Aletta v.d. M. te R. heeft met haar volle cups mij in 1966 toen in de wereld van de soft drugs geïntroduceerd, maar het was ge-woon mijn wereld niet helemaal.

Het waren me een mafkezen, niet te kort!

Ik werd er behoorlijk aanminnig van en ook wat slaperig, maar vooral bloedgeil.

"Van de frisse!" zei ik dan en sloeg haar tuchtig op haar billen dan schoot de stick vanzelf uit haar aangename mondje. Daar snakken de hippe vrouwtjes naar.

De zinsverrukkende combi van pijn en seks.

Billenkoek! In die dagen moet mijn SM hang up zijn ontwaakt en ook dat dragen van dameslingerie in combinatie met SM, dus prefereerde ik al snel de eroties dominante vrouw en man, dus dat is nooit meer over gegaan! Een koninkrijk voor een Meester(-es) dus.

De kenner weet waar ik op doel.

Ik ben toen maar jarenlang karate gaan doen tot 1997, om eens flink uit te delen en te incasseren, daar ga je gezond van denken.

Mijn relatie tot de vaderlandse kunst, in het bijzonder 't realisme, is miniem.

Ik onderhoud alleen geen contact meer met de Peetmoeder van het Nederlandse schilderkunstige realisme, de eens zo prettig uitziende, niet al te intelligente, blonde Janna van Zon, die volgens haar eigen zeggen lang niet dom is, net als ik dus als genie,alleen moet zij haar claaim nog wel even bewijzen voor ik in deze met haar mee kan gaan en menigeen beweert dat zij zelfs een heel persoonlijke, sympatieke schrijfstijl heeft. Zo ongeveer als een beginnende Viva redactrice. Succes verzekerd.

Daarom waarderen wij elkaar ook zo op afstand, want wat heeft licht met donker en warm met koud te maken en laten wij die afstand dan ook maar zo houden.

En dat zal ik niet zo gauw zeggen in kunstenaarsland, want van complimenten kan de kachel niet roken.

Toch zal ik de ander nooit om niet met emoties bespatten en besmeuren. Er moet een reden voor zijn.

En verder onderhoud ik met personen uit het realistiese veld in de kunst geen relatie, zeker geen intieme met al die ziektes tegenwoordig.

Ik ben trouwens- en dat vind ik toch wel heel belangrijk- geen modern beeldend kunstenaar- maar een kunstschilder die in een eeuwenoude traditie staat. Het ambacht dus. En dat behoort tot een geheel ander tiepe. Want je kunt toch zonder gerede twijfel stellen dat de Moderne Beeldende

Kunst tot stand komt om louter therapeutiese redenen. Kijk maar naar de resultaten die in het museum of de galeries hangen, dan denk je toch al gauw; ziek zijn beter worden, om met dokter van Swol te spreken. De twintigste eeuw is in de kunsthistorie een betreurenswaardig terminaal ziektegeval. Maar een oplossing : Ausradieren.

Ik ben die Friese gepensioneerde tekenleraar Jan van Loon niet. Je merkt het gelijk. Als een doorsneemens in therapie gaat, dan wordt zijn ganse horizon in beslag genomen door zijn of haar therapeut. Een zwaktebod. Ga maar eens te rade bij de aangenaam ogende psychologe mevr. drs. L. te O. Een echte vakvrouw. Geen wilsbeslissing van de patiënt is meer mogelijk zonder eerst een consult te hebben afgelegd bij dat leuke, aanminnige blondje waar ik wel een ochtendbeschuitje mee wil knappen als ze tenminste aan mijn exclusieve seksjuwelen SM habits tegemoet wil komen want in recht op en neer zie ik toevallig niets meer, voor zover ik nog iets zie tussen de klamme lappen wat de vrouwtjes betreft. Treurnis alom meestal. Dwang- en reetbeffen is wel weer helemaal okee als het in het kader van het facesitting aan bod komt!

Psycho therapie? Groeitraining? Ik zie 't aan mijn in haar jeugd mishandelde geestelijk gehandicapte zuster. Ik heb er diepe compassie mee. Ik kan ook nooit zeggen tegen iemand die in therapie loopt; "Gut, meid, wat ben jij d'r toch van opgeknapt!"
Eerder het tegendeel.
Afgeknapt dus.
Nu zijn therapeuten minsten zo geschift als hun patiënten. Ze weten waar ze het over hebben. Waar je mee om gaat word je door besmet. Het is een symbiose. Dat is net zo iets.
En wanneer je met een beeldend kunstenaar praat wordt zijn ganse horizon in beslag genomen door het eigen, onbenullige egootje en de beeldende kunst beoefening.
Hij leeft voor de kunstbeoefening, terwijl ik gewoon tussen twee lachbuien door een schilderij maak of een stuk schrijf.

Ik schilder en schrijf omdat ik leef, dat is ook héél iets anders. Ik sta zo anders in het volle leven dan de geachte collegaatjes. Het is voor mij geen doel, maar een middel om mijn overmaat aan vrije tijd zin vol te vullen. Modieus linkse cultuurliefhebbers zoals dat warhoofd drs. H. v. S. te A. nemen mij dat hoogst kwalijk, maar wat presteert deze meneer zelf eigenlijk op cultureel gebied met zijn vrijblijvend baantje bij de E.O. waar hij ruzie kreeg met het bestuur en er uit getrapt is om na tien jaar weer terug te komen?

Ik heb toen ik een jaar of tweeëntwintig was, eind 1964, van uit mijn ooghoeken eens goed krities gekeken naar mijn toenmalige streng griffermeerde vriendin, die geil als boter was en daarna naar de wereld met gefronst voorhoofd, een Umwelt die in de sixties steeds vrolijker werd en toen weer terug naar mijn vriendin en schrok ik mij toch een ongeluk, riep keihard Gotsalmetruttenbollen en dacht toen: "Gotsalmeliefhebbe! Om daar de eeuwigheid mee door te moeten brengen, nou nee, mag deze beker aan mij voorbij gaan?"
En dat smeekgebed is verhoord, gotzijdank, want ik moet er niet aan denken mijn leven lang te slijten voor de klas ener gristullukke rand debielenschool met den Bijbel te Schubbenkutten-Nijeveen in Drenthe. Daar zeg ik met krachtige stem op: Drenthe? Kut met krenten!
Ik heb toen gezegd in 1964; dat schilderen lijkt mij nog eens een fatsoenlijke broodwinning en je stond toen ook hoog in aanzien bij leden van de vrouwelijke kunne als je jezelf een artistieke uitstraling aan mat. En dan bedoel ik natuurlijk niet zo'n lange bef baard zoals die Sinterklaas uit Westeremden Henk Helmantel.
Dat was me een zware tijd in het begin, want ik had geen cent te makken en geen nagel om mijn gat te krabben. Ondanks mijn zeer vermogende familie! Het plestik boterhammenzakje was dan wel net uit gevonden, maar die droeg ik niet over mijn sokken omdat mijn soldatenschoenen lekten en dan globberde he gewoon van je poten af. Je kreeg er ook zweetvoeten door!

Ik kon de reparatie van mijn halve zolen niet eens betalen en ook geen boterhammenzakjes bij de Vana. Ik liep gewoon monomaan mompelend door. Hele einden door het Vondelpark. Het regende toen constant.

FENOMENOLOGISCHE WARTAAL

kunst | 26 Augustus 2011

DE FENOMENOLOGISCHE VAGE WARTAAL KOMT AARDIG TOT UITING IN DE PRINICPES VAN DE METABLETICA ANALFABE-TICA VAN PROF. VAN DEN BERG

METABLETICA EN FENOMENOLOGIE

De metabletica is fenomenologisch in haar methode en dus niet gericht op het onder een andere naam binnenlaten van een middeleeuwse metafysica. Er wordt geen Hegeliaanse tijdgeest geponeerd waar allerlei te onderzoeken gebeurtenissen in moeten passen, maar de fenomenen worden onderzocht.
De fenomenologie wil de zintuiglijk gegeven zaken in het spontane bewustzijn vatten opdat ze concreet worden.
Tot de fenomenen die men onderzoekt behoren feiten en gebeurtenissen als ervarings gegevens, voordat ze in een bepaalde wetenschappelijke theorie zijn gethematiseerd.

Fred van der Wal: Fenomenologie en wetenschap sluiten elkaar uit.

De fenomenologie levert aldus een beschrijving van datgene waar het bewustzijn op betrokken is.
Vanwege de betekenis van het bewustzijn voor de fenomenologie, kan eenzelfde ding, gebeurtenis of feit toch anders zijn, omdat men er inderdaad anders tegenaan kijkt.
In de metabletica wordt nu het fenomeen van het veranderen zelf object van onderzoek, zeker als men zich de vraag stelt "waarom veranderen de dingen?" of "waarom veranderen onze wijzen van kijken?"

Fred van der Wal: Geen nieuwe opvatting. Deze visie is al zo oud als de mensheid.

Dit laatste is in het oeuvre van prof. J.H. van den Berg, de grondlegger van de metabletica, van bijzonder belang: het is niet zo dat de dingen alleen maar anders zijn omdat verschillende personen op verschillende ogenblikken een verschillende aandacht voor een orchidee hebben. Ook tijdsperiodes doen de dingen veranderen en bepalen het perspectief van de waarnemingen, met als gevolg dat de mensen zich anders in de wereld gaan oriënteren.

Fred van der Wal: Mededeling die gelijk staan aan het open trappen van een openstaande deur. Volgens prof. J. De Visscher in 'Kunst en Wetenschap' raken we hier aan het kernpunt van de oorspronkelijke intuïties van Van den Berg: de historiciteit van de veranderingen moet niet alleen in haar eenvoudige chronologie worden bestudeerd, maar ook situationeel in haar synchronie, in haar gelijktijdigheid.

Fred van der Wal: Geen nieuw standpunt. Een dik doende zin die aanbeveelt om een verandering in de historische kontekst te beschouwen.
De iconologie is al sinds haar geboorte in 1912 bezig op door metableticus beschreven wijze kunstwerken in de samenhang met literaire uitingen te duiden.
De historisch fenomenologische vraag luidt dan: welke fenomenen in een bepaalde tijdsperiode behoren tot de zaak zelf van de verandering? De mens is in en van de wereld die de samenhang van de dingen uitmaakt; daardoor leeft hij, is hij steeds buiten zichzelf, intentioneel betrokken op wat hem omringt. Deze intentionaliteit of betrokkenheid is de existentie van zijn bewustzijn eigen, het is zich steeds van iets bewust. Dit buiten openbaart de aard en de eigenschappen van de enkeling, van een groep, van een volk, en van de geschiedenis van een volk. Deze historische fenomenologie heeft Van den Berg metabletica ge-noemd, en hierbij heeft hij vooral oog voor de samenhangen, zoals in zijn interpretaties van architectonische gebeurtenissen.

Fred van der Wal: De vragen die de metableticus zichzelf stelt (zie zijn visie op bouwstijlen) zijn door de iconologie al veel eerder en afdoend beantwoord. Metabletica is nonsens, achterhaald, onwetenschappelijk en leidt tot niets.

(wordt vervolgd)

bekeken x 183

DER SPIEGEL BEVESTIGT GEBRUIK NAZI SYMBOLEN BIJ SM

kunst | 17 Augustus 2011

DER SPIEGEL 51/2008 BEVESTIGT GEBRUIK NAZI SYMBOLEN
BINNEN SM RITUELEN.

Een paar dagen geleden heb ik na uitvoerig onderzoek een verband gelegd
met sommige Sadomasochistische praktijken waarbij Nazi symbolen gebruikt werden en/of SS uniformen door de dominante partners bij concentratie kamp spelletjes als kleding gebruikt.
Uit de case stories van o.a. Xaviera Hollander weten wij van New Yorkse
SM bordelen waar Joodse ex- concentratiekamp gevangenen uit WO II
zich lieten domineren door Meesteressen in Nazi uniformen.
Kleding ontleend aan Het Derde Rijk wordt regelmatig gebruikt in SM
bijeenkomsten w.o. nazi uniformen..
Enkele maanden geleden gebruikte ik de term Holocaust industrie in een
weblog.
Heftige protesten van enkele poltiek linkse webloggers volgden. De term
was geen uitvinding van mij.
Zij waren niet belezen genoeg om het boek van FINKELSTEIN : De Ho-
locaust-industrie. Vertaald uit het Engels door Jan Hamminga en Ruud
van der Helm ISBN 90 5330 293 X te kennen.

Oorspronkelijke Titel

The Holocaust Industry

Reflections on the Exploitation of Jewish Suffering

Norman G. Finkelstein (Brooklyn, 1953) doceert politieke Wetenschap-
pen aan de De Paul University van Chicago. Eerder publiceerde hij Image
and Reality of the Israeli-Palestine Conflict (1995), The Rise and Fall of
Palestine (1996) en (samen met Ruth Birn) A Nation on Trial - The Gold-
haguen Thesis and Historical Truth (1998), een vernietigende kritiek op
Hitler's Willing Executioners van Daniel Golhaguen.

Naziporno - Cinema.nl Dvd-recensie www.cinema.nl

23 juli 2009 – ... The Night Porter (Il portiere di notte), waarin een SS-officier en een joodse vrouw hun in het kamp begonnen sado- masochistische relatie ...

Yost, M. R. (2009) Development and Validation of the Attitudes about Sadomasochism Scale. Journal of Sex Research, 47:1, 79-91. De joods-christelijke ethiek heeft een grote invloed op het denken over SM.

In "The painted bird" (1965) vertelt Jerzy Kosinski (1933-1991) over zijn jeugd, hoe hij als opgejaagde jood door de Poolse boerenbevolking werd gepest.
Althans dat beweerde hij, omdat dit ook een weerslag gehad zou hebben op zijn latere seksleven.
Zo was hij het grootste deel van zijn leven getrouwd met een zekere Kiki, waarmee hij echter geen echt seksuele relatie had. Met haar medeweten trok hij er elke nacht op uit, meestal naar SM-clubs. Hij nam dan meisjes mee die hij graag als slavin behandeld zag, maar zelf deed hij het zelden. Nadien had hij seks met hen in zijn slaapkamer.

De SM rituelen zijn doorgaaans onschuldige psycho-dramas waarbij bepaalde grenzen in acht worden genomen en geen realistische situaties zoals in de concentratie kampen plaats vonden worden herhaald.
Plaatsvervangend, geritualiseerd lijden èn sexueel genot om tot een katharsis te komen is de keuze van hen die daar sexueel genoegen aan ontlenen.
De relatie tussen Nazi symbolen, sadomasochisme en Satans cultus viel mij al jaren geleden op in diverse verslagen van deelnemers of oog getuigen.
Waarom zou de lezer die zich niet door politiek correcte emotionele driften laat leiden zich opwinden over het gebruik van nazi symbolen binnen een SM sessie in een besloten ruimte?
Alhoewel het niet erg smaakvol is om Nazi symbolen te gebruiken, ook niet zo op zijn plaats in een SM sessie naar mijn eigen smaak en eveneens mijn sexual hang up niet, vind ik het getuigen van een selectieve verontwaardiging om zestig (!) jaar na dato zich daar erg over op te winden.

156

Hetgeen de Britse rechter ook niet deed toen hij sadomasochist Max Mosley vrij sprak van elke aantijging van een journaliste die hem met een verborgen camera fotografeerde en de beelden in de schandaalpers publiceerde onder de tendentieuze kop " Nazi Orgie" . De gevraagde schadevergoeding is Mosley dan ook toe gewezen.

Jounalist Thompson: 'Radical sex practice is about the exploration of eros. Being playful with sexuality -entertaining our fantasies, enriching our lifes with pleasures - is an essential freedom. (...) Liberating erotic potential from the dour puritanical ethics that still rule our culture, and our libidos, is prerequisite to establishing a more sane and forgiving society. (...) In short, most of us are in some way seriously committed to personal and social change.'

Im Mittelpunkt der Affäre steht Max Mosley, 68, Präsident der Fédération Internationale de l'Automobile.

Hinzu kommt, dass Max Mosley nicht nur ein Autonarr, sondern auch Sohn des britischen Faschistenführers Sir Oswald Mosley ist, der 1936 im Berliner Haus von Joseph Goebbels Diana Mitford ehelichte, eine entschiedene Verehrerin des Führers, der bei der Feier als Ehrengast zugegen war.

Max Mosley also ist praktizierender Sadomasochist. Seit über 40 Jahren. In einem Interview mit dem "Guardian" sagte er jüngst, Sadomasochismus und Sex seien "zwei ganz verschiedene Dinge", obwohl auch im Sadomasochismus ein "sexuelles Element" enthalten sei.

"Sex ist absurd, es ist ein sehr merkwürdiges, völlig tierisches Ding, das man nicht ganz versteht. Aber warum sollte man sich Sorgen machen, solange man niemanden verletzt?"

Party

Was Mosley nicht wissen konnte: Eine der Frauen, die er angeheuert hatte, war von "News of the World" mit einer Minikamera ausgerüstet worden, die sie irgendwo in der Kleidung versteckt hatte.

Freilich: Der unbefangene, mit SM-Techniken nicht vertraute Zuschauer könnte annehmen, ein älterer Herr werde von ein paar als Dominas verkleideten Krankenschwestern physisch gedemütigt, erniedrigt und misshandelt.

Max Mosley wird "entlaust", es werden Befehle ("Höschen runter!") auf Deutsch gegeben, drei der Frauen tragen quergestreifte Sträflingsanzüge. Es ist ein Spiel mit verteilten Rollen, das verschiedene Assoziationen und Konnotationen zulässt, je nach Blick und Disposition des Zuschauers. Er wird vielleicht an brutale Strafrituale in der Fremdenlegion denken. Oder an eine Gefängnisszene. Wer schon mal eine Ausstellung über die Zustände in einem Konzentrationslager besucht hat, könnte auch etwas ganz anderes assoziieren.

NAZI SM ORGY ?

"News of the World" druckte die härteste Variante und präsentierte die Fete seinen Lesern als "Nazi Orgy".

Die Schlagzeilen lasen sich, als stünde eine neue "Machtergreifung" unmittelbar bevor, diesmal allerdings in London: "Wirbel um Nazi-Sex-Party!" – "Huren trugen Nazi-Uniformen" – "Das perverse Doppel-Leben des Formel-1-Chefs" -Mosley selbst hat den Vorwurf der Nazi-Orgie stets bestritten.

 Das 54-seitige Urteil immerhin lässt erkennen: "Justice Eady" hat sich nicht nur mit den Bräuchen in der SM-Szene vertraut gemacht, sondern auch mit einschlägigen Entscheidungen des Europäischen Gerichtshofs für Menschenrechte.
Der britische Richter nämlich geht der Frage nach, ob der Einbruch in Mosleys Intimsphäre durch "ein öffentliches Interesse an der Enthüllung" gerechtfertigt sein könnte. Dies wäre vermutlich dann der Fall, wenn tatsächlich, wie von "News of the World" behauptet, eine "Nazi-Orgie" stattgefunden hätte. Wenn also die "session", wie Richter Eady die Party nennt, "ein Nazi- Thema" gehabt hätte
"Schläge, Erniedrigung und die Zufügung von Schmerz gehören zu SM-Praktiken", seien aber an sich "neutral".

Dafür trugen die weiblichen "Opfer" quergestreifte Pyjamas. Auch darin sah Richter Eady keine Nähe zur NS-Symbolik, denn die Anzüge, die von Gefangenen in NS-Lagern getragen wurden, waren meist längs gestreift.

Außerdem machte sich Mosley Sorgen um das Ansehen der Frauen, die mit ihm gefeiert hatten. Sie seien keine "Huren", erklärte er dem "Guardian", sondern "intelligent und kompetent". Sie würden das, was sie mit ihm gemacht haben, manchmal "auch umsonst tun, nur aus Spaß an der Sache". Eine der Damen sei Deutsche, eine habe ihre Doktorarbeit "beinah beendet". Eine "könnte sogar jüdisch gewesen sein".
"Er hat jeden Punkt einzeln geprüft und verworfen. Er stellte fest, das und das muss nicht NS-bezogen sein, also ist es nicht NSbezogen. Das greift zu kurz. Man muss das ganze Spiel betrachten und alle Zeichen, die da gesetzt werden, im Kontext sehen".
Ebenso würde es auf den Subtext ankommen.
"Wir wissen doch, wie man mit Nazi-Symbolen spielt, ohne sie zu verwenden. So wird es vermutlich darauf ankommen, ob das deutsche Gericht am Ende dem britischen Beispiel folgen und zwischen quer- und längsgestreiften Häftlingsanzügen unterscheiden wird. Doch was würde das eigentlich bedeuten, wenn sich herausstellte, dass in irgendeinem KZ quergestreifte Kleider getragen wurden? Dass dort ebenfalls nur Pyjama-Partys mit SM-Elementen gefeiert wurden?

LEERSEKS, NAZISYMBOLEN EN SADOMASOCHISME

DER SPIEGEL 51/2008

Thompson wil leerseks en SM uit het verdomhoekje halen waar het zowel
door de hetero- als de homowereld jarenlang in is weggedrukt. In "The
body becomes politic" , gaat het om de vooroordelen en onverdraag-
zaamheid die leerseks en sm oproepen.
Maar ook binnen de leer/sm-gemeenschap is niet alles koek en ei. Zo
spuwt Arnie Kantro witz zijn gal over het gebruik van swastikas en andere
nazi-symbolen door leermannen.
Spelen met macht is voor Thompson en de zijnen niet alleen een kwestie
van erotisch genoegen.
"S/M play is about healing the wounds that keep us from fully living; its
intensity cauterizes our hurt and mends our shame. Radical sexuality helps
to clean out the psychich basement, that place deep within where things
that trouble us most are kept hidden. Long-held feelings of inferiority or
low self-esteem, grief and loss, familial rejection and abandonment, come
to the surface during s/m ritual. (...) Through erotic enactment and the
emotional catharsis it provides, radical sexuality can be an empowering,
soul making process".

Sm als therapie? Baat het niet, dan schaadt het...

Leatherfolk: radical sex, people, politics, and practices, ed. by Mark
Thompson. - Boston, MA : Alyson Publications, 1991. - xx, 328 p. - ISBN
1-55583-186-9

Eerder verschenen in: Homologie, jrg. 14, nr. 5 (september/oktober
1992).

TEKENAAR TOM OF FINLAND GEBRUIKTE NAZISYMBOLEN
VOOR ZIJN VROEG SM TEKENINGEEN

Tom of Finland gehört zu den Künstlern, die in ihrem Werk auch Motive
aus dem Faschismus benutzt haben, hier Nazisymbole.

Auch wenn er gern als Beispiel für die unheilvolle Verquickung von Sadomasochismus und Faschismus genannt wird, dürften die wahren Gründe für diese Motive die gleichen sein wie für das häufige Auftreten von Soldaten und Polizisten: die Verherrlichung des Machismo. Diese Motive sind nur in seinen frühen Werken zu finden, die er selbst inzwischen eingezogen hat. Inzwischen wird er wie folgt zitiert:

Die Leute haben sie politisch betrachtet, weil Nazis darauf vorkamen. Sie hielten mich selbst für einen Nazi.

ToF gründete eine Stiftung, die "Tom of Finland Foundation", die erotische Kunst fördert.

Ihre Website ist zu finden unter www.eroticarts.com/foundation/.

Ik houd niet van de tekeningen van Tom of Finland vanwege een te grote nadruk op macho gedoe met leren jacks, leren petten en leren laarzen.

g e n t l e d o m . d e

www.gentledom.de

Die Relevanz des CSR für Sadomasochisten ist äußerst umstritten. ..... da Träger zum Teil befürchten, dass das Zeichen mit Nazisymbolen verwechselt wird. ...

WILLEM ZWIJGT NIET MEER

willemzwijgtnietmeer.web-log.nl

Besmeur je tegenstanders door ze te vergelijken met nazi-symbolen. Een verknipte manier om zijn eigen oorlogstrauma te verwerken. ...

Passion is gevaarlijke film' - Nieuws - TROUW

www.trouw.nl/tr/nl/4324/nieuws/.../Passion-is-gevaarlijke-film.dhtml

13 maart 2004 – ... komen van al het "aan sadomasochisme grenzend" (Frishman) geweld ... Hij moest Jezus wel laten kruisigen omdat de Joden hem klemzetten. ...

The Passion of The Christ

... al te gemakkelijk leggen tussen de film en "sadomasochistische neigingen". ... naar oude en gruwelijk antisemitische tijden – vele joden doet huiveren? ...

Taking Woodstock | Parool Film

... in Brokeback mountain en voor het sadomasochistische stel in Lust, caution. ... ziet ("Het komt doordat we Joden zijn") en hippies verafschuwt. ...

Maar anders dan Salo en de eveneens in 1975 uitgebrachte klassieker nazi porno-film Ilsa, She Wolff of the SS, valt The Night Porter ook nog wel te genieten als dramatische vertelling. Ook zonder al te veel kennis van het in de jaren '70, onder leiding van publicist Susan Sontag, ge-voerde debat over naziporno en de relatie tussen seks en fascisme. Wat resteert is het uitstekende spel van Dirk Bogarde en Charlotte Rampling, respectievelijk als oud-nazi en kampslachtoffer.

De troebele sadomasochistische porno over de Holocaust die in de jaren zeventig zoveel succes had, (lees dit), variërend van het zieke Ilsa, She Wolf of the SS tot het chique The Night Porter.

Israëlische Holocaustporno

Jann Ruyters – 20/05/09, 00:00 (Trouw)

Steeds zijn het iets andere borsten die uit het SS-uniform puilen, zo zien we in de documentaire 'Stalags'. De schreeuwerige tekeningen op de Is-raëlische (SM) pornoboekjes baseerde men op Amerikaanse covers.

Holocaustporno. De Stalags-pornoboekjes verschenen begin jaren zestig in Israël, toen de Holocaust ook daar nog vrijwel onbesproken was. Van

162

de eerste editie 'Stalags' werden er 80.000 verkocht. Jongeren ontleenden hun kennis over het verleden zo aan SM-seksboekjes met titels als "I was Colonel Schultz's private bitch". Voor wie het nog niet wist, is het een bizarre ontdekking dat in Israël de pornoficatie van de Holocaust aan de serieuze herdenking voorafging. In zijn in inhoud opzienbarende documentaire "Stalags" spreekt regisseur Ari Libsker met auteurs. Hij legt verbanden met de werkelijkheid: zo ver-telt een jonge Israëlier dat hij het leuk vindt zijn Duitse vriendin met ge-weld te nemen, denkend aan haar opa, een SS-officier. In de tweede helft van de film verschuift Libsker zijn aandacht naar het minder clandestiene werk van de Israëlische schrijver Ka-Tzetnik, die destijds onder zijn Auschwitznaam schreef over joodse meisjes die in bordelen in de vernietigingskampen werden geëxploiteerd. Libsker komt er achter dat er geen joodse bordelen bestonden (wel voor andere gevangenen), net zoals er geen vrouwelijke SS-officieren waren. Toch behoren Ka-Tzetniks boeken nog steeds tot de officiële kamp-literatuur in Israël en zien we een gids bezoekers zo'n bordeel aanwijzen.
"In het begin van de jaren 60, toen de wereld gruwelde van de getuigen-verklaringen in de Eichmann rechtszaak in Jeruzalem, doken in Israël heteroseksuele pornoboekjes op, waarin de verhaaltjes waren gesitueerd in nazi-gevangenkampen: het draaide in deze boekjes, die Stalags werden genoemd, om Amerikaanse en Britse gevangenen die door blonde, half ontblote SS-vrouwen werden afgeranseld en seksueel gemarteld. Ari Libsker, kleinzoon van Shoah overlevenden, onderzoekt dit fenomeen door de schrijvers van de Stalags te interviewen, alsmede Israëlische overlevenden en critici die nagaan in hoeverre deze (hetero) seksuele pulpnarratieven iets vertellen over trauma, het collectieve geheugen en de rol die (verboden) seksuele fantasieën hierin spelen". In het geval van de Stalags vond ik echter dat het net even anders in el-kaar stak. Er was iets met de vrijwilligheid ervan en ook met het feit dat er een markt voor was. De SM-verhalen werden immers geschreven en gelezen door joden die veelal zelf ex-kampgevangenen waren, of het waren hun kinderen die op die manier een pornoficatie van de holocaust voorgeschoteld kregen. Hoe zat dat?

(wordt vervolgd)

bekeken x 224

GEESTELIJKE HANDREIKING VOOR ADVANCED LOVERS

kunst | 14 Augustus 2011

ZONDAGOCHTEND OVERDENKING EN GEESTELIJKE HAND-
REIKING VOOR ADVANCED LOVERS

Vrouwen zijn jaloers penisnijdig, PISNIJDIG DUS op ons mannen, superieur ras,DAT ZICH DOOR DE FEMINISTENN IN EEN HOEKJE
HEBBEN LATEN DOUWEN, maar laat DE GLEUVENBRIGADE dan
de voorbind dildo aangorden EN LEREN LAARZEN AANGIETEN om
de mannen mores te leren, hun plaats te wijzen in het maatschappelijk geheel!

Penetreren die handel!

Vrouwen zijn jaloers dat ze geen duidelijke maatstaaf voor hun k*tje
hebben zoals mannen met hun luststaaf als maatstaf die in strekkende
vorm langs de maatlat gelegd kan worden, terwijl de vrouwtjes alleen
maar een ontplofte mol tussen hun achterpoten hebben hebben of een
nette, gladde, GOED OPGENAAIDE, geparfumeerde mossel met de
gesloten lippen stijf op elkaar.

EN KLAP ZEI HET MOSSELTJE OF WEL DE VEEL BESPROKEN
KUT VAL. EN DAAR ZAT JE DAN GERAMD EN GEBEITELD...

Het zogenaamde kleuterk*tje, dat veel opgeld doet in een tijd waarin pae-
dophilie terecht omstreden en niet langer getolereerd wordt door de intellectuele elite, die het hoger op zoekt op de leeftijdsladder.
En er dus ook weinig meer over blijft voor de vrouwelijke grachtengor-
deldieren dan de dikte van hun tieten op te krikken, de sexy lingerie, de
opgeschoren bikinilijn, maar je kunt als man met je eerbare voorstellen
nog zo'n dikke l*l hebben, als een vrouw het niet kan hebben door heur
nauw geschapen stuk puur natuur voor het pientere pookje en al k*t-kaas-
kramp krijgt nog voor je er naar wijst met je elfde vinger bij de kruis-
steek, waardoor je je l*l niet meer kunt terugtrekken als je naaar binnen
geslopen bent en uren lang vast ze in de file van haar vagina, of zo'n ont-
zettende grote grot heeft waarin je als man met je GroteGroeneGrotten

164

Griezel niet in te keer kan gaan omdat ze zo uitgewoond en uit gewijd is als de IJtunnel dat het lijkt alsof je in het luchtledige aan het bokken bent, tja, dan voel je je behoorlijk opgenaaid... kortom laat ons mannen maar eens lekker trots zijn op ons pikkie noga, eerherstel voor het mannenvel, de emancipatie van de Ware Westerse Man met zijn achterban, dan mogen de vrouwtjes zeuren over de Viva, de kleding maat, gewicht, make up.

Vac-U-Loc Strap-on Dildo Harness for advanced lovers

Fred van der Wal introduceert bij U thuis het Vac-U-Lock systeem, een universeel strap-onsysteem, met verwisselbare opzetdildo's. De Harnesss 2 strap-on is gemaakt van imitatiekrokdillen- of olifantenleer, heeft een goed bereikbare opening in het kruis en is voorzien van een basisplug, waar ook de King Size dildo's van de andere Vac-U-Lock strap-ons op passen.

Standaard bij de Harness 2: een levensechte, vibrerende in het donker licht gevende dildo, zoat U er nooit naast grijpt en talkpoeder in een blaas-balg-je, om 'm eenvoudig te bevestigen en weer te verwijderen. Twee maal bla-zen en... als een paar gehaktballen; kan en klaar . Benodigd aantal batte-rijen: 3 fases krachtstroom met piek belasting om te vonken.

bekeken x 201

HELSE SFEREN

kunst | 02 Augustus 2011

"Nog steeds vervuld van nostalgie naar de goot..."

In mijn verhaal "Kruisgang" dienen de drugs en de bizarre sex niet als opwekkende party talk, maar alleen als tijd verdrijf voor het onderlijf om de verveling van het alledaagse te verdrijven, waar ik een Meester in ben. Ik verveel mij dan ook geen ogenblik.
En afwijkende sex of nachten doorhalen en doorzakken hebben niets met de modieuze modellen- of uitgaans wereld te maken noch met trendy discos waar ik kind aan huis was in mijn Amsterdamse periode.
Hier struint een totaal los geslagen kunstschilder als peintre maudit humorloos langs de terrassen des levens, zoekt zijn zielheil in de Satanskerken en zijn fysieke genot des nachts langs de baan in de Haarlemmer Hout op zoek naar een al of niet veneriese, puisterige, broodmagere broodpoot of dwang matig aan sex verslaafde gehuwde homosexuele ouderling en van de gereformeerde kerken vrijge maakt buiten verband op art. 31 of desnoods gaat hij voor een paar euro dollars mee met een ranzige flikker die hem met liefde wil pijpen zonder condoom voor vier eurootjes.
En aan gezien we al decennia lang midden in het aids tijdperk zitten is het begrijpelijk dat de hoofdpersoon van mijn nieuwe boek elke maand een poli-kliniek voor geslachtsziekten bezoekt voor de zoveelste aids- en hepatitis b test. Niet alleen loopt hij trichomonas, chlamydia, hepatitis B, herpes genitalis, gonorrhoe, genitale wratten en een syf op maar er verschijnen ook grote bloemkool achtige gezwellen die een sponsachtige structuur hebben op de huid tussen balzak en anus; gezegend zal je er mee zijn! Die gezwellen kunnen wel 90 kilo worden en dan kun je er op gaan zitten als op een poef. Nee, daar kun je niet mee thuis komen bij moeder de vrouw, die denkt dan ook van; nog meer af te stoffen!

Ik dacht als interviewster dan ook een totaal uitgewoonde half waanzinnige hologige artiest aan te treffen toen ik een afspraak met U maakte, maar niets is minder waar.
Uw gezondheid trekt al weer wat bij, de hepatitis B aanvallen lijken over wonnen, de ademhalingsmoeilijk heden voorbij, de herpes genitalis onder

166

drukt, de aidsvirusremmers blijken heel aardig aan te slaan, de drank, de drugs en de bizarre sex praktijken heeft U nog niet helemaal geminimaliseerd tot een randverschijnsel maar het gaat dankzij Prozac de goede kant op en U blijkt voor negen uur 's avonds niets te drinken, slikken, snuiven of spuiten.

U bent weer terug gekeerd tot het vegetarisme, terwijl U zelfs het uiterst riskante bareback en definitief vaarwel hebt gezegd en het prachtlied "Spring maar achterop met je bolle afsluitdop" zingt U sinds enkele weken niet meer.
In Uw novelle "Als ik van verre in de spiegel kijk door mijn paarlmoeren toneelkijker moet ik al kotsen van mij zelf, dus kunt U nagaan als ik een 10 x 20 verrekijker neem" neemt U afscheid van het ruige leven en de sadomasochistische bisexuele sien maar nog niet het Fist Fuck gebeuren?

Ik hoef niet zo nodig meer wild om mij heen te trappen of mijzelf in gevaar te brengen met bizarre groepssex sessies en totale dronkenschap! Decadentie is namelijk ook niet al les in het leven heb ik pas ontdekt. En wat het ellendige Amsterdam city betreft: "Ik heb net een plechtige eed gezwo ren daar nooit meer te gaan wonen. De stad is tot een open gaskamer verworden. Amsterdam is niet meer de schuldeloze provincie stad van mijn bedreigde jeugd. De smeerlapperij, de verontreiniging, de agressie, het afgrijselijke multikulti denken, de no go areas, de stress, het verkeer, de afleiding, de hoererij en de ontucht, het gebrek aan schoonheid en natuur, het Vondelpark dat elk jaar tien centimeter dieper weg zakt in de modder van het laag veen en waar niets aan valt te doen. Ik ben een campagne begonnen met stickers: "I hate Amsterdam".

Ik ben zelfs geen lid meer van de Nederlandse Liga Voor Bisexuelen sinds ik Zoenvis heb ontmoet. Ik ben ook niet langer promiscueus. Roze zaterdag vier ik niet meer en om mij op een plat bodem in de Amsterdamse grachten nog langer naakt of in dameslingerie gehuld mij af te laten trekken door een man in een leren pak met een zweep in zijn klauw is mij een brug te ver.
Ik heb niets tegen een vaste relatie met een gehuwde homo- of bisexuele man, maar wel tegen promiscuiteit en exhibitionisme. En hij moet niet te mager zijn want wat dat betreft houd ik van kwantiteit en kwaliteit. Onder de vijfenengentig kilo ga ik niet. Ik zal nooit meer een intieme relatie be-

167

ginnen met een hetero man. Die neiging om heteros te bekeren tot het ware bi- of homosexuele leven heb ik niet.

Uw statements komen eerlijk gezegd net iets al te overtuigd over. Ik geloof u maar half! U komt namelijk cool, calm and collected over. Uw wanen zijn geregisseerd, uw paranoia binnen de perken, uw tegennatuur-lijke perversies en bisexualiteit lijken reclame materiaal uit een tv spotje voor de Satanskerk.

Uw visie is de mijne niet, dat heb ik al eerder vast ge steld. Ik ga betreffende het waarheids gehalte er maar niet verder op in.

Als ik "In praise of the anus" lees met als ondertitel "De avonturen van een perverse kunstschilder" blijkt dat u het eigenlijk alleen nog maar bonter heeft gemaakt. U kunt er werkelijk geen genoeg van krijgen anaal genomen te worden door mannen zowel als vrouwen met een wild om zich heen slaande S.M. hobby en voorbind dildos.

De hoop heeft het in mijn proza al weer gewonnen van het pessimisme, maar wel wil ik nog een novelle over mijn leven van de twintig jaar schrijven van 1969-1989 waarin werkelijk geen lichtpuntje aan het einde van de donkere tunnel viel te ontwaren.
Het wordt een verslag van het verrotte leven van Fred van der Wal dat begon met een buiten gewoon ongelukkige start in de veertiger jaren van de vorige eeuw en hoe hij vijf maal ontsnapte aan een voortijdige dood. De verhalen voeren U mee naar de peilloze afgrond van de Amsterdamse underground met zijn half waanzinnige zwervers, daklozen, transsexuelen, drugsverslaafden en mislukte, aan alcohol verslaafde kunstenaars die van de contraprestatie leefden op kosten van de belastingbetaler.

Hierbij ben ik geen koele afstandelijke beschouwer met het potlood in de hand zoals de overbetaalde stadscroniqueur Martin Bril van de Volkskrant, maar ik ga wel met al die losers weken lang hand in hand op pad, slaap samen met ze in een slaapzak onder bruggen, maar niet voor ze zich grondig hebben gedoucht, pleeg roof overvallen, aanrandingen en rip deals en ga telkens blubberend kopje onder in het riool van de zelfkant via het maatschappelijke afval putje van de grote stad, maar kom toch steeds weer boven al is het soms op het rand je en tegen wil en dank, zo nu en

168

dan zelfs met een hondendrol of weg geworpen tampon in mijn bek. Ja, dan is het slikken of stikken! En ik begin echt geen relatie met een vrouw die me niet regelmatig wil neuken met een voorbinddildo en de zweep weet te hanteren.

Ik ben toch niet gek??? Mag ik ook eens een lolletje hebben?

Maar was het nou echt nodig om zo diep te gaan?

Ja, dat was het. Ik doe alles tot in het extreme. Toen ik op die vreselijke opleiding voor onderwijzer zat was ik op de gezondheidstoer onder invloed van mijn onbespoten streng gereformeerde vriendin, die het altijd weer had over dat zij zo "natuurlijk mogelijk wilde leven". Ik vond dat pure shit, maar voor de ware liefde heb je heel wat over. Ik zei tegen haar dat ze beter een koe kon worden als ze zo natuur lijk wilde leven. Toen het uit ging met die nymfomane jonge vrouw was ik nog net geen drieëntwintig en dacht; ik heb jaren lang mijn tijd zitten te ver doen.

Ik begon die kweekschool en alles wat daar mee te maken had te haten. Ik wist; er is meer, dit is niet alles, dit is absolute bull shit. Ik heb stof nodig om te schrijven en te schilde ren. Ik kan niet fantaseren, daar ben ik niet ro mantisch genoeg voor, weet je. Ik heb de realiteit nodig en de realiteit heeft mij nodig. Het is een en al symbiose. Ik heb het ech te leven nodig. Als je een kunstenaar wilt zijn leef dan als een kunstenaar en speel niet de gereformeerde boerenlul die niet verder komt dan zijn knauwerige dialekt lang is. En waar vond je het ware artiestendom in the sil ver sixties? Juist: In Amsterdam en niet ergens in Rotter dam, Groningen of Friesland bij die boertjes. Amsterdam was tien jaar lang het kolkende, kokende centrum van kunst, vrijheid en allerlei subcul turen en daar hoorde ongebreidelde sex in alle variaties ook bij. Voor mij lagen daar de onderwerpen voor mijn verhalen en schilderijen voor het op rapen. In 1996 heb ik al die gereformeerde klootzakkies de deur uit getrapt en daarmee ook hun schijnheilige gristelijke smoes jes. De nacht van de lange lullen, noemde ik dat, naar analogie van de nacht van de lange mes-sen. Met mij is de S.S. de kunst binnen gemarcheerd hebben ze wel eens gezegd bij de linkse kliek, maar daar lach ik om.

U zegt dat met een bittere glimlach?

169

Ja, dat zeg ik. Dat kun je pas zeggen als je zelf aan losers drug number one begint, crack en vooral als je dat smerige spul rookt met hoererende transsexuelen, psychies gestoorde hoerenjongens, dwangmatige travestieten en gil lende relnichten op doorweekte bedden in smoezelige achter af hotelletjes in de Warmoesstraat te Amster dam. Ik gebruik mannen en vrouwen als wegwerp artikel om mijn externe secreties in kwijt te raken. Snotlappen, meer zijn zij niet.

Wat trok U aan in deze helse sferen?

Simpel. Ik kon niets anders vinden dat verder van de grif fermeerde ge-zindte af stond dan deze mensen die maar liefst man en vrouw tegelij-kertijd zijn en dat uit vieren op allerlei manieren en ook nog eens ver-slaafd aan drugs en alcohol, maar vooral aan de snelle sex zijn.
De homosexuele broer van die gereformeerde brave E.O. producent H. v. S. was HIV positief en lag in een New Yorkse flat weg te rotten op een matras op de kale beton vloer met als enig meubilair een zwart leren zweep en een paar hand boeien naast hem. Het handvat van de zweep was tevens een dildo dus het was werkelijk een multi functioneel instrument uit het sadomasochistische pain en pleasure assortiment.

Mijn afdalen in die sexuele hel was A Dogs Day Inferno en daarom ook A Hell Of A Job. Diep er in de perverse waanzin kun je niet afdalen dan ik heb gedaan in de achter liggende jaren. Ik zeg daar op tegen elke liefheb-ber van het kinky genre: At your service!

 Mijn geheime drijfveer was altijd al mijn nieuwschierigheid naar, ja, zeg maar gerust niet afla tende verslaving aan abnormale sexpraktijk en die ging en van jongs af aan van tegennatuurlijke incest tot sadomasochis-tische wurgsexsessies of anale sex met een of meer hoog geplaatste per-sonen. Je weet niet wat je mee maakt als je met vier mannen tegelijk bezig bent op en rond het bed. Ik heb het meer dan eens mee gemaakt. Mijn ei-gen broer was homosexueel. Ja, wurgsex is weer een ander chapiter. Als ik mijn vingers om de strot van een slachtoffer vleidde als ik hem anaal had gepenetreerd, net als bij het kippenneuken op de Veluwe, je voelt in de doodsstrijd de kringspieren onwillekeurig wild samen trekken en dat voelt goed, zo goed…En het moet wel abnormale sex zijn want lekker gezellig onder de molton deken met iemand slap vrijen, daar hoef je bij

Fred van der Wal echt niet mee aan te komen want dan valt hij in slaap of pakt een boek over Zwarte Magie. Als je zo gestoord bent als ik en dat was ik altijd al, daarvoor ben ik ook een paar jaar onvrijwillig opgenomen geweest in Vogelenzang en in een TBR kliniek na die gevangenisstraf, dan wil je steeds gek kere, krankzinniger sex. Dat spreekt toch vanzelf? De Amsterdamse sex sien was voor mij gewoon een reus-chtig pretpark waarin ik op zoek ging naar steeds andere kicks. Natuurlijk zit er ook een junkieachtige on rust en verslaving achter. Je wilt steeds krankzinniger sex omdat je ervaart dat het je rust geeft, maar zonder het je te realiseren ga je langzaam aan vier kant met kop en kont de vernieling in. Zeker in combinatie met grote hoeveelheden drank en drugs. Op een gegeven moment vind je het normaal te filosoferen over het pas begraven lijk van een lekkere jonge meid om dat op te delven met een paar man van de Sa tanskerk waar ik lang bij was en daarmee om twaalf uur 's nachts een orgie mee te vieren onder het ritueel oproep en van de Satan en zijn demonen.

Nou, dat wil dan wel aardig lukken, hoor. Reken maar van yes! Over die gebeurtenis heb ik een verhaal geschreven. Daar hebben ze me bij de Satanskerk nog voor willen kruis igen als offer aan de Boze! Ik had het bijna nog gedaan ook in mijn euforie! Zelf ben ik natuurlijk ook een boze.

Mind blowing. Blow Up. Loopt verkeerd af, dat heb ik al bij zo veel getalenteerden gezien. Zit ik hier niet gewoon met een sexueel gefrustreerde kunstenaar te praten die alleen maar zijn eigen l*l achterna loopt?

Ik ben op mijn twaalfde, dertiende levensjaar verkracht door een aantal klasgenoten in de kleedkamer van het gymnastiek lokaal en ervoer dat niet als vernederend maar als heel opwindend.

Ik heb toen echt genoten. Er gebeurde nooit iets in de fifties. Voor mij was onderdanigheid de weg bij uitstek en wanneer wordt je pas goed op je plaats gezet?

Juist! Als je je helemaal open stelt voor de l*l van de ander van achteren of via de mondelinge kennismaking.

Ik durfde aanvankelijk voor die verkrachting plaats vond ook niet te douchen in het bijzijn van mijn verkrachters, want ik had de borsten en tepels van een meisje van zestien en dat zagen ze door mijn bloese heen heel goed en dat hitste ze op.

Heel begrijpelijk. Ze waren in hun vroege tienerjaren bloedgeil. Ik kan het ze ook niet kwalijk nemen. Ik was zelf de aanleidingdoor mijn wulps gedrag en vrouwelijke lichaam. Misschien heeft dat wel gemaakt dat ik mij aangetrokken voelde tot transsexuelen, bi- en homosexuelen, travestieten met straffe tieten en sadomasochisten die van het klappen van de zweep wisten. Pas na mijn zestigste kwam ik via een internet advertentie te recht in het Fist Fuck circuit en dat was even wennen voor iemand die zijn hele leven alleen maar door een dildo of een lul was geneukt.

Ik heb heel lang gedacht; ben ik wel een man of eigenlijk een vrouw of in het gunstigste geval een tussen vorm.

Daar kon ik heel goed mee leven. Androgynie is mij van jongs af aan op het lijf geschreven.

De bustehouders van mijn zuster en tante trok ik als tiener al aan en ik had al gauw een dozijn setjes lingerie van mijn vriendinnen onder mijn matras liggen. Voor mijn verjaardag krijg ikwel eens een leuke beha van een kennis.

Ik ben met sex begonnen toen ik twaalf was met jongens en mannen, vanaf mijn eentwintigste tot vierentwintigste met een vrouw, die me bewaakte als een Cerberus en daarna met vrouwen en mannen, waarbij ik in de loop van de tijd een steeds sterkere voorkeur voor mannen kreeg.

Na vijftien verhoudingen tussen 1963 en 1988 met vrouwen had ik het wel gezien.

Ik kon kutspek niet meer luchten of zien. Het had zijn glans voor mij verloren. Het komt allemaal op hetzefde neer. Mannen hebben meer te bieden sexueel en emotioneel.

En verder breng ik die mensen tussen de klamme lappen een aardig stuk humor, veel wijsheid, gekoppeld aan mijn uitgebreide seksjuwelen repertoire en uit dien hoofde ook veel geluk op het erotiese vlak.

Ik ben een hoer.

De geile onderstroom blijft van zelfsprekend altijd wel in mijn verdorven ziel rond kolken dus moet ik in Parijs geregeld naar het "Musee de l'erotisme" om bij te komen.

En ik moet dan een kijkje nemen in Pigalle waar de hoeren zitten. De zucht naar bizarre sex blijft een ongeneeslijk virus- het zit in mijn genen-, al zal mijn geestelijke immuun stelsel er niet meer zo vaak van in de war raken.

Komt ook omdat ik niet meer de hele dag aan een stuk door zit te zuipen, hasj te roken, barbituratente slikken of coke te snuiven. Al een jaar of drie niet meer maar ook niet minder. Ik moet gewoon me nooit meer te buiten gaan aan drank en drugs zoals in het verleden, dat staat voor mij al lang vast. Ik zou hier in Parijs met al die geuren en kleuren om mij heen in het Parc du Luxembourg best wel een joint lusten, maar dan weet ik dat ik weer onvermijdelijk over de schreef ga, dan weet ik dat ik voor goed ver loren ben, dan gaat niet alleen mijn echte dikke bankrekening er aan maar vooral mijn geestelijke bankrekening.mannen en vrouwen gezien. Dus kuier ik 's avonds door het Bois de Boulogne met in mijn achterhoofd: " Don't fuck the catpissmotherfuckinshitladies wit hout rubber in their holyshitasses".

Moeilijk heb ik het er wel mee, want die omgebouwde kerels zien er uit als prachtige meiden.

Je raakt er van in een soort trance wanneer al die meiden als verleidelijke slangen rondom je heen lopen te sissen en gracieus om je heen bewegen. Je blijft maar uren lang koetje keuren en speuren naar nog mooier, nog geiler, nog afwijkender.

Dus denk je: nog even dat meisje bekijken of bij die en die hoer langs, want misschien is zij die ene unieke van prins tot prinses omgebouwde sex machine waar je altijd al op zoek naar bent geweest.

Je zoekt tevergeefs naar een kunstmatig paradijs tussen hun dijen en billen, in de hete monden en anussen, maar het is de vraag of het daar ligt.

Over hoeren kan ik altijd heel goed praten met Jaap Achterhand, leraar scheikunde, maar ook met de hoeren lopende ex-echtgenoot van de seksueel los geslagen bisexuele Lila Lokkeboer, die psycholoog is en de creatieveling Leo, die echt een kenner is, zich als handenarbeid leraar een ware kunstenaar waant en regelmatig naar Thailand vliegt om zijn lusten te blussen. Als hij in Maarsen is bezoekt hij altijd weer dezelfde hoerenboot voor een colaatje met tik van een dominante vrouw.

De Amsterdamse wallen bezocht u vaak met andere gesubsidieerde kunstenaars die daar hun stipendia en reisbeurzen kwamen verbrassen?

Dan had je weer eens een stipendium van tien twaalf mille binnen gehaald en draaide dat in een nacht er door heen. De meisjes achter de ramen vond ik meestal een beetje zielig.

Het waren bepaald niet de slimsten.

Contactgestoord tot op het schaambot. Afgeragd en nog niet gaar! Ik zie hoeren als openbare toiletten om je lul aan af te vegen, but not for me! Ik vind het onsmakelijk. Verwerpelijk! Ik ga voor de romantiek! Happy Hookers? Bestaan niet! Je hoeft mij niets te vertellen. In hun gedrogeerde, lege ogen zie je de reflectie van een harde, meedogenloze wereld waar gescoord moet worden anders wordt het klappes van de pooier die net afgetraind terug komt uit de sportschool met mussels om een beer te vellen. Even afdrogen die teef! De beuk er in! De zweep er over heen, dat maakt het zondige vlees sappig en willig, net als bij de slager een gehakte biefstuk wordt gepplet met de vlakke kant van het slagersmes. Veel hoeren zijn in wezen lesbiese lokloeders.

Het windt mij op een vrouw vast te binden en machteloos naakt voor mij te zien en mijn weg met haar te gaan! Hangend aan een Andreaskruis! Een pittige sien!
Niet voor softe mietjes die van vanillesex houwen; hij bovenop zij onder en dan vijf minuten tekeer gaan als twee konijnen.
De SM sien! Ik maakte daar zelf heel lang deel van uit, maar wil er niet meer bij horen. Voorlopig althans. In Amsterdam heb ik toen het cone floating ontdekt als alternatief voor de dark room en de bedompte SM kelders waar het naar leer, rubber, zweet, urine en ander lichaamssappen rook.
Je gaat een pikdonkere tank binnen en dan zweef je uren lang lang uit in een tank vol zout water.
In de baarmoeder werd mijn bestaan al bedreigd door dat mijn moeder abortus heeft willen laten plegen, dat vormt je.
Ja; die tank is een subsituut baarmoeder.
Volgende keer als ik van uit Frankrijk in Amsterdam ben ga ik weer. Het is beter dan welke drug ook. Het is een vorm van zuiverheid die ik als tegenhanger van al die ranzigheid om mij heen moet hebben. Ik ben besmeurd, beduimeld en bevingerd, gebruikt en misbruikt, gepenetreerd en gemaltraiteerd, door vele handen gegaan. Mannen en vrouwen, meisjes en jongens. Ik schaam mij er niet voor. Ik ben er trots op.

Uw verhalen klinken erg vreemd vooral omdat U er veel plezier aan lijkt te ontlenen om verkracht te worden als tiener en niet als twee verdiener of profetische ziener. Is dat voor een man niet een unicum?

Ach, met sex heeft het wel veel te maken, hoor maar ook met macht. Sex is voor mij niet een soort goudleer behang, maar de harde werkelijkheid. Ik ben daar nooit ver ward over geweest.
Integendeel.
Ik wist heel goed wat ik deed. En ik lijd als alle grote kunstenaars natuurlijk aan wat de Franse decadenten noemen: de nostalgie naar de goot, de modder van de levensstroom, wentelen in de blubber en de goot als een varken. De achterkant van het gelijk. Anus Mundi. De reet van de wereld. Fuck the world!

Ja; ik ben een pathologische decadent. Een uitwas. A suitable case for treatment, noemde een bekende psychiater mijn geval eens. Ik wil ook helemaal niet genezen, hoor, wat dacht je? Integendeel! Mijn levenswijze is te verleide lijk en te bevredigend om zo maar op te geven uit de een of an dere religieuze of moralistische gril. Als ik weer een schilderij had verkocht en gecasht had moest ik naar de transsexuele hoeren in het Bois de Boulogne om het uit te vieren.
Is dat zo abnormaal? Iedere ware kunstenaar doet hetzelfde!

TRIO INFERNO

kunst | 30 Juli 2011

BIOGRAFIE THEO KARS O.A. OVER KEES B. EN BOUDEWIJN
VAN H.

TRIO INFERNO

Theo Kars heb ik eenmalig ontmoet, hij maakte weinig indruk op mij, zijn
toenmalige vriend Kees B., zoon van een notaris te Heemstede , woonde
enkele straten verder dan de J.C. van Oostzaanenlaan waar ik van jan.
1957- mei 1967 woonde heb ik enkele malen in Heemstede en Haarlem
ontmoet via Dirk M. een gesjeesde student economie.
Het was het jaar 1966 waarin voor mij veel mis ging.
Boudewijn van H. heb ik nooit ontmoet en mij desondanks enige tijd
geleden een hate mail stuurde op het weblog van journalist Renzo Verwer
met een verzonnen verwijt dat ik bij de staat mijn hand op zou houden.
Hoe hij zich dat voor stelde vermeldde hij niet.
Het is algemeen bekend dat meneer Boudewijn van H. nog nooit van zijn
leven iets anders heeft uitgevoerd dan enkele slecht geschreven boeken
publiceren over hoeren bezoek en parasiteren op oudere dames met veel
geld en ruime woningen.
In de HP heeft hij daar enkele malen uitgebreid kond van gedaan.
Ik heb echter altijd een eigen inkomen gehad nadat ik in 1976 uit de BKR
ging dus niemand heeft iets te klagen.
Kees B., Boudewijn van H. en Theo Kars baarden begin jaren zestig op-
zien met een geraffineeerde oplichtingszaak waarbij de Rijkspostspaar-
bank meer dan een ton lichter werd gemaakt.
De grootvader van Kars, agent voor een levensverzekeringsmaatschappij
heeft eeen tijd in de gevangenis gezeten vanwege oplichting.
Alle drie verdwenen de vrienden Kars, van Houten en Kees B. na een veroordeling het gevang in en Kees B. kreeg bovendien een stevige uitbran-
der van zijn vader.
Het gestolen geld, 180.000 gulden, mei 1965, werd naar men zegt in
hoofdstedelijke literaire kringen besteed aan de oprichting van een literair
maandblad "Tegenstroom". De oplichtingszaak met hoofddaders Theo

Kars (2 jaar celstraf) Boudewijn van H. en meeloper Kees B. was groot nieuws in de pers van de zestiger jaren.

Auctor intellectualis van het oplichtingsplan is volgens het boek van Kars Boudewijn van Houten die een "lucratieve misdaad" wilde plegen en daarvoor informatie kreeg van Simon van V. die wist hoe valse buitenlandse postwissels te verzilveren waren.
Kars schrijft op pag. 31 van 'Memoires van een slecht mens. Deel 1: 1940-1964', Athenaeum-Polak & Van Gennep, 360 p dat hij onmiddellijk geestdriftig was over het plan, net als Kees B.

Over het oplichten van de RPS schreef Kars "De vervalsers" 1969 en "De huichelaar" 1978.

Het is opvallend dat in een interview in VN Kars wel spreekt over Boudewijn van Houten als mededader, maar niet over Kees B. waarbij aan te tekenen dat hij deze naam wel in zijn boek vermeld. Waarschijnlijk is de oorzaak de academische status van Kees B. dat hij hem niet bij naam durft te noemen.

De eerste abonnee van "Tegenstroom" was W.F. Hermans.

Het literaire maandblad "Tegenstroom" keerde zich tegen alle levende schrijvers behalve W.F. Hermans en Gerard Kornelis van het Reve. In het bijzonder werd Harry Mulisch op de korrel genomen door Kars. Voorts bewondert Kars Multatuli.

Kars in "Memoires van een slecht mens" pag 31:

"Er ontstond een soort lynchstemming tegen ons. Henk Hofland vertelde dat op een avond, kort na het verschijnen van het tweede nummer van "Tegenstroom" in de Amsterdamse kunstenaars sociëteit De Kring opeens een groepje aangeschoten bewoners van het literaire dorp op het idee was gekomen in het holst van de nacht naar ons adres in de Reguliersdwarsstraat te trekken om ons daar hun ongenoegen over ons bestaan kenbaar te maken en Jan Cremer hen er met moeite van had kunnen weer houden dit plan uit te voeren".

In Heemstede, Aerdenhout en Haarlem was het een veel voorkomende zaak dat rijkeluis zoontjes uit verveling en gebrek aan ouderlijk toezicht het semi criminele pad op gingen, dus niets nieuws onder de Kennemer zon.

Kees B. heb ik in 1966 horen optreden in een jeugdhonk in Aerdenhout waar hij Jaap Fischer achtige liedjes zong bij een gitaar. Zijn teksten waren opvallend goed. Hij had een beter publiek verdiend.

Herfst 1966 opende Kees B. een tentoonstelling van Dirk M. en mij in Hillegom met een performance in de stijl van Beat Dichter Allen Ginsberg waar ik van stond te kijken.

Ik ging met mijn vaste stapmaatje/bloedgabber Dirk M. nog een keer herfst 1967 langs langs Kees B. zijn riante studentenkamer, aan een gracht als ik mij goed herinner.

Het zou de Oude Zijds Voorburgwal geweest kunnen zijn. Zijn vader betaalde hem een ruime toelage dus een kamer op een dure stand was geen enkel probleem.

Hij woonde daar met een onopvallende studente en weigerde ons binnen te laten, want hij moest vroeg naar bed. Hij verkeerde als eerste jaars student aan de politieke en sociale facculteit graag in het academische milieu en wilde liever niets meer met kunstenaars te maken hebben, want hij kon niet met ze op zijn eigen nivo praten, deelde hij glimlachend mee.

Ik haalde mijn schouders op, draaide me om, liep weg en nam het voor kennisgeving aan. Het maakte me niets uit. Ik had geen hoge achting voor de Amsterdamse studentjes.

In "Memoires van een slecht mens. Deel 1: 1940-1964" - Theo Kars, doet de auteur in het saaai geschreven autobiografische boek uitvoerig zijn connectie met Kees B. en Boudewijn van Houten uit de doeken.

Uit de recensie van het boek in VN Jeroen Vullings / 28 juni 2010 / (0)

citeeer ik:

Als een der weinigen onder de vaderlandse auteurs heeft hij (Theo Kars) bijvoorbeeld in de gevangenis gezeten, vanwege diverse grootscheepse fraude-affaires.

Opdringerig en onkies

Memoires van een slecht mens, 1940-1964 is een doods boek. Dat is extra opmerkelijk, daar het onderwerp 's auteurs leven is, zijn reflectie daarom trent te rubriceren valt onder "levenskunst" en hij een vitaal en genotrijk carpe diem- bestaan voorstaat.

De opmerking van de recensent dat het een doods boek is noopt niet tot aanschaf. Ik keek het in en vond het voornamelijk één langdradige bespiegeling van een arrogante auteur.

Theo Kars, 'Memoires van een slecht mens. Deel 1: 1940-1964', Athenaeum-Polak & Van Gennep, 360 p., € 19,95

bekeken x 209

LEEUWARDEN, TOURETTE, ROCHELENDE ZWERVER & BLOED PRIKKEN

kunst | 27 Juli 2011

Gisteren bezocht ik Leeuwarden. Ik reed mee met mijn echtgenote die onze oudste dochteer Misja bij de tandarts ging ophalen.

Mijn wederhelft wilde mij niet even af zetten nabij het centrum dus het werd een uur lopen via Huizum voor ik in de stad was.

Geheel pijnloos loop ik niet dankzij een voort schrijdende atrithis maar dat zal den ander een zorg wezen.

Terecht meent zij; "wie niet goed lopen kan gaat maar kruipen en anders schaf je maar een invalidekar aan".

Ik vind dat een goed idee, want goede raad is duur. Ze geeft altijd geld voor bedelarij aan de deur van diverse instanties voor de negertjes in Afrika, want wwat men ver haalt is lekker en zodra de munten in de collectebus rammelen is het geweten gesust.

Om mijzelf enige geestelijke bijstand te geven onder het lopen kocht ik in een kleine sigarenwinkel een doosjes Braziliaanse sigaren. Nu rook ik weinig, maar weinig is toch ook niet helemaal niks. Mag een oude, zielige, kreupele, vieze man ook eens een lolletje in zijn leven?

Ja, dat mag.

Via de Schrans liep ik over de spoorweg overgang langs de bibliotheek naar een modernee boekhandel, vervolgens naar de Nieuwstad om op het terras te gaan zitten van Het Broodthuys.

De bediening liet het af weten dus ging ik naar binnen en bestelde een uitsmijter rosbief en twee Palm biertjes.

De uitsmijter was wel eens beter geweest. De rosbief van dagen oud was niet om doorheen te komen, leek op een stuk plestik en er zaten vette randen aan waar ik geen liefhebber van ben als kieskeurige ex-Amsterdammer.

Binnen een kwartier was het terras vol met gasten. Naast mij een Fries uitziende, hard pratende familie, de vrouwen kort geknipte koppen, geen make up, eigele zeiljoppers, Birkenstockers aan de voeten, schoeisel dat zo gezellig kleppert op de kasseien, zodat een gewaarschuwd mens voor twee telt en zich op tijd uit de voeten kan maken. Het is altijd heel handig als je mensen met wwie weet kwade bedoelingen al op honderd meter afstand hoort aan komen. In het gezelschapje bevond zich een Tourettelijder die werd uitgelaten. Gevloek en getier, varkensachtig geknor, geloei van koeien, rauwe kreten; hij had ze allemaal in voorraad. Een totaalpakket. Het bizarre karakter van de medemens werd mij in elk geval weer eens bevestigd en dat doet mij deugd.

Ik rekende af en liep door naar fa. J. de Slegte. Het was er druk. Een kind riep verrukt uit: Het ruikt hier naar boeken!

Ik kocht een boek over de uitgever van Oorschot. Veel verhalen heb ik over hem gehoord en gelezen. De eigenaresse van de Noord Nederlandse Boekhandel op de Voorstreek heeft hem persoonlijk gekend, zoals zij mij tijdens een gesprek vertelde.

Terug gelopen naar de bibliotheek en ging aan een van de tafeltjes zitten. Een zwerver, zoals er zo veel rond lopen in Leeuwarden, zat voortdurend te boeren, te hikken en te rochelen, onderdehand mij agresssief aan kij-kend of ik er iets van durfde te zeggen.

Ik ging ergens anders zitten.

Beneden in de leeszaal hoorde ik een gezette dame op leeftijd met smaak praten over het bloed prikken voor haar suiker waar ze op dat moment mee bezig was.

"Het is niet te stellepuh!", verzuchtte ze.

"Heb U dat nou altijd dat het niet stopt met bloeien?" vroeg een meneer haar belangsstellend.

Een discussie ontspon zich terwijl ze een grotee boerenzakdoek om haar arm knoopte en de gehele medische status van de vrouw werd van kop tot teen doorgenomen.

Ik stond op en liep de bibliotheek uit.

De bus was er nog niet. Ik ging op een bankje zitten. Naast mij een oudere man met het blozende gelaat van een Holzhacker Bube uit Zuid Duitsland. Hij joeg de duiven met wilde armgebaren, gesis en geschreeuw weg. De vogels kwamen niet dichterbij dan een meter of twee op het plaveisel waar ze heen en weer trippelden. De man schopte vergeefs naar ze.

bekeken x 231

CHARLES BUKOWSKI "SUNLIGHT HERE I AM", INTERVIEWS & ENCOUNTERS 1963-1993

kunst | 16 Juli 2011

Een recensie door Fred van der Wal. (Deel 1)

Charles Bukowski "Sunlight Here I Am", Interviews & Encounters 1963-1993 samen gesteld door David Stephen Calonne is een slecht vorm gegeven boek van 288 paginas door   Sun Dog Press 2003 Northville, Michigan.
De grafische vormgeving van de soft cover haalt het niet bij de Black Sparrow uitgaven van het werk van Bukowski.
De schreefloze letter geeft de tekst een zakelijke, neutrale aanblik, die niet in overeenstemming lijkt met het virulente proza van Bukowski.
De bundel interviews is opgedragen aan Charles en Linda Bukowski. Een driekwart profiel foto van Bukowski op de omslag in paarse kleur geeft het boek geen aantrekkelijk karakter.
De wervende tekst op de flip side met foto van de auteur vertelt meer over de samensteller dan over zijn subject Charles Bukowski, waarvan slechts vijf korte zinnen zijn vermeld in tegenstelling tot de samensteller met een biografie van veertien zinnen, waaruit blijkt dat Calonne zijn sporen in de akademische wereld ruimschoots heeft verdiend.
Hij is auteur van biografieën van Saroyan, Gurdjieff en Miller en schreef over deze auteurs eveneens essays.
Calonne, geboren in Los Angeles, doceerde o.a. aan de universiteit van Texas te Austin en het roemruchte linkse bolwerk Berkerley te Californië, verder was hij lector en gaf daarnaast lezingen voor studiegroepen aan de universiteiten van Oxford en Harvard .

Charles Bukowski (1920-1994) was een onderhoudend verteller, uitdagend, humoristisch en intelligent. In gesprekken was timing zijn sterke punt, als hij de ene zin na de andere uit sprak boven een glas drank. In een video fragment zag ik onlangs hoe een agressieve stomdronken Bukowski een aan trekkelijke vrouw de bank af trapte. Zonder veel timing. De houding van de auteur tegenover vrouwen is weinig genuanceerd.

Slechts de vitalistische, begaafde beeldhouwster Linda King lijkt in de verhalen van Bukowski genoeg karakter te hebben om hem met gelijke munt terug te betalen.

Zijn vertelkunst heeft hij mogelijk ontwikkeld als jonge man in de Philadelphia Bar, een locatie die later onsterfelijk zou worden in de film Barfly.Bukowski is de meester van de dialoog te noemen. Alles klopt in zijn pro-za, vraag, antwoord frasering, verrassend van visie, gevoel voor het muzi-kale aspect van een zorgvuldig gecomponeerde zin, hier en daar te verge-lijken met de contrapunt techniek van de barok muziek. Proza dat sluit als een bus waarin geen woord te veel.

Waar Raymond Carver spanning mist en James Ellroy schrijf techniek is het proza van Bukowski een eye opener. De serie interviews bevat zowel het eerste als het laatste interview met Bukowski. De keuze van Calonne is mijns inziens aanvechtbaar. De kwaliteit wisselt te veel in de vraag gesprekken. De diverse stijlen van interviewen maken op mij de indruk van een auto die met horten en stoten vooruit gaat door een defecte versnellingsbak. Het pientere pookje van de academisch gevormde samensteller had uitkomst moeten en kunnen bieden om een en ander te stroomlijnen ten gunste van de continuïteit. Het eerste vraag gesprek in 1963 is een interview met een verslaggever van de Literary Times van Chicago en vindt plaats in een one room apartment. Dertig jaar later in 1993 heeft hij zijn laatste vraaggesprek zeven maanden voor zijn dood met een Duitse journalist als hij 73 jaar oud is.

Het leven van Bukowski speelde zich af tegen de achtergrond van de dertiger, veertiger, vijftiger en zestiger jaren. De wereldwijde economische crisis, de werkeloosheid, de beatnik beweging, de Cubaanse raket crisis, de pil, Vietnam, de civil rights movement, de uitbuiting van werknemers, de Kennedy moorden, de aanslag op Andy Warhol, Bob Dylan, psyche delica, de sexuele revolutie, de homo beweging, de studenten beweging, het feminisme, de Hippies, de Blues revival, de punk, aids en de toepassing van wordprocessors. De conformistische fifties, de dionysische sixties, de socio dulle seventies, in het boek van Calonne wordt tegen deze achtergrond de ontwikkeling in het werk van Bukowski en zijn groei van totale onbekendheid naar wereldroem duidelijk

(wordt vervolgd)

bekeken x 228

IK LAAT ME VOORTAAN DOOR BOKITO INTERVIEWEN

04 Juni 2011

" 't Valt me mee dat u zonder een Tom Tom mijn huis hebt kunnen vinden, want de inwonerse van Couloutre heb ik de opdracht gegeven om mijn adres aan geen enkele Hollander te openbaren die op Bokito op doorreis lijkt en een banaan in zijn bek heeft" zegt Fred van der Wal, ooit omschreven als de meest gehate kunstschilder van realistisch schilderend Nederland.

Naast hem   Isis Nedloni, zijn vaste begeleidster in binnen- en buitenland, die zelfs bereid is een invalidekarretje te duwen in geval de artiest pootloos door het leven zou moeten gaan, maar voorlopig is het nog niet zo ver.

Het heeft mij ettelijke mails gekost alvorens de meester in een gesprek toe stemde.

Na een pornografische kaart met een zelfportret er op waar op de gevreesde kunstenaaar in dameslingerie te bewonderen valt met een paar chroomstalen tepelklemmen aangezet terwijl hij zichzelf bewerkt met een dildo van een aanvaardbaar damesformaatje:

"Ik heb helemaal geen zin in een vraaggesprek. Ik ben net lekker bezig! Zo kom ik toch nooit op tijd klaar?", kwam drie weken later een korte mail met het jawoord.

Hij zit keurig gekleed, rookt   Camel en straalt een beetje nervositeit uit. Voor hem ligt een digitale camera, een dure Canon .

"Fantastisch ding. Kun je prima reproduceerbare foto's mee maken van je werk. Heel handig ook, lacht hij. Fred springt blijkbaar even vlot om met de camera als met de pen en de penseel. Een staaltje daarvan: de voortreffelijke fotos indertijd in o.a. De Telegraaf ter promotie van het boek Handschoenen en tassen van zijn voormalige echtgenote. Benieuwd hoeveel mensen er vanavond naar mijn lezing komen. Als er honderd man is, ben ik al erg tevreden. Achteraf mogen er vragen worden gesteld. Tenminste als ze daar zin in hebben. GSM's dienen uit te staan en ik wil geen gehoest of gesnotter horen.

"Wat drinken we vandaag?" vraagt Fred van der Wal nieuwsgierig.

Hoe bent u aan dat imago van een hooghartig en boosaardig iemand gekomen?

F: Wie mijn VKblogs heeft gelezen, zal dat een beetje begrijpen. Ik heb er veel vijanden. Vooral academici zonder baan met een overschot aan vrije tijd. Toch vreemd. Ik denk dat het met zelfhaat te maken heeft van dat soort mensen en jaloezie dat ze zich zo agressief en ongenuanceerd uiten.

Eigenlijk heb ik het allemaal neer geschreven om de mensen leringh ende vermaeck te geven. Een opvoedende taak is mij van boven toe bedeeld, dat zal het wel zijn.
Maar, ja, ze zijn zo eigenwijs dat ze de hand niet in eigen boezem steken of zich willen laten leren.
Ze gaan als pvda aanhangers liever naar die onsmakelijke dikzak Paul de Leeeuw loeren of die ouwe hoer Freek de Jonge imiteren om openlijk in de tegenaanval tegen mij te gaan met andermans woorden en declameren dat ik giftig, gemeen, vals, doortrapt, leugenachtig en ongenadig ben.
Een of andere beroepswerkeloze econoom beweert dat ik alles bij elkaar lieg en dat wordt nagepraat door een wiskundige die uit zijn job is gezet en wankelend door het leven gaat met een kenau van een wijf die drie hatelijke weblogs vol onzin over mij neer kalkte.
En nog slecht geschreven ook.
Dat is allemaal onzin wat ze over mij beweren. Ik heb die mensen nog nooit gezien of gesproken. Na enkele minuten lezen heb je al door dat ze niet deugen. Of niet, soms? Wat denkt U er van?

Toen u in 2002   naar de Bourgogne vertrok zei u op Uw weblog dat u nogal wat waardering had voor Frankrijk en Marie LePen, maar toch SP blijft stemmen. Is dat niet met elkaar in tegenspraak?

F: Ik denk niet dat mijn critici daar echt blij mee zijn. Maar ik hou van dit land. Ondanks al die dwaze verhalen over Frankrijk die ik dom en onge-loofwaardig vind. Ik kreeg onlangs nog een mail van een fijn christelijke Fries die beweerde dat in Frankrijk de duivel huisde.

Welke verhalen?

F: Nou ja... De Hollanders krakelen graag onder elkaar, maar bloed ver-gieten is er nog net niet bij. Frankrijk is gelukkig geen Afghanistan. Na-tuurlijk zitten jullie in Holland met door de socialisten zelf veroorzaakte huizenhoge problemen. Soms wordt er betoogd, gooien ze al eens een

185

raam in of een waxinelichtje tegen de gouden koets, maar dat is ook alles. Iedereen kan nog ongestoord zijn pilsje drinken op een terras of een sigaretje rollen zonder dat een gek naaar buiten rent met een zwaard om iemand zijn kop af te hakken.

Zo mag ik het graag.

Verder ben ik gek op het landschap van de Bourgogne, al wordt daar nog zoveel over geëmmerd.

Jullie platteland in Holland is lelijk. Alle moderne architectuur daar is niet om aan te zien.

IK WAS EEN KLASGENOOT VAN TOMMIE GERRARD

21 Mei 2011

IK WAS EEN KLASGENOOT VAN TOMMIE GERRARD (VRIENDJE
VAN GERARD REVE & GRAFICUS JAN MONTYN)

Een week geleden kwam ik op een fotopagina van een niet nader te noemen website waar heel wat schoolfotos uit het verleden zijn te bewonderen een foto van Tommie Gerrard tegen op een groepsfoto als leerling van
het Vossius gymnasium waar hij een klas hoger zat dan ik in de klas waar
Kiek Bigot mede leerling was.
Een jaar later, 1956 zaten Tommy en ik in de eerste klas van het Christelijk Lyceum in de Moreelsestraat. Hij was terug gezet uit de tweede klas
van het Vossiusgymnasium.
Tommy bewoog zich al vanaf 1956 in het vage pseudo-artistieke Leidseplein milieu van schrijvers die nooit een boek zouden schrijven en schilders die nooit verder met hun werk zouden komen dan de buurtkroeg. Hij
zou op jonge leeftijd zelfmoord plegen.
In de eerste klas van het christelijk lyceum was ik een klasgenoot van
Tommie Gerards, die al op veertienjarige leeftijd in het los geslagen gedrogeerde Leidseplein milieu verzeild raakte en aan de hand van een graficus ten onder ging in de wereld van de half mislukte contraprestatie zol-
derkamer- en kelder artiesten.
Tommy was een olijk jongetje met vanaf den beginne al een grote homo
phiele aanleg, dat was mij al snel duidelijk uit zijn reakties op de naakte
lijven van de klasgenootjes in de kleedkamer voor en na de gymnastiekles.
Hij hield van rock 'n roll platen en kwam uit een zwaar door de oorlog ge-
teisterd Joods gezin waar hij niet te handhaven was en onder voogdij-
schap werd gesteld.
Hij kreeg semi artistieke vrienden, nietsnutten uit het leidseplein milieu,
on aantrekkelijke randfiguren die aan de verdovende middelen zaten. In
die eerste klas van het christelijk lyceum kreeg hij een vriendinnetje waar
mee hij de poffertjestent bezocht, toen een berucht tref centrum van de op-
standige Leidsepleinjeugd, weg gelopen meisjes uit inrichtingen en halve
en hele psychopaten.

Het meisje Elsje S., jeugdvriendin van Thommy, die begin jaren zestig nog in de krant kwam als twist danseres bij Jazz festivals en naar Parijs ging als fotomodel werd de latere vriendin in 1972 van de surrealistiese schilder C. v. G. en verdween vervolgens met een talentloze beeldhouwer naar de Ruigoord commune, waar een normaal mens nog niet dood gevonden wil worden.

Ik kwam Tommie in 1956 nog een keer tegen in het gezelschap van de toen nog relatief onbekende Gerard van het Reve, die ons gesprek onderbrak met de opmerking: "Ik praat niet met kinderen!"
Een andere keer was ik er bij dat Tommie een hard pornoboekje kreeg van een vriend die aan de kunstnijverheidsschool studeerde.
We bekeken de fotos met rode oortjes.
Na juni 1957 verloor ik Tommie G. uit het oog en pas begin jaren zestig hoorde ik iets van hem toen hij half-abstrakte tekeningen ging exposeren, in 1962 bij Galerie Mokum die toen nog niet een keuze voor het realisme en het surrealisme had gemaakt .
In 1966 kwam bij uitgeverij G.A. van Oorschot te Amsterdam het boek "Nader tot U" van Gerard Kornelis van het Reve uit en tot mijn verrassing las ik op pagina 69 tot 72 het verhaal over het bezoek dat Tommie G. met zijn map tekeningen aan van het Reve bracht en hoe het onvermijdelijk verliep in een waas van marihuana en homo erotiek.
Het volgende fragment uit "Nader tot U" met betrekking tot Tommie G. volgt hieronder :

"Portfolios had ik heel wat gezien, peinsde ik, die men maar al te dik-wijls, wegens het grote formaat, door botsingen in de bochten van donkere trappen, tot dwarrelende uit-zaaiing van de kolleksie, uit zijn poten moest laten vallen, als men al niet zelf een doodsmak maakte. Ik schudde het hoofd en dacht, heel stil zittend, opeens aan Tommie G., die nog maar een paar maanden dood was, en die de laatste keer dat hij in Amsterdam bij mij langs was geweest, ook een portfolio bij zich had gehad en had open-gemaakt om mij zijn met zwarte inkt gemaakte pentekeningen te laten zien, opeenhopingen van snel uitgevoerde, lus-achtige figuurtjes, die wel-licht mensen uitbeeldden, zodat de tekeningen misschien menigtes moes-ten voorstellen ('massaatjes,' zei Teigetje later) die soms stilstaand, soms naar links of naar rechts in beweging zijnd, moesten worden begrepen. Toen hij er een paar op de vloer had gelegd, was ik er, zittend op het bed,

naar begonnen te staren, maar ik kon er niks in zien (…) Mijn gepieker
was echter niet nodig, want de jonge kunstenaar had al een sigaret gerold
van iets geweldig krachtigs, 'weed' met nog iets wittigs erdoorheen, zodat
hij al na de eerste paar trekken om alles giechelde en één of twee, weinig
belangwekkende mededelingen een groot aantal keien met vrijwel gelijk
luidende woordkeus herhaalde en een paar maal opmerkte, dat hij alles
'hardstikke fijn vond'.
'Hebben ze namen? Ik bedoel: heb je ze titels gegeven?' vroeg ik.
Nee, namen hadden zijn tekeningen niet.
'Maar dat moet wel,' betoogde ik.
'Laten we maar eens kijken.'
Tommie begon met potlood, in goed leesbaar schrift, op een bloknootje,
in opeenvolgende nummering, de benamingen op te schrijven, die ik, telkens als hij een nieuwe tekening te voorschijn had getrokken, voorstelde.
'Je nummert de tekeningen zelf toch ook wel?' had ik hem nog gevraagd.
'Anders weet je bij wijze van spreken straks niet meer wat voor naam op
wat voor tekening slaat.'
Nee, dat onthield hij zo ook wel.
'Het is je eigen werk, en dat ken je natuurlijk,' had ik beaamd. Terwijl ik
hem, nadat hij naast mij op het bed was komen zitten, telkens streelde en
even aanhaalde, verzon ik de benaming en, waarvan ik me niet één meer
kan herinneren, al weet ik nog wel dat ze alle in de trant waren van 'Struc-
tureel Doorzicht', 'Entrissen sind wir dem Tageslicht', 'Impasse 1964', en
dergelijke, alle met woest, geestdriftig gegier door Tommie begroet en genoteerd. Toch was ik nog steeds blijven piekeren, want, zo geil als ik van
hem was, had ik er toch tegen opgezien om hem in al te vast verkeer over
de vloer te krijgen, want hij kon, dat wist ik, in wat voor kamer ook, en
net zo goed in een bed als op een divan, zonder bezwaar twintig uur aan
één stuk door slapen, stond zelden vóór smiddags half één op, ging in
geen geval ooit voor een uur of drie 's nachts naar bed, en had me al een
paar keer tegen middernacht uit een of andere leuke kroeg opgebeld, 'dat
ze nog even wat zaten te praten', maar dat hij 'beslist vóór enen' nog bij
me was, en dat het zeker wel goed was als hij 'Leopardo' of 'Vitessa', of
beiden, meebracht, onveranderlijk een slome haarboer respektievelijk een
brochessmedende kunst nijverheidstrut die, nog nauwelijks binnen en nog
nooit van het begrip burengerucht gehoord hebbend, begonnen zeuren
over het ontbreken van muziek, meestal gevolgd door vage klachten dat ze
wel 'trek' hadden - als ze al niet zelf je ijskast openrukten, eigenlijk niets

dus, dit alles,voor de 'burgerschrijver', want al durf ik niet te zweren dat ik elke dag vóór zevenen uit en vóór middernacht weer in ben, het hoort wel zo te zijn, dat weet u trouwens even goed als ik. Maar Tommie was dus dood, met gas, in de nieuwe flat woning in H., van weer een geheel andere kunstnijveraar ster of misschien sociologe, op de zondagmorgen na Nieuwjaar toen hij alleen in de woning was geweest en de slang van het fornuis had losgetrokken, met opzet of niet, daar kwamen ze zo gauw niet uit, want hij kon ook, wankelend van de 'weed' waarmee hij zich weer had volgeblazen, vóór het fornuis gestruikeld zijn en de slang daarbij hebben losgemaaid en daarop hadden de autoriteiten het tenslotte maar gehouden, ook al omdat het er verder weinig vakkundig uit had gezien, niet met kop in de oven bijvoorbeeld, en ook niet met alles potdicht, want er had waarempel nog een bovenlicht opengestaan. Toen dat alles was uitgezocht, hoefden we alleen nog naar de kremaatsie in Den Haag toe, op een vrijdag, Teigetje en ik, samen met kandidaat-katoliek A., die wel een jaar of zes lang met Tommie 'had opgetrokken' en hem zelfs al gekend had in de tijd dat Tommie, omdat het 'thuis niet meer ging' in een of ander tehuis of jeugdhaven had gezeten, en die, van het doodsbericht af, aan allerdiepste neerslachtigheid ten prooi was geraakt.

We gingen, wegens nutteloosheid van een automo biel tijdens de spitsuren, met de trein.In het begin was ik, gesterkt door een flinke ochtend dronk, heel monter geweest, want ik houd eigenlijk wel van begrafenissen en dergelijke, maar van lieverlede was het lelijk gaan tegenvallen, en was het me in de etablissementen van die merkwaardige, lijkverwerkende industrie, in de aula te machtig geworden, zodat, toen er na alle gegoochel met harmonika deuren en de plotselinge aanblik van een lichtbak als in een bioskoop, die STILTE UITVAART vermeldde, nog een dominee bij gehaald bleek te zijn ook die al begon te bladeren en zijn keel schraapte, ik na een malle opmerking wild jankend naar buiten was gelopen, en bij het hek snikkend was blijven wachten, waar zich spoedig twee jongedames bij me hadden gevoegd die ook, maar iets later, tijdens de dominee zijn toespraak, waren weggelopen, en van wie de ene vertelde dat ze voor de oorlog vlak bij mij in de buurt had gewoond, in de Smaragdstraat of op het Smaragdplein en in de oorlog als jodin naar Engeland was ontkomen en na de oorlog met een niet-joodse Duitser, een chemicus, was getrouwd, om zichzelf 'nog meer te straffen' of wegens een soortgelijke teorie, wat ik allemaal natuurlijk niet meteen hoorde, maar pas veel later; de andere jongedame, met misschien een witte trui aan, en blond, die iets panterachtigs en ook wel iets lesbies over zich had, vond ik meteen geil, op een bepaalde manier, als dat bijna lichtgevend roze snoepgoed dat het gehemelte stuk etst. (...) De blonde en geile had in het centrum van Amsterdam in hetzelfde krot als Tommie een of ander atelier gehad, of had dit nog steeds, maar wat ze precies deed is mij niet bijgebleven, en ik geloof ook niet, dat ik het haar gevraagd of van haar gehoord heb -misschien had ze iets met handel of mode te maken, zoiets, denk ik.

(Uit: Nader Tot U, Brief In De Nacht Geschreven; fragment.)

De brief die Reve verstuurde aan de moeder van (Tommie, Thommy) Thom Gerrard na zijn zelfmoord: "Eigenlijk had dit het einde van de geschiedenis van Thommy zijn dood moeten zijn, maar een week of wat later had zijn moeder me nog een brief geschreven: of ik een idee had hoe het gekomen was, en wat er volgens mij precies gebeurd kon zijn, en of er misschien kwaad opzet van anderen bij te pas kon zijn gekomen; waarop ik, naar diepste geweten en beste verstand, had geantwoord in een brief (....)"

Brief van Simon Vinkenoog aan Reve van 29 juli 1965:

In deze brief laat het gedrogeerde Leidseplein orakel Vinkenoog weten dat Reve Thommy Gerrard na diens dood in de steek had gelaten, door over hem te schrijven, zonder enig begrip voor zijn kunst. Volgens Reve had het Leidsepleingepeupel ten onrechte de indruk gekregen dat hij in de reisbrief Gerrard had willen ridiculiseren.

Bronnen over het korte leven van Thom Gerrard(s):

Hans van Straten, "Jong gestorven Thom Gerrards herdacht met expositie" in Het Vrije Volk"van 16 jan. 1965

Esteban Lopez, "Dood van een Ephebe" in "Als broer en zuster" 1970

Dirk Ayelt Kooiman, "Montyn". Amsterdam 1982.

Fred van der Wal: Vanochtend (zaterdag 21 mei) raadpleegde ik om 11 uur des ochtends in de bibliotheek van Leeuwarden de biografie van

Montyn, die merkwaardig onder de kasten met romans was gerangschikt, terwijl het werk thuis hoort bij de biografieën van 20-e eeuwse kunstenaars. Het kostte mij dus een kwartier om het werk te vinden.

Duidelijk is in het boek beschreven hoe Montyn met de zeer jonge Thommy een sexuele relatie aan gaat die enkele jaren duurt. In de documentatie van Galerie Mokum kwam ik in 1967 in artikelen over het eerste jaar van het bestaan van Galerie Mokum de naam van Thommy G. tegen. Hij had geëxposeerd op een groepstentoonstelling in de galerie toen eigenaresse Dieuwke Bakker nog niet voor het realisme had gekozen.

Dieuwke Bakker haatte homosexuelen en beweerde dat Montyn Thommy tot homo had gemaakt. Hetgeen ontkend wordt door zijn jeugdvriendin Elsje S. die mij toe vertrouwde dat Thom altijd al homo was geweest.

(De myhe dat Galerie Mokum is opgericht om tegen de abstracte post-Cobra kunst te strijden is een achteraf verhaal, geconstrueerd ter meerdere eer en glorie van de galeriehoudster om haar een profetische allure te geven.

Dieuwke Bakker had een liaison met een Belgische surrealistische schilder rond 1962-1963 die haar op het spoor van de post-surrealisten zette. In 1964 formeerde Dieuwke Bakker en Michael Podulke, vennoten van Galerie Mokum pas een figuratieve groep die de naam Nieuwe Figuratieven zou krijgen en een nieuwe peeriode inluidd ein de na oorlogse kunst. Ik maakte deel uit van deze groep van 1967-1973.)

Uit het boek "Montyn" nav een groot feest in het atelier gebouw aan de Kolk:
"Een van de aanwezigen was een jongen, niet ouder dan een jaar of achttien, die binnen gekomen was in het gezelschap van twee mannen die ik niet kende. Hij fascineerde me, terwijl ik hem van een afstand gade sloeg. Hij was uitgelaten, een charmeur, hij palmde iedereen, man of vrouw, voor zich in en intussen voeld eik dat hij langs de rand van een afgrond balanceerde. Ik hoord ehem alchen, het hoofd in de nek en ik wist dta het lachen elk ogenblik kon omslaan in een bodemloos verdriet. Ik kwam te weten dat hij Thom heette en weg gelopen uit een opvoedingsgesticht. Hij sprak me aan, Thom. Woorden die me altijd na zouden blijven klinken in mijn oren:
"Zijn dat jouw schilderijen?"

Thom blijft op de avond van het Oudejaarsfeest 1960 bij Jan Montyn en barst onmiddellijk in tranen uit. Fysiek was hij in slechte staat. Broodmager, lijkbleek, bevend. Thom was Joods, zijn ouders waren in de dertiger jaren naar Nederland gevlucht. Hij was in 1942 geboren en als baby ondergebracht bij zijn latere voogd, een Haagse advocaat.
De ouders waren geestelijke en fysiek geknakt uit het concentratiekamp terug gekomen. Jaren later pas namen zijn ouders de opvoeding ter hand en vertelden hem zijn afkomst.
Het gevolg was dat hij steeds onhandelbaarder werd, onder voogdij geplaatst en in een gesticht opgesloten. Diverse malen was hij er weg gelopen. Hij dreigde met zelfmoord. Hij voelde zich misplaatst en miskend.
Weken lang zit hij onder gedoken in De Kolk omdat hij op de politie telex stond als gezocht. Montyn leert hem etsen.
Onder druk van Montyn besluit de voogdijraad om de 18 jarige Thom bij de 36 jarige bisexuele ex-psychiatrische patiënt Montyn te laten. Geen goede beslissing. Montyn noemt Thom briljant en uitdagend.

Montyn:

Op een oudejaarsfeest was Thom in mijn leven gekomen, op net zo'n oude jaarsfeest, drie jaar later, zou ik hem voor het laatst zien. (...)
Hij stoof op me af.
"We hebben het gemaakt, Jan!"
(...) Hij had net een overheidsbeurs gekregen om een jaar te gaan werken in Parijs en New York. Binnen een paar dagen zou hij vertrekken.
Hij was eenentwintig. Twee dagen later was hij dood.
Ze hadden hem aangetroffen. Het gas stond open. Thom was dood.Maar de vragen blijven, tot op de huidige dag omdat er nooit een antwoord komt. En alter zou het tergende vermoeden volgen dat hij het gered zou hebben wan neer hij het een paar jaar langer volgehouden had. (...)

Het atelier aan de Kolk werd opgedoekt. Weg uit Amsterdam, dat opeens door een sinistere golf van zelfmoorden werd overspoeld.

BEZOEK AAN OUDERS EX-VRIENDIN UIT DE ZESTIGER JA-REN

Amsterdam | kunst | 14 Mei 2011

Woensdag 24 maart 1993

Op bezoek bij de familie D., Mariotteplein 17 te Amsterdam, Watergraafsmeer. Dertig jaar geleden kwam ik hier voor het eerst om ze na sept. 1965 niet meer te zien. Ik had jaren lang een innige, intensieve relatie met hun dochter Els die bij mij in de klas zat. We zagen elkaar elke dag en brachten gemiddeld een uur of twaalf per dag met elkaar door.
Aanwezig zijn de heer en mevrouw D. en de dochter van Els, begin twintig, goed ogend, net geslaagd voor haar onderwijzeressen examen. De geschiedenis herhaalt zich.
Het interieur is nog hetzelfde als drie decennia geleden. Saai, sober en grijs. Een blind paard kan er geen schade aanrichten. Ik krijg een kop lauwe thee aangeboden met een kaakje.
Mevrouw D. galmt van uit de keuken off key "Welk een vriend is onze Jezus".
"Dat zong U vroeger ook vaak", zeg ik.
Een bezwerend ritueel?
"O, ja? Daar weten we niets meer van! Vroeger zijn we vergeten! Vroeger bestaat niet meer! Het gaat om het nu! De Heire der Heirscharen leeft nu en is waarlijk opgestaan!" zegt Pa Deutekom.
Aanvankelijk wenden ze voor zich niets meer van de jaren 60 te herinneren dat ik er regelmatig kwam tussen 1963 en 1966.
Wat later vertellen ze me details uit die tijd die ik al lang vergeten was.
Ze lijken nog al in verlegenheid gebracht met mijn bezoek. Net als vroeger voel ik mij onbehaaglijk en bepaald niet welkom.
Als de dochter van Els weg gaat neemt het gesprek een heel andere wending. Ik had vantevoren besloten om het onderwerp Els te laten rusten.
Haar brieven en fotos heb ik nog. Het lijkt documentatie materiaal uit een andere universum. Ik heb er niets meer mee. Het stijl gereformeerde milieu heb ik ver achter mij gelaten.
"Els is vlak na jou gelukkig getrouwd met haar jeugdliefde en is God zij geloofd in de gereformeerde gezindte gebleven. Zij bewandelt de juiste weg. Daar stond jij buiten. Jij kwam uit een milieu waar het normaal was

194

als mensen gingen scheiden. Jouw familie bewandelde de weg des behouds niet. Wij konden dat niet accepteren. Alles hebben we er aan gedaan om Els te overtuigen dat zij niet met jou moest trouwen. Ze wilde zich verloven met jou maar daar hebben wij toen met succes een stokje voor gestoken. Twee geloven op één kussen daar slaapt de duvel tussen, daar zijn wij van overtuigd! Als er één op de hard stenen tafel des geloofs staat en de ander zit er in totale duisternis onder die tafel dan kan diegene die op de tafel is niet de ongelovige ondertafelrevolutionair naar boven trekken. Zo werkt dat niet. Kinderen van gescheiden ouders herhalen de zonden hunner ouders tot in het vijfde geslacht, daar wilden wij Els voor behoeden. Jij was een kind van de zonde! In zonde geboren,in zonde zult gij henen gaan zegt dominee Smytegeldt altijd! En wij weten wie de vader van de zonde is! Zijn wegen zijn ons niet geheel onbekend!" zegt Ma Deutekom.

"Wie is dat dan op die wegen?" vraag ik verbaasd.

"De Duivel met een grote D, de Boze met een grote B en de Satan met een grote S. Wie niet in de Heer is die is van de Satan! Halleluja! Prijst den Heer keer op keer bij een trap orgel van Johannes de Heer!" zegt Pa Deutekom.

Ik zwijg. Wat moet ik er op zeggen? Ik heb hun excuses niet nodig. De geuite beschuldigingen doen mij niets.

"De man van Els is trouwens een vreselijke potentaat. Ze heeft niets in te brengen, behalve haar salaris als onderwijzeres, maar dat moet ze af staan want de man is in Bijbels opzicht koning, priester en meester. Hij is het hoofd van zijn vrouw! In smart zal zij baren! Denken doet de man!" voegt Ma D. er aan toe. Het kan mij weinig schelen. Ik ken de vooroordelen van de calvinisten.

"Och, als ze daar gelukkig mee is. Heel wat vrouwen met een bepaalde aanleg vinden het prettig onderdrukt te worden door hun man. De bladen staaan er vol van!" zeg ik zo neutraal mogelijk.

"Ja, dat vindt zij ook, ze is in- en ingelukkig. De Bijbel zegt ook dat de man het hoofd van het gezin, maar ook koning en admiraal. De vrouw dient in alle nederigheid zijn kompas te volgen. Hij zet de koers uit. Er werd door haar echtgenoot ook vreselijk aan haar getrokken toen ze met jou om ging. Elke dag stond hij haar op te wachten. Hij heeft ons nog voor gesteld om jou uit de weg te ruimen. Dat heeft niet veel gescheeld. Hij had van zijn broer nog een oude, roestige bajonet. Wij vond dat zoiets niet kon voor echte christenen, maar hij haalde het Oude Testament er altijd bij, daar werd ook iedereen afgeslacht, want wie niet voor mij is die is tegen. Elke dag heeft hij haar bestookt met dat zij de enige voor hem was en door de Here voor hem was weg gelegd, dat zij een Goddelijke beschikking was, God had ze voor elkaar bestemd, dat heeft hij jaren vol gehouden en uiteindelijk is ze toen maar gezwicht voor de druk".

"De aanhouder wint! Proficiat!" zeg ik sarcastisch, maar dat ontgaat ze.

"Zo gaan die dingen nu eenmaal. Hij heet eigenlijk Harry, maar is zich Hendrik gaan noemen omdat die naam historische herinneringen op wekt. Frederik Hendrik en zo. Het heeft iets met vaderlandse geschiedenis te maken en dat we in de traditie staan, zegt hij. Ach, het is een keurige gereformeerde jongen, die orgel in de kerk speelt, echt een brave Hendrik en Els blokfluit erbij, maar hij is verschrikkelijk dominant. Ze mag helemaal niets. Hij wilde niet met haar trouwen als ze haar lange haar niet afknipte. Getrouwde vrouwen horen kort haar te hebben en een bloemkoolkapsel om de andere kerkgangers en de engelen niet te verleiden, die springen er anders met een broek vol liefde boven op. Ze moest in de tuin een pet dragen met zo'n rare klep. Meneer is de baas in huis. Hij controleert haar van minuut tot minuut. Zo gaat dat in onze kringen".

"Waar je maar zin in hebt", zeg ik. Blij dat ik niet tot hun kringen behoor. De onwaarachtige excuses die deze beide oude mensen geven na dertig jaar wekken een wrang gevoel bij mij op.

Misschien had ik moeten zeggen: "Waarom hebben jullie me laten barsten toen alles mis ging eind 1965 tot 1967? Jullie wisten toch in wat voor een ellendige situatie ik zat in het huis van mijn grootouders? Jullie hebben gehoord van Els hoe ze daar elke dag van 's ochtends vroeg tot 's avonds laat mij zaten te treiteren? Mijn boeken weg gooiden, akawarellen opzettelijk koffie over heen gooiden, brieven achter hielden of openden. Waar waren jullie met je zalvende christelijke prietpraat toen ik maanden lang ziek lag in 1965?

"Jij hebt een paar jaar geleden ons een briefje gestuurd waarin je vroeg hoe het met Els ging. Of vergissen wij ons soms? En wat dacht je daar mee te bereiken? Wij vonden dat jij met onze familiezaken niets te maken had. Wij verdachten je van verkeerde bedoelingen. Wij weten hoe men buiten onze christelijke kringen denkt over huwelijkstrouw en gaan de kat niet zonder meer op het spek binden. Vier billen in één bed maken nog geen huwelijk voor de wet des Heeren".

"Zo is het", beaam ik spottend.

"Die brief kwam bij ons binnen als een duivelse donderslag bij heldere hemel! Je hebt het ons moeilijk gemaakt! Heel moeilijk! En Els ook!"

"O, ja? Er stond alleen maar in hoe het met Els ging, verder niets!"

"Alsof dat niet genoeg is! Onze Els die wordt benaderd door een ongelovige. Een zoon van de Satan! Een kind van de Boze! Of vergissen wij ons in je bedoelingen?"

"Ik had er geen enkele verder bedoeling mee dan in de brief stond".

"Zes jaar geleden heb je die brief gestuurd. Zes jaar! Vind je dat zelf niet merkwaardig om na zo'n lange tijd een brief te sturen? Wij keken daar vreemd van op. We hebben je brief na de familie vergadering verbrand om 'm aan de hel terug te geven! Jaren geen contact en dan hier zo maar aan komen kakken in je leren jasje! De vlammen van de vurige oven likken reeds aan de voetzolen van de ongelovige! De kaken van de hel zullen een iegelijk verslinden die niet in de Heire is! Die brief! Een teken van de Boze!"

"Had ik het dan eerder moeten doen? Ik kan het me trouwens niet goed herinneren", zeg ik geamuseerd in een poging het gesprek af te kappen.

"Jouw brief heeft toen een hele consternatie gegeven in onze familie. We hebben onmiddellijk het weekend daar na een familie beraad uit het hele land bijeen geroepen om je verzoek in gebed bij de Heer te brengen en om Zijn oordeel daar over af te smeken. Wij wisten niet hoe we de zaak moesten aanpakken!"

"Welke zaak? Was er dan een zaak?" vraag ik ogenschijnlijk serieus. Hoe maakt men in gereformeerde kringen van een mug een olifant.

"Voor ons was het wèl een moeilijke zaak! De Heere Heere der Heerscharen heeft ons toen in al zijn Erbarmen en Goedheid uitkomst geboden, want aan Zijn zegen is alles gelegen, net als voor de boer de zon en de regen", zegt Ma Deutekom.

"Is dat dan een zaak als ik een onschuldig briefje stuur over hoe het met een ex-vriendin gaat? Voor zover ik ooit een brief heb geschreven, want ik kan het me niet herinneren!"

"Wij oordelen niet, want wie oordeelt al geoordeeld worden en kunnen ons ook vergissen. Misschien verwisselen we het met een blauwe envelop van de belastingen", zegt Pa Deutekom onzeker.

"Okee, dat is mogelijk. Ik weet het echt niet meer. Het heeft geen diepe indruk op me gemaakt", zeg ik wat wrevelig.

"In ieder geval had Els er geen enkel bezwaar mee eens met je te praten over het verleden en hoe de Heere haar toen heeft laten zien dat jij niet de juiste voor haar was. Ze zou wel willen, maar mag niet van haar echtgenoot en die beslist en daarom doet ze het niet. Haar man zegt; die Fred van der Wal, dat is zo'n soort kunstenaar die wil gelijk een verhouding met haar beginnen, want zo zijn al die kunstenaars! Je leest het elke week in de Privé!"

"Zijn ze zo allemaal? Dat wist ik niet! Ik lees de Privé niet!" zeg ik. Ik ken de gereformeerden; hun redeneringen zijn duister en zelden aangenaam met hun angsten voor de God der wrake. Ze zijn gefocust op sex. Hoe gereformeerder, des te geiler.

"En Els wil helemaal geen verhouding, die is zo helemaal niet!" voegt Ma Deutekom er aan toe.

"Daar houden we het dan maar op! Laten we het gesprek maar beëindigen!" zeg ik terug.

Elke moeite om de beide Deutekommen te overtuigen dat ik alleen voor hen ben gekomen is tevergeefs.

Ze blijven argwanend.

"Kom", zegt Pa D. opgelucht als hij hoort dat ik weg ga; "Ik stap ook maar eens op voor ik er het heen en weer van krijg! Nog even een eenzame, Oude Jood bezoeken, een kind van het Oude Volk, die hebben ze tenminste niet vergast! Hebben we heel wat aan te danken aan de Joden!"

Het gouden kalf schiet me te binnen.

"Is hij soms een Messias belijdende Jood", vraag ik, want ik weet dat in hun huis niet gereformeerden doorgaans geen toegang hebben en ze ook niet om gaan met anders gelovigen.

"Nee, helemaal niet, maar ik bezoek zo nu en dan oude, eenzame mensen, want wie goed doet, goed ontmoet", zegt hij.

En knollen rapen doet het gat gapen, denk ik er achter aan.

Wandtegeltjeswijsheid.

Ik geef Pa en Moe Deutekom een hand. Hij drukt me nog even een christelijk boekje in de hand.

"Hier! Heb je wat te lezen in de trein in plaats van De Volkskrant!"

IN DE BOEKEN VAN DE GEHEIMZINNIGE MAGIËR EN IL-LUSIONIST FRANZ BARDON STAAN HEEL DUIDELIJK RI-TUELEN VOOR HET OPROEPEN VAN DE ELEMENTALEN BESCHREVEN

Via autogene training (yoga achtige ontspannings oefeningen ontwikkeld door Schultz) en de aanwijzingen van Muldoon en Carrington gelukte het mij diverse malen om astrale projectie te beoefenen en enkele keren was ik uit mijn fysieke lichaam getreden en was bang tijdens mijn zwerftocht dat ik mijn lichaam niet meer terug zou kunnen vinden.
De sporadisch beschreven case stories over sex met succubus en incubus geesten hadden mijn grote belangstelling. Die konden nog eens neuken! Als berg geiten! Tegen de klippen op.

Uit de biografie van A. Crowley "The Great Beast" en "de autobiografie The confessions of Aleister Crowley" begreep hij dat er een link bestond tussen sex en het occulte. Niet lang daarna slaagde hij er in een connectie aan te gaan met een verleidelijke succubus demon.

Via een relatie die occulte voorwerpen verkocht kreeg ik sieraden die via magische handelingen waren geïmpregneerd om een succubus op te roepen.
De in het Engels geschreven handleiding er bij was complex maar duidelijk. Ik diende het ritueel dagelijks te herhalen om succes te krijgen en een of meer erotisch demonen op te roepen en in verbinding mee te treden. Steeds meer kreeg ik het gevoel dat er iets of iemand van uit het onzichtbare in mijn omgeving was.
Een duidelijke niet visueeel waarneembare aanwezigheid van iets of iemand die overal met mij mee ging, waar ik ook naar toe vertrok. Ik was vast besloten in een spiritueel getinte sexuele relatie met een demon te treden. Meer dan twee jaar had ik mij gericht op de wereld van de succubus en de incubus.
Ik las honderden occulte boeken, trad in verbinding met de AMORC, een magisch genootschap en met The Inner Light Society te Londen, een af-

199

splitsing van de magische "The Order Of The Golden Dawn" bezocht regelmatig een occult antiquariaat in Amsterdam van de heer Schors, kocht daar boeken op het gebied van magie, deed dagelijks mijn yoga oefeningen, kreeg helderziende flitsen en ervaringen met Inner Voice tijdens diepe trance toestanden. Al vanaf mijn zestiende zweefden er in het donker van mijn slaapkamer gouden bollen rond die ik naar willekeur kon oproepen en ook zichtbaar bleven als ik mijn ogen sloot.

Het onzichtbare penetreerde mijn dagbewustzijn met volle kracht. Soms bekroop mij de vage vrees dat mijn ervaringen op een enkele reis gekkenhuis zouden uit lopen als ik de mystieke verschijnselen niet meer zou kunnen beheersen.

Zomer 1975 –ik was 32 jaar oud- besloot ik mij niet meer bezig te houden met de onzichtbare wereld.

Sex was als tiener en twen mijn voornaamste religie in combinatie met de hang naar de opwindende avonturen van het ongeziene. Een uitstekende instelling om in contact te treden met vrouwelijke geleide-geesten en demonen.

MIJN ONTMOETING MET HEERE HEERESMA ZOMER 1967

Juni 1967. Auteur Heere Heeresma,waarvan ik "Een dagje naar het strand" heb gelezen in 1964 kwam het antiquariaat van mijn vader stampend als een S.S. er binnen marcheren op leren laarzen.

"Waar is de baas?" vroeg hij op arrogante wijze met opgeheven kin alsof hij een romeinse centurion was.

" Als U een baas zoekt gaat U maar even hier om de hoek in de Kerkstraat in de houtzagerij kijken,daar hebben ze vast wel een baas!Als U mijn vader bedoelt,die is er op het ogen blik niet!" zei ik kortaf terug en ging door met de teke ning waar ik mee bezig was aan een klein tafeltje achter in de zaak.Ik keek niet op of om. De arrogante schrijver bond direkt in.

"Ik ben Heere Heeresma en ik weet wel waar je vader zit.Ik heb hem net nog gesproken! " zei hij tamelijk overbodig.

"Vraagt U altijd naar de bekende weg? " zei ik vinnig.

" Wat zit je daar te tekenen?" vroeg hij belangstellend.

"Een vrouw met een knaap van een bustehouder " lichtte ik de tekening toe.

Ik hield van bustehouders, nylons, jarretelgordels, slipjes, onderjurken en pumps. Vanaf mijn zestiende trok ik incidenteel dameslingerie aanVanaf de jaren tachtig fotografeerde ik mijzelf in lingerie of een jurk.Ik heb er nooit problemen mee gehad. Je moet die zaken schilderen en tekenen die je belangstelling hebben.Hij keek naar de tekening.

"Hoe duur is die tekening? " vroeg hij.

"Vijftig gulden! "

"Die is dan voor mij! " zei hij op besliste toon.

"Best! " zei ik neutraal. Ik raakte met Heeresma in gesprek en vertelde dat ik tijdens mijn Da Costa kweekschooltijd zijn boek "De Vis" had gelezen en "Een dagje naar het strand. "

Twee weken tevoren had ik bij Dr. Peter Lens te Haarlem de Haagse dichter Hans Wesseling ontmoet die voor Jan Cremer in de vijftiger jaren een manifest had geschreven.Wesseling die van beroep schoolmeester was kleedde zich in zijn vrije tijd als hippie, behangen met Oosterse sieraden.

Die middag merkte ik dat Wesseling een hekel had aan Heeresma en ik vroeg me af wat de reden was. Hij wilde daar geen antwoord op geven.

Ik zei tegen Heeresma dat ik vermoedde dat de dichter in "Een dagje naar het strand" Hans Wesseling was.

"Daar kan ik je me feliciteren! Je bent de eerste die het is opgevallen! Scherp gezien! Proficiat! " was zijn reaktie.

"Waar en wanneer ontmoette U Wesseling?" vroeg ik.

"Begin zestiger jaren op de Kunstkring in Den Haag. Dan ging hij op een tafel staan op blote voeten om zijn waarde loze rijmpjes op te zeggen en dan had hij een vrouw met los hangende haren in een paarse juk en ze droeg ook nog eens geen bustehouder!" zei Heeresma minachtend.

Veel later bleek dat Heeresma niet de dichter Hans Wesseling had bedoeld maar Luce bert, die hij er van beticht te Tony van hem te hebben afgepakt.

"Ik denk dat ik deze tekening volgende week dinsdag af heb," zei ik.

"Glasplaatje er om met glashaken, touwtje er aan en dan kun je me bellen op de Leidse gracht om het te bezorgen!" kommandeerde Heere. Hij keek naar de foto van de aan trekkelijke Catharina S. die naast mijn tekening op tafel ligt en door de toen al beroemde Heemsteedse fotograaf Cees van der Meul en was genomen.

Heeresma wees met zijn nicotine bevlekte dikke wijsvinger naar de foto van mijn liefde van die zomer de fotogenieke, aantrekkelijke Catharina .

"Die vrouw wil ik nog wel eens ontmoeten! Kun je even haar adres op een invoice van de zaak schrijven, dan ga ik vanmiddag even bij haar langs!" probeerde hij.

"Ik denk niet dat ze veel interesse heeft in een loopse auteur! " antwoordde ik effen. Heere liep zonder te groeten stampend op zijn fascistenlaarzen de zaak uit en sloeg de deur hard achter zich dicht. Hij deed de deur weer open alsof hij iets vergeten was.

"Ik zie je!" riep hij naar goed modieus gebruik met een joviale grijns.

Ik belde Heere. De tekening was af en ingelijst.Om acht uur kan ik langs komen. Ik liep van de Nieuwe Spiegelstraat naar de Leidsekade. Een

wandelingetje van nog geen tien minuten. Ik kwam D. tegen. Ik zei dat ik
even langs Heeresma moet een tekening brengen die ik net gemaakt had.
"Dure klanten heb jij! " zei hij met een jaloerse ondertoon. Ik haalde mijn
schouders op. De een wel en de ander niet. Zo ging dat nu eenmaal in
kunstenaarsland.
Ik belde aan. De deur ging open via een touw dat van boven af werd be-
diend. We liepen de trap op. Boven aan de trap hing een affiche van de
Bezige Bij met een portret van Jan Cremer met daar onder de tekst: Op
Weg Naar De Honderdui zend. Merkwaardig, dacht ik een paar dagen geleden zat Heeresma nog af te geven op Jan Cremer en te snoeven dat hij
mee had gereden met Jan in zijn nieuwe Mercedes sport. Ik wist dat hij
dat loog en in Vrij Nederland had gelezen over Remco Campert die met
Jan was meegereden. Heeresma loog alles aan elkaar om indruk te maken.
De etage met kamers en suite was sober gemeubileerd. Etsen en enkele
schilderijen van Faber, de broer van Heere hingen aan de muur. Loekie,
Heeres vrouw zit op de grond wijdbeens garnalen te pellen die op een natte krant lagen. Het was me het gezinnetje wel. Heere voelde zich duidelijk gegeneerd. Hij priemde met zijn wijsvinger in de richting van D.
"Jij gaat even op de hoek van de straat op je vriendje staan wachten en
verlaat nu het pand! " zei hij kortaf tegen D.
"En jij, jij gaat op de bank zitten! " beval hij mij terwijl zijn priemende
wijsvinger mijn borst raakte. Een gezellige ontvangst.
"Ik heb tien minuten voor je, weet je. Zo meteen komt Erik Terpstra hier
om een film te gaan maken met mij en die is ook zo. Ik noem hem altijd
Erika als hij er niet bij is. Dat heb ik ook in het Algemeen Handelsblad
laten zetten toen ze mij over mijn filmplannen interviewden: Erika Terpstra. Om hem eens even duidelijk te laten weten hoe ik over de homootjes
denk!"
"Zoiets zal hij niet erg leuk vinden als filmer om zo behandeld te worden!
" zei ik afkeurend. Ik begreep dat Heere mensen graag vernederde,voor
anderen te kakken zette en ik vond dat een heel slechte eigenschap.

Ik zei hem dat.

"Dat kan me niets schelen, want ik heb een zakelijke relatie met hem, maar hij is niet zo gek om zijn vriendje hier naar toe mee te nemen want in mijn huis accepteer ik geen flikkers toevallig, begrijp je?Wat ze buiten doen moeten die flikkers zelf maar weten in de bosjes om elkaars bibs jes te besnuffelen en daarom heb ik je vriendje zo lang weg gestuurd. Ik ben Joods en de Joodse wet is duidelijk wat homoseksualiteit betreft, dat to-lereren wij niet die smeer lapperij,die wijze van omgaan van Sodom en Gomorrha. Ter dood brengen, meneer, zo zegt de almachtige schenker van de Thora.Ter dood en dat is niet niks, daar is geen weg van terug moge-lijk, meneer! Dus als jij voortaan een zakelijk be zoek brengt aan iemand waar je zaken mee doet en je doet op dit moment zaken met mij dan neem jij je vriendje niet meer mee,heb je dat begrepen!" zei hij pedant.

Op dat moment begreep ik niet waar hij het over heeft. Pas later realiseer-de ik mij dat hij denkt dat ik homoseksueeel was.

Ik zweeg bedremmeld. Zo had ik mij het bezoek niet voor gesteld. Hij ging naast mij op de rieten bank zitten en pakt onverhoeds de zilver-kleurige schakelketting die ik van Yacintha heb geleend en om mijn rech-ter pols draag. Wat krijgen we nou,schoot het door me heen. Zou die Heeresma soms zelf homosexueel zijn, omdat hij door homosexualiteit ge obsedeerd lijkt?

"Hoe kom je daar eigenlijk aan?" vroeg hij uit de hoogte terwijl hij mijn kettinkje los liet.

"Gekregen van een Heemsteedse vriendin," zei ik kortaf.

"Zo. Houd jij er behalve je vriendje ook nog vriendinnen op na! Je bent me er eentje! En wat vinden die vriendinnen ervan dat je een vriendje hebt! De jeugd van vandaag! Het is me toch wat! Welke boeken van mij heb je trouwens in je boekenkast staan? " vroeg hij nieuwsgierig.

"Geen een.Ik kan boeken niet betalen met mijn inkomsten. Ik heb nauwelijks te eten", zei ik enigszins beschroomd.

"Maar je werkt toch overdag in dat antiquariaat? Hoeveel verdien je daar dan? " was zijn repliek.

"Een gulden per uur!" zei ik wat beschaamd terug.

"Dat is niet veel! " konkludeerde hij.

"Dan krijg jij bij deze gelegenheid van mij een gesigneerd exemplaar van " Een dagje naar het strand" kado!Het is mijn laatste exemplaar, maar ik krijg wel een nieuwe van de uitgever en anders jat ik rw el een paar uit de vooraad!"

Hij pakte het boekje uit de kast schroefde' zijn vulpen los en zette op het schutblad zijn handtekening. Het staat nu twee en dertig jaar later nog steeds in mijn boekenkast.

Hij pakte zijn beurs en gaf vijftig gulden. Hij zou me even uit laten, zei hij en hied de deur open. Ik trok de deur achter mij dicht na het eerste en laatste bezoek aan Heere. D. stond op de hoek van de Leidsekade te wachten. Terecht verontwaardigd.

© mei 2007, fredvanderwal, BasicPublishing.nl

Geplaatst op: 2007-07-11 18:51 uur

Raymond A. Vijverberg, Naaldwijk lotvijverberg@hotmail.com

(niet registreerd)

Ben op zoek naar Hans Wesseling. De dichter uit den haag die met Jan Cremer bevriend was. Hij schreef een manifest: Op beschadigde poten lopen.

fredvanderwal

Hans Wesseling woonde in Den Haag ; de arts Dr. Peter Lens weet waarschijnlijk zijn adres, anders is het bji Liselore Gerritsen misschien te krijgen die naar ik meen ook in die kringen wel verkeerde

GEPLAATST OP: 2007-07-11 18:51:27 UUR

BEZOEK AAN ULRIKE EN JOEP STERMAN TE ARNHEM

Dinsdag 5 aug. 1986.

Om negen uur op weg naar Inas ouders om koffie te drinken en daarna naar Joep en Ulrike Ster man om daar te overnachten in Arnhem. Inas moeder ventileert volkomen ongevraagd haar obligate, racistische , neonazistische onbenullige praatjes en het minder waardige gekanker op zwartjes. Het hoort waarschijnlijk bij haar orthodox Rooms Katholieke overtuiging. Ze zegt "begrip"op te brengen voor het neonazi Front National van de Franse schoft LePen. Ik kan voor haar begrip weinig begrip op brengen en loop zo lang de tuin in, dan kalmeert ze wel als ze geen gehoor heeft.

We rijden naar Joep en Ulrike, die zich altijd even vriendelijk opstellen omdat Ina wel eens een vormeloze trui waar de draden bijhangen in het boetiekje van Ulrike voor veel te veel geld koopt. Ze is altijd supervriendelijk tegen Ina. Een echte zakenvrouw houdt haar klantjes immers te vriend. Voor zo lang als het duurt. We beginnen met drie flesjes bier. Ina en Ulrike drinken een cocktail. We vertellen over onze vakantie in Bretagne en Normandië. Even later rijden we met Joeps wrakke automobiel naar het centrum van Arnhem, onderweg komt hij als stadsfiguur allerlei bekenden tegen, toetert en zwaait naar mensen alsof hij een Italiaan is.

Ina past kleding in de boetiek van Ulrike en krijgt een trui kado. Dat valt al weer mee. We gaan aan de overkant van haar zaakje op het terras zitten en drinken Amstel, Dortmunder, Port en Jenever, voor toe Spa Rood om het alcoholpercentage wat te verdunnen. Ik rijd met Joep mee naar twee drankwinkels, bij de duurste slaat Joep dranken in met exotiese namen waar ik als eenvoudige Friese beeldend kunstenaar nog nimmer van gehoord heb.Weer in zijn huis draait hij een plaat van Matia Bazar, Melancholia, die in de mode blijkt te zijn en daarna de teringherrie Tattoo You van The Rolling Stones. Daarna Tsjaikowski's Notenkrakerssuite, een pianoconcert van dezelfde componist en The Voice Of Vienna van Johann

Strauss. Op de Sony televisie een programma over de tuinen van Bomarzo, die A.C. Willink zo hebben geïnspireerd voor zijn schilderijen. Hij kreeg die tip van Peter Ratazzi in 1967, die mij dat persoonlijk vertelde, maar Willink heeft altijd gedaan alsof hij die tuinen zelf had ontdekt. Ik heb Willink één keer ontmoet in antiquariaat De kring, Nieuwe Spiegelstraat 46 te Amsterdam. Hij droeg toen nog onopvallende Engelse maatpakken. Ik vond hem een burgermannetje. We drinken een door Joep Streman gemaakte kippensoep met stukjes kip erin, maar ook aardappel en koolrabi. Zitten op een lage bank met een overtrek in geel, rood en blauw, Ulrikes favoriete kakelbonte kleuren die het interieur de indruk van een papegaaienkooi geven en dat ik verafschuw. Afgrijselijke schilderijen, half abstrakt kliederwerk op stukken gevonden ruw pallethout van ene Bert V., Arnhems" beroemd" kunstenaar, maar mij leek het meer een tiepies provinciale, artistieke modieuze subsidieuitvreter met pretenties.

Verder staat er de moderne junk vormgeving die als humoristies moet worden aangemerkt, zoals stukken taart van plexiglas of van giethars, op de grond, zoals het hoort, een stapel modetijdschriften (Daan van Golden deed dat al in de zestiger jaren in zijn flat in Londen die hij met een fotomodel deelde) en glossies, maar ook het onooglijke op afgrijselijk goedkoop, grauw krantenpapier ge-drukte Andy Warhols Interview.

Een uit Suske en Wiske ingelijste pagina staat om onduidelijk redenen in een hoek van de ka mer. Modieuze nonsens. We drinken glazen Marc de Bourgogna (42% alcohol) en een likeur Frais de Bois. We eten buiten Artisjokken, voor het eerst van mijn leven. Later op de avond wordt het niet alleen donkerder, maar ook veel kouder. Zo nu en dan kijk ik door het verlichte keukenraam naar Joep die in potten en pannen met dodelijke ernst en een gefronsd gelaat duchtig aan het roeren is. Een alchemisties laboratorium van een ingewijde op zoek naar de culinaire steen der wijzen? Een goochelaar die de meest exquise spijzen uit zijn hoge hoed gaat toveren? De geserveerde vis is Mullet, zalmkleurig. Een roze vis en een erg mooie vis om te zien. Zelfs ik, die vissen haat, zie de schoonheid er van in. Een soort bovenmaatse goudvis. Worteltjes en sperziebonen, die nauwelijks

207

aan de kook zijn geweest,dus de frisse smaak nog hebben, dat smaakt anders dan de slappe stukjes elastiek die uit een hogedrukkookpan komen. Voorts aardappelen, prei en een stukje kalfsvlees met ham gebakken en salie. We drinken er een Rioja van 1983 bij, als dessert verse pruimen in warme suiker en boter (poedersuik er,basterdsuiker en vanillesuiker), gesmoord in een glas witte wijn en daarna een scheutje konjak er over. Ik vraag de volgende ochtend aan Joep het recept. Ulrike becommentarieert Joeps relaas met een zuur "Wina Born vertelt."

Het gerecht dat ik op mijn bord kreeg het Saltim Bocca (vertaald:"Spring in de mond." En dat deed het ook, alleen moest ik wel een handje helpen.)Het hoofdbestanddeel is een schnitzel met rauwe ham in witte wijn zacht laten aanbakken.Het werd die avond half drie 's nachts voor we gaan slapen en onder invloed van de vele drank zing ik mijn favoriete lied:

Als ik jou zie lopen,

Dan heb ik het niet meer,

Als ik jou zie lopen,

Dan wil ik nog een keer,

Enz.

Woensdag 6 aug.1986.

Om half negen wakker met houten kop. Vooral de twee glazen Marc voor toe hebben de deur dicht gedaan. Ina heeft zware hoofdpijn en slikt twee saridontabletten. De tafels staan al weer buiten gedekt klaar voor het ontbijt. Diverse kaassoorten en knapperige, verse broodjes lach en ons toe op zilveren schalen. We laden onze opblaasbedden en make up spullen in de auto en krijgen van Joep twee glazen stangen kado die te gebruiken zijn als handdoekenrek in de badkamer. We rijden naar Ulrikes boetiek en parkeren op een braakliggend terrein. Als we terugkomen is de auto misschien wel gejat, denk ik. Ina gaat weer fijn jurkjes en truitjes passen en ik loop boekhandel de Slegte binnen en koop een biografie van de kunstschilder Kris tians Tonny, die ik in 1968 in Galerie Mokum verschillende keren sprak. Hij was zo'n beetje de laatste nog levende surrealist uit de Parijse dertiger en twintiger jaren en ik vroeg hem naar allemaal details over de surrealisten. Ik zei tegen de galerie eigenaars dat er snel een boek over deze kunstenaar moest verschijnen, die een encyclopedie is van de twintigste eeuwse moderne kunst historie. Ze lachten me uit en hadden geen idee van de betekenis van de schilder Tonny. Pas veel later verschijnt een slechte biografie van Laurens van Krevelen over hem. Verder schaf ik The Painted Word aan van Tom Wolfe, volgens Graham Birtwistle lezenswaardig en een autobiografie van de verzuurde Belgiese surrealist Marc Eemans die o.a. een aantal roddelverhalen over Magritte opdist. Ik loop terug naar de Kortestraat, kom Joep weer tegen, gaan op het terras zitten waar we gisteren ook zaten, drinken Spa rood en Dortmunder bier. We nemen die middag wel drie keer afscheid en dat is minstens drie maal zoenen de man en de vrouw in allerlei kombinaties, modern hoor, we vormen een grote, gelukkige familie,ongeveer zoals de Tros het voorschrijft. Om vijf uur rijden we langs park Sonsbeek naar huis en zijn om half acht thuis. Ik zet de tv aan en kijk aan Duitsland 3 naar The Last Waltz met een baardige Bob Dylan, vlak voor zijn EO-achtige bekering, maar waarom draagt hij als hetero die grote,roze hoed? Is dat niet zeer verdacht? Het laatste nieuws van het roze front?

SLAPPE KUNSTENAARS HANGEN AAN ELKAAR VAN SUBSIDIES EN BEURZEN!

GODZIJDANK BEN IK OM DIE REDEN OOK IN 1967 WEG GE-GAAN UIT HAARLEM NA TIEN JAAR IN EEN HEEMSTEEDSE VILLA TE HEBBEN VERTOEFD WEER TERUG IN AMSTERDAM WAAR IK VANDAAN KWAM! IK ZOU NOOIT UIT ROTTERDAM OF HET NOORDEN DES LANDS WILLEN KOMEN WANT DAAR WONEN ALLEEN MAAR ARTISTIEKE VOEDERBIETEN EN KUL-TURELE KNOLRAPEN EN KNOLLEN RAPEN DOET HET GAT GA-PEN!"

Haarlemse kunstenaar zijn altijd luie varkens geweest! Ze slapen daar nog steeds, hoor; het zijn net kulturele doornroosjes en zichzelf met alkohol begietende begonias, alleen zal er nooit een prinses langs komen om die kikkers recht op de bek te kussen en in prinsen te veranderen. De glazen muiltjes liggen al lang aan scherven! Uit de bollenvelden van Haarlem of Heemstede kan vanzelfsprekend niets goeds ko men. Het blijven kanine-faten en bollenboeren.

Wie zich elke avond vol laat lopen in een Haarlemse kroeg, wat wazig en artistiek uit de lodderige ogen kijkt, zich bij d'r tieten laat grijpen en recht op de bek laat pakken door de eerste de beste Haarlemse tekenleraar of hoerenloper is al snel een groot kunstenares in de ogen van de kroeg tij gers.

Ik ben indertijd als onbevlekte jongeman recht van uit de christelijke kweekschool voor onderwijzers te Bloemendaal enthousiast, maar toch ook wel wat timide, zoals het een onbezoldigde kwekeling zonder akte betaamde, argeloos als een witte duif het kunstenaarsplantsoen met mijn beeldende werk en gigantische kulturele bagage de luxe argeloos binnen gelopen met mijn pet ter hoogte van mijn gulp voor alle zekerheid, want kunst is een tijdspassering voor flikkers –zwaar gepantserd en gerugzakt ga ik strom pelend door het leven- voor alle zekerheid gestut door mijn wandelstol met zilveren knop.

Het kunstenaarsplantsoen! Gotsalmetruttenbollen! Dáár zou het einde-lijk te vinden zijn. Wat? Het paradijs van tolerantie, intellekt, mededogen, ruimzicht, genie en wederzijds begrip.

Nou, schat, ik moet je eerlijk zeggen, die provinciale Haarlemse kunste-naarswereld, ik vond het over het algemeen buitengewoon enge, nare, on-welriekende, vieze, geborneer de mensen en de zogenaamde christelijke kunstenaars die na het succes van het CDA eindelijk moed hebben gevat en ondanks een evident gebrek aan talent als paddenstoelen uit de grond op rijzen, dat hypokriete schorriemorrie is nog een graadje erger.

Non talenten als de tekenleraar H.P., J.S., de misselijk makende AOW-er M. d. K. te Kampen, de tekenleraar R.K., de cartoontekenaar G.v.D. of de zoveelsterangs E.O. illustrator Willem Z. Grieze lige, sectarische betwe-ters tiepes met agressieve kunstbaarden, stinkende, reutelende pijp en vol tof feetabak of goedkope sigaren in hun griffermeerde bakkes, die les ge-ven als tekenleraar op de christelijke akademie of op een achterlijken schooltje, hetzij in de gevangenis of het gekkenhuis; nou, als je te stom bent voor de universiteit en te laf voor de handel dan wordt je tekenleraar, zo als dat griffermeerde minkukel met identiteitsproblemen M. uit Kam-pen!

Kunstenaars zijn allemaal onsmakelijke representanten van de menselijke soort die malkander voort durend besmeuren met de dunne stront van ge-speelde religieuze emoties op de afgezaagde deunen van psalmen en ge-zangen. Het zindelijk en fatsoenlijk denken is in die christelijke kringen nul komma nul. Men buigt voor het gouden kalf van de commercie want ze verwarren net als Henk Helmantel nog steeds Onze Lieve Heer met Ezeltje Schijtgeld en buigen voor waarden die door mij slechts worden ervaren als de nieuwe kleren van de keizer en ik zeg daar op; lik me reet is ook een wals! En dan ga ik weer uit de broek, lig in volkomen overgave met een kussen onder de popo achterover met geloken ogen, de luiken gesloten, spreid mijn geurige billen en wacht op Uw hete slebbertong langs mijn bruinpaarse roos van vlees, die glinstert in het kaarslicht.

Ik onderhoud om die reden gotzijdank geen enkele relatie met kunstenaarskringen en al helemaal niet in Haarlem of Heemstede, want het zijn dikbuikige juffrouwen op leeftijd die de menopauze bont kleuren en dak pannen beschilderen op aanvraag. Waren het maar Retteketet Beter Bed kunstenares sen! Ik verveel mij er namelijk dood, net als vroeger in de mid sixties, samen met de ingetogen, vrome Els in de onverwarmde griffermeerde kerk in de Watergraafsmeer waar ik met mijn ijsklomp voeten bevroren in de houten bank zat terwijl de dominee het hellevuur en de bliksems van de haat vanaf de kansel naar het kerkvolk slingerde en de gelovigen anderhalf uur lang de grond in stampten met hun beukende verwijten en bonkende dreigementen met hel en verdoemenis. De heistelling des geloofs.

Die kunstenaars hangen aan elkaar van subsidies en beurzen. Zij spreken niet eens meer de tale Kanaäns, maar de wollige taal van de overheden of staan met de mond vol tanden en ik ben als niet gesubsidieerd beeldend kunstenaar van mening dat deze kategorie tot de natuurlijke erf vijanden behoort. Dat zie je toch ook aan de kwaliteit van hun werk. Mag ik dan even Jacintha gedenken, die olijke hyacinthenbol op leeftijd uit Heemstede

Museum- en Galeriebezoek hoogst noodzakelijk? Ach, wat denk je nou eigenlijk wel; daar heb ik toch helemaal geen tijd voor! De nonsens die daar vertoond wordt! Groningen spant daar mee de kroon.

Ik ben echter niet helemaal voor de volle honderd procent de maat aller dingen, zoals mij menig maal verweten werd door die griffermeerde Groningse glimpieper uit Aduard, Hans doctorandus van Seventer, buitenproducer met protestantse prioriteits prostaat problemen bij de E.O., maar U vraagt 't allemaal aan mij en U krijgt 't van mij te horen, zonder de bijbehorende smoesjes damore, want ik zal U niet gelijk met een gebroken dakpan te na komen, doch geduldig voor licht en uitzicht kiezen en trachten U te overtuigen van mijn gelijk en gaat dat niet goedschiks, dan maar kwaadschiks. Ik weet bijvoorbeeld waar ik over praat na mijn meer dan veertig jarige kunstenaarschap, want dat is niet niets, dat is een leven lang, meneer!

Hoe ik mijn dag vul? Dat zal ik U vertellen, want straks klauter ik weer met mijn glad geschoren, in geoliede, geparfumeerde ontuchtige artiestenlijf, gehuld in dameslingerie merk Triumph, (of Passionata, kan mij wat verdommen) onder mijn leren pak op mijn motor met verwarmde handvaten en bij windkracht elf ga ik plat voor over liggen om vaart te kunnen maken en ook vanwege het ge wicht van de chroomstalen tepel klemmen, extra verzwaard met twee loden visgewichten voor de betere trek en denk dan bij mijzelf: godtverdomme, ooh, boy, dat voelt goed als je door een kuil rijdt, je voelt het rekken en trekken aan je lustknoppen, die gevoelige uiteinden van man en vrouw je weet verder instinctief: de kreukelzône is voorts niet dikker dan mijn eigen dunne huid op zo'n scheur ijzer en dat realiserend geef ik dan gelijk met een gruwelijke, duivelse lach een loei gas dat ik in zes seconden van nul tot honderd vijftig kilometer per uur accelereer. En dat is dan het moment dat ik mij weer heel goed voel en met één machtige omhaal kleuters op driewielers, agenten en putdeksels de grond in rijd.

Al blijf ik natuurlijk wel heel veel van mijn bisexuele vrienden en vriendinnen uit de S.M. sien houden. Zij weten de touwtjes goed in handen te houden en kennen het klappen van de zweep. Daar heb ik namelijk een heel speciale relatie mee met die actieve seksjuwelen minderheidsgroep met hun midder nachtsroep. Soms zelfs een onuitsprekelijke lotsverbondenheid in diepe geestverwant schap, want iedere Meester(es) zingt zoals hij/zij gebekt is en toch uiteindelijk afhankelijk van zijn/ haar slaaf en vice versa, dus wie is hier eigenlijk de baas? Een knappe jongen of meisje die mij dàt kan uitleggen!

Waar ligt Uw huis in Frankrijk?

In de Bourgogne, dept. Nièvre. U bent als christelijk onderwijzeres in opleiding dan ook sowieso niet welkom, want als ik ergens de schurft aan heb dan is het aan moraal theologen van de vrouwelijke kunne omdat die vrouwen er wat van kunnen. Ik ben namelijk de Heere Jezus niet en ook niet een van zijn discipelen. Moraliseren is mij geheel vreemd. Brieven uit gristelijke kringen worden per kerende post ongeopend retour ge zonden en de telefoon meestal niet opgenomen als er een boodschap uit de streng griffermeeder hoek binnen komt, omdat ik al genoeg aan mijn hoofd heb. Email afzenders uit Uw onappetijtelijke gelovige kring en geblokkeerd door een speciaal Anti Christ filter. Ik heb namelijk geen boodschap aan U en Uw minderwaardige, laffe, slappe gristelijke soortgenoten!

De juiste lokatie van ons huis is geheim. Top secret. De plaatselijke S.M. folterkelder in het dorp is geopend van des ochtends tien uur tot 's avonds twaalf uur. Het loopt er storm. Op afspraak, maar wel op tijd zijn anders ben ik op weg naar de buurt super om een plestik jerrycan van twintig liter rode wijn aan te schaffen. Die zet ik thuis op tafel, ga er als pleng offer aan Bacchus naakt of in lingerie onder liggen met een kussen onder mijn hoofd en een trec ter in mijn bek, sluit de ogen in verrukking, beroer mijn geslachts deel op volle kracht vooruit en rceht zo die gaat, Skipper en draai de kraan open. En dan? Nou, dan voel ik mij al gauw als Godt in Frankrijk als ik ladderzat lallend klaar kom! Nee, ik heb Zoenvis nog zo beloofd dat ik geen Stille Klaarkomer zal worden, zo'n AOW-er die met betraande ogen uren lang achter de geraniulms het raam uit zit te koeke-loeren wantd aar schiet niemand iets mee op. Ik houd van klaar komende krijsketels van het vrouwelijk geslacht. laat maar horen Girls, dat je er zin in hebt, want je hebt je zinnen niet voor niets gekregen! Gotsamme; als ikd aar over ga beginnen! En daarom woon ik in de Bourgogne!

Waar is dat dan?

Ja, zeg, dat zal ik U gaan vertellen! Dat weet ik eigenlijk ook zelf niet. Ik weet hoe ik van hier naar daar moet komen en weer terug, dat is net genoeg. We nemen de Jaguar of een andere bolide uit onze stal aan peperdure renwagens met spaakwielen of de trein. Een overstapje vanaf het Gare de Lyon naar het Gare du Nord met de RER en binnen twee uur zijn we waar we willen wezen. Ik zie niet in waar om ik meer zou moeten weten dan dat.

Links van mij is een klaterende beek die uitmondt in een waterval waar een groot houten schoepenwiel voor de gratis elektriciteit zorgt terwijl de herten en wilde zwijnen voort daveren van vroeg tot laat over ons terras van een halve acre. En dat is mij genoeg, dan laad ik wederom mijn dubbelloops met grove hagel, want zie ginds komt de postbode, ik zie hem al gaan! We zitten op een berg dus overzien het geheel. Neen; er ontgaat mij niets. Jehovas getuigen die aan bellen dwing ik te bukken en schiet dan een lading lood in hun reet. En dan begin ik me toch te bulken van het lachen, want het is altijd goed om een ander te zien lijden!

Toen wij hier aan kwamen op die zonnige herfstnamiddag na in de auto via de GSM op de rondweg bij Parijs te zijn opgebeld door mijn gepassioneerde hartsvriendin uit Leeuwarden, een lichtelijk beschonken Hanneke , die mij het ene na het andere verwijt maakte als of ik haar ex-minnaar was en vreemd gegaan met haar beste vriend(in), ja, toen wij die namiddag eindelijk arriveerden on danks talloze borden met de waarschuwing "Deviation" (als iets mij aan spreekt!) werden wij door de dorpelingen natuurlijk met gepaste minachting en achterdocht bejegend en dat is goed, heel goed. Want daar kwamen die vreemde Hollandse mensen met trommels en trompetten, die in hun grove Bataafse taal luid sprekende Giganten uit het Noorden met hunne harde keelklanken en dikke bank rekeningen, marmeren pied de stals en statues, beeldhouwwerken, bronzen beelden, leuke schemerlampen, zwanedonzen dekbedden (retteketet, beter kankerbed, als het uit de China im port komt!), dure grafiek, tableaux alsof zij miljonairs waren, wat dachten ze wel, die étrangers, terwijl in hun schamele Franse huizen slechts een met vliegenpoep besmeurd 15 watt gloeipeertje aan het plafond hing en de condooms voor hergebruik de vaatwasser in gingen en aan de waslijn in de moordende zon te drogen hingen tot ze verschrompelden want het ultra violet is hier bijzonder sterk. En dan was er over negen maanden alweer een kindje. Binnen enkele weken hebben wij hun hart gewonnen door de voor vijf gulden van Klaas de Jong te Oldeboorn gekochte pikhouweel zelf regelmatig ter hand te nemen en de keiharde rotsgrond te gaan ontginnen die rond ons long house ligt, want bepaald kinderachtig zijn wij nooit geweest. En dat is allemaal géén gering karwei, dat zie ik zo'n verwekelijkt lidmaat van de E.O., van nature zwemmend in een zee van zelfbeklag gemixed met en door desemd van de overbekende, softe lulligheid van een evangeliese sekte of pinkstergemeente mij nog niet één-twee-drie na doen.

De buurtbewoners? Ik heb mij aan ze voorgesteld en mijn verzameling handvuurwapens getoond. En toen... ja, toen had ik direkt een relatie met ze en kreeg mijn echtgenote een paraplu van een van de monteurs en dat heeft een diepe, symbolische betekenis, want wie de plu krijgt mag 'm houden en steekt 'm op of vouwt 'm dicht al naar gelang het weer. Freud zou er een hele kluif aan hebben.

Een oud Bourgondisch vruchtbaarheidsritueel uit de tijd dat in Nederland de Batavieren de Rijn nog moest en afzakken en ik trok uit louter feest vreugde voor de bronskleurige verwarmde spiegel huiverend van tegennatuurlijke hartstochten mijn nieuw gekochte Pastunette aan en mijzelf als onbezoldigd vrije tijds travo woest af. De perfekte opmaat voor het aan staande cross your heart festival. See you, folks!

Het politieke klimaat bevalt U?

Sinds ik heb gelezen dat die verkreukelde blonde zeehond BB op Lepen stemt, alhoewel ik veel meer op een zuidelijk tiepe val. Even buiten Parijs woont een kommunistische burgemeester die met zijn dragline op een pension voor Senegalezen is in gereden. Omdat ze de arbeidsplaatsen van de arbeiders bezet zouden houden. Daarbij vergeleken is het Front National, C.P. ' 86 of de Centrum Democraten een uiterst fatsoenlijke partij. En heel soms, als in die dagen van voorheen, denk ik nog wel eens vol weemoed terug aan Hanneke. Hoe zij bevlogen was! Alhoewel ik heel wat meer interesse heb in de Vlaamse Filip de Winter.

Uw Franse landhuis is electronisch beveiligd met niet alleen tralies voor alle ramen maar ook een ge avanceerd alarmsysteem en video cameras?

216

Ik kan U hier geen mededelingen over doen. Ik heb zo mijn redenen, daar zult U het mee moeten doen. De onverwachte binnendringer wordt in elk geval warm onthaald daar kunt U van op aan. Een lijk is gemakkelijk te verbergen in een anoniem graf op dit eeuwen oude landgoed dat diverse geheime putten, gewelfde kelders met muren waar smeedijzeren ringen ingemetseld zijn om gevangen genomen lustslaven aan vast te leggen en kilometerslange gangen onder de grond heeft die naar een doolhof van grotten in de berg leiden waar regelmatig de plaatselijke Satanskerk vergadert. Horen en zien vergaan je dan, maar dat moet je maar nemen voor wat het is. En dan niet te vergeten die droog gevallen dertig meter diepe put met daar boven een houten rol waarom heen met een zwengel een roestige ketting gewonden waaraan menig liefhebber aan polsen of enkels omgekeerd naakt naar beneden werd getakeld nadat ik ze eerst persoonlijk langdurig heb uitgeschud. Na drie dagen moet je ze eens horen kakelen in hun waanzin daar beneden, dat galmt om hoog en wordt het me teveel dan gaat er een emmer kokende afgewerkte frituurolie van honderdnegentig graden naar beneden.

U moet weten dat ik van kindsbeen aan af en van huis uit geen enkele vorm van geweld schuw. Ik ben een warm voorstander van regimes waar de drie M's hoog staan genoteerd. Te weten de beginletters van Marcheren, Martelen en Moorden. Ik geloof dat de mensen ten diepste snakken naar zo'n regime. Vooral de Hollanders en Friezen. Men wil graag duidelijkheid en weten waar men aan toe is. Een democratie is een falende instelling. De Nederlandse, moderne collegaatjes hebben ogenschijnlijk wel een vrijgevochten moraal, maar het zijn slaven naar de geest, die in het geheim naar de zweep dorsten, dan pas zijn ze in het gareel te houden en bevredigd. De striemen moeten hun vlees tekenen voor ze tevreden zijn. En als ik ergens aan wil mee werken als aanhanger van de volle S.M. kerk… als ik aan het bewind kom worden onmiddellijk ale culturele subsidies afgeschaft, want als ik als beeldend kunstenaar het woord cultuur hoor trek ik mijn revolver met dum dum kogels…Kijkt U eens; Ik schop de artistieke honden. Ze bijten mij niet, maar trekken droef jankend met de staart tussen de benen achterwaarts af. Waar naar toe? Dat is ook mij een raadsel dat uiteindelijk in de hemelse gerechtigheid, die volkomen staat van genade in die stad met gouden straten, zal worden geopenbaard.

Klaverblad 04-09-2007 00:18

Durf het haast niet te melden na jouw relaas. Ik ben enige tijd wethouder van o.a. cultuur geweest in mijn woonplaats en heb kunstinstituties gesteund, maar nooit individuele kunstenaars. Ik kreeg o.a. voor een uiterwaardenproject waarin de gemeente was gevraagd om met fl 3000 deel te nemen niet genoeg steun van de chr.partijen in de Raad.

fred van der wal 04-09-2007

In principe ben ik voor subsidiëring aan beeldende kunstenaars maar niet op de willekeurige manier waarop het nu al veertig jaar lang gebeurt. De ene helft van de kunstenaars subsidieert de andere en volgend jaar de andere helft weer de eerste. Ik heb mij daar dankzij eigen inspanningen en een eerste graads baan van mijn echtgenote na 1976 altijd gemakkelijk buiten kunnen houden. Niemand hoeft zich te schamen voor een wethouderschap culturele zaken. Niet voor niets zijn er bestuurders ingesteld vanaf de tijd van Mozes, toen een zeldzaam modern aandoend effectieve bestuurstructuur werd opgezet van een volk dat toen al meer dan een miljoen mensen telde

Rimmer Beenhang 04-09-2007

Het dorp hier heeft helemaal geen plaatselijke folterkelder, meneer van der Wal! Wie denkt U wel dat wij zijn? En die schrijfster is in ons dorp wereldberoemd, heel wat wereldberoemder dan U, meneer van der Wal. En dan mag U mij verwijten dat ik altijd zit te klagen over mijn kleine pensioen, maar ik heb een vierdehand auto die wel vierhonderdduizend kilometer heeft gelopen en U niet, U koopt alles nieuw als milieu vervuiler met dat onnozele vrouwtje van U!

Fred van der Wal / 04-09-2007 18:09

Ik ben wie ik ben en niemand anders. Ik ga me daar en beetje moeite doen om een ander te wezen! Niks hoor, daar begin ik niet aan, dan kun je wel door gaan!

Fred van der Wal / 04-09-2007 18:11

Ik mag trouwens een boon wezen als ik weet wie Rimmel Beenhang of Rammer Beenham is! Iemand uit de vleesverwerkende industrie? Zou toch kunnen! Het zal wel weer een Fries of een Groninger zijn, die hebben allemaal van die rare namen die op -stra of –ma eindigen en varkenskoppen!

FRANSE PLATTELAND MET 6 REACTIES FRED VAN DER WAL

EEN ZEER GOEDE ANALYSE OP DE KRAPUUL SITE OVER HET FRANSE PLATTELAND DAT LEEG LOOPT

Het Franse platteland loopt leeg

Irun Scheifes   25 jul 2017

6 Comments

Al op de eerste dag van mijn vakantie in de Bourgogne is er de discussie met de buurman. (...)Maar ze luistert nooit naar mij. En terecht. Dus vraagt ze de buurman: wat denk je eigenlijk van Macron?(...) Maar ondertussen kwijnt het platteland (dat hier niet plat is) weg. Daarin heeft de buurman gelijk: het platteland wordt verwaarloosd, Europese subsidies houden het nog enigszins op de been. Stadjes ontvolken, jonge mensen vertrekken, je dwaalt door lege straten, langs beluikte huizen, dicht getimmerde winkels, en steeds weer de borden 'a vendre'.De tirade die de buurman houdt is niet mis: Macron, c'est pire que Hollande, Macron is erger dan Hollande. En vervolgens geeft hij een bijna marxistische analyse van de economische situatie van het 'platteland' van Frankrijk.

Macron verdedigt de belangen van het grootkapitaal, de banken, hij is totaal niet geïnteresseerd in de mensen die op 'het platteland' hun brood moeten verdienen. Het zal erger worden. Het is de uitverkoop van ruraal Frankrijk. Het lullige is: hij heeft gelijk. Emmanuel Macron heeft geen aandacht voor mensen, laat staan voor mensen die niets opleveren. Macron is een arrogante elitaire stedeling, enkel uit op de bevestiging van de grandeur van Frankrijk als natie onder zijn goddelijke leiding. Door middel van de ontwikkeling van de Franse economie met hulp van het nationale en internationale bedrijfsleven in de grote steden. In het neo-liberalisme van Macron is het platteland totaal ondergeschikt. Maar het is geen marxistische analyse, laat staan een libertaire, het is een analyse die naar boven wijst, een schuldige aanwijst, maar de politiek van de rechtse Républicains onbesproken laat. Het is een eenzijdige analyse (...)Een paar dagen geleden was ik in Moulins, een klein stadje in de Allier, er was een grote vide grenier, een rommelmarkt, er waren veel auto's, vooral van handelaartjes. wat toeristen, wat Fransen ook, maar het stadje ademde niet. Lege straten, gesloten luiken, auto's op de pleintjes, gesloten cafés. Het was een laatste zucht, een amechtige poging toch nog iets te doen, maar de helft van de bewoners van het stadje is allang afgehaakt. Als Macron het probleem van het leegstromen (door gebrek aan werk, door de vergrijzing) van het rurale Frankrijk niet onderkent, is het binnenland van Frankrijk ten dode opgeschreven. Het zal er heel leeg worden. Eén grote vide grenier. Eén grote zolderopruiming.nIedereen gaat weg. Alles moet weg.nIk zit er niet zo mee. Hoe leger, hoe beter. Maar de mensen die om me heen wonen zijn ten einde raad. Mensen plegen zelfmoord, drinken zich langzaam dood, zitten onder de medicijnen, een deel van de ouder wordende bevolking is dementerend, overgeleverd aan peperdure zorg, winkels verdwijnen, bakkers vertrekken, de jeugd trekt weg, blijft weg. Sommige dorpen drijven enkel nog op het toerisme, in die paar maanden moet een jaarinkomen worden verdiend. Tijd voor een goed plan. Van Macron zal het niet komen.

Comment author on Het Franse platteland loopt leeg

Ook op vakantie in Frankrijk? Meld ons hoe het er voor staat in de streek waar je kampeert, tijdelijk woont, regelmatig komt. Is het werkelijk zo erg als ik beschrijf? Zijn er uitzonderingen? Waar gaat het wel goed, is er beweging?

fred van der wal - juli 27th, 2017

EEN JUISTE ANALYSE

fred van der wal - juli 28th, 2017

Vanaf 2002 heb ik jaren lang permanent gewoond in de Bourgogne en de laatste jaren afwisselend halfjaarlijks in Holland en de andere helft in de Bourgogne in een dorp van 200 inwoners zonder verder veel infrastructuur. De Auberge waar ik zo nu en dan kwam is onlangs gesloten. Tot voor kort kwam de bakker aan huis,ook dat is nu passé. Voor weinig geld koop je een goed huis in het nabij gelegen dorp Donzy waar alle voorzieningen nog aanwezig zijn, maar vor hoe lang. De huren zijn in vergelijking met Holland laag, het landschappelijke en de rust, nauwelijks auto verkeer, verzoent de bewoner met het bestaan, de omgang met de naaste buren op enkele honderden meters afstand was optimaal, beter dan ooit in Holland ondervonden. Het nabuurschap doet denken aan Nederland in de provincie van 70 jaar terug. De afstand van het gemeentebestuur tot de bewoners bestaat niet. Er is sprake van een vriendelijke coöperatie. Alhoewel in gesprekken wel eens bezorgdheid geuit wordt over maatschappelijke ontwikkelingen door Fransen alhier is er geen sprake van racisme of extreem rechts gedachtegoed.

fred van der wal - juli 30th, 2017

Merkwaardig is dat nu bij al jaren gaande leegloop van het Franse platteland de verkoop van huizen in de Bourgogne op de campagne aan trekt. Het laatste half jaar had ik een dozijn geïnteresseerden op bezoek, hetgeen resulteerde in verkoop onlangs. Diverse Engelse kopers hadden interesse. Resultaat van komende Brexit? Tevens willen Parijzenaars een huis buiten aanschaffen. De straten zijn leeg, dat is zo, en weinig jonge mensen te bekennen, overwegend ouderen. Weinig auto verkeer en dat spreekt mij zeer aan.

Thérèse - augustus 27th, 2017 Het tradionele leven op het Franse platteland zal nooit meer terugkomen: agrarisch ondernemen zal alleen op grote en moderne schaal levensvatbaar zijn. Hiervoor is echter weinig personeel voor nodig, dus is er geen werkgelegenheid. Jonge mensen trekken weg, vergrijzing als gevolg, hele dorpen zijn op sterven na dood. En niet alleen in de Bougogne. Wij trekken elk jaar door Frankrijk naar het zuiden, kamperen, logeren in kleine plaatsen: al jaren hetzelfde steeds troostelozer beeld. Maar wat heeft het Franse platteland wel te bieden? Ruimte, rust, natuur, een ideale gelegenheid om de ratrace (even) achter je te laten. Wat zou het mooi zijn om op een integere manier het Franse platteland hiervoor te gebruiken? Wij hebben genoeg ideeën! Wie nog meer?

fred van der wal - augustus 28th, 2017

Thérèse, van 2002-nu woonde ik in de Bourgogne, de zuiverste lucht van heel Europa, weinig autoverkeer en een prettige relatie met de bewoners. Mijn huis is veel te groot en het is onlangs verkocht. Benieuwd naar je ideeën indien dat niet niet in de Bed and Breakfast sfeer ligt, want dan krijg je Hollanders die strontlazerus denken je de les te kunnen lezen of seksjuwelen avances naar de eigenaaresse aanvangen, zoals ik tot mijn afgrijzen mee heb gemaakt in een B & B van een kennis. Creatieve cursusjes geven? Ook niet doen, krijg je halluvve zolen en psychiatrische ex-patiënten op bezoek met alle gevolgen van dien.

Wat zijn jouw ideeën? F

Fred van der Wal: De laatste jaren ging het wonen in de Bourgogne mij niet zozeer tegen staan maar wel de bureaucratie. Ik probeerde een cv monteur te vinden en heb 36 ondernemingen moeten mailen, Pierre kon niet of wilde niet, Francois was het niet zijn rayon, Guy was op vakantie enz. Uiteindelijk kwam er een monteur die de oorzaak van het euvel van de CV vond. De prijs van het CV gedoe viel me nog mee; 170 euro. Daarna onderhoud met de notaris die nog steeds de gevolgen van een vrolijk met alcohol ovrgote avondje in Parijs vertoonde. Hij was wat lacherig en maakte opmerkingen die je niet van een ambtsdrager verwacht. Affijn, het werd die middag een vrolijke boel. Eerst was de promesse de vente geteken, daarna de overdrachts akte en in januari de laatste acte in Parijs. Dat ging in 2001 wel even anders. Een onderzoek naar de staat van het huis door een centre diagnostique, daarna een tweede onderzoek van een kennis van de kopers, daarna een onderzoek naar de septic tank, toen papieren overleggen van een serre die ik in 2002 had laten aanbouwen. Een veertien dagen voor de verhuizing de aanzegging dat het hele huis vide moest zijn en dat had wel wat eerder kunnen worden vermeld. Nu is het een huis van 30 bij 10 meter dus er viel wat leeg te halen. De onderte-kening van de laatste koop akte vertegenwoordigt een advocaat mij in Parijs. Afwachten maar dus wanneer de poen over de brug komt....

Inhoud:

www.ingramcontent.com/pod-product-compliance
Lightning Source LLC
Chambersburg PA
CBHW071420180526
45170CB00001B/158